中央苏区
历史和精神
研究丛书

杨玉凤/主编

福建省优秀出版项目

中央苏区时期
闽西红色金融实践
及启示研究

廖雅珍 著

厦门大学出版社
XIAMEN UNIVERSITY PRESS
国家一级出版社
全国百佳图书出版单位

图书在版编目（CIP）数据

中央苏区时期闽西红色金融实践及启示研究 / 廖雅珍著. -- 厦门：厦门大学出版社，2023.9
（中央苏区历史和精神研究丛书 / 杨玉凤主编）
ISBN 978-7-5615-8690-7

Ⅰ. ①中… Ⅱ. ①廖… Ⅲ. ①闽西革命根据地-金融-经济史-研究 Ⅳ. ①F832.96

中国版本图书馆CIP数据核字(2022)第143793号

出 版 人　郑文礼
责任编辑　施建岚
责任校对　李芮男
美术编辑　李夏凌
技术编辑　朱　楷

出版发行　厦门大学出版社

社　　址　厦门市软件园二期望海路 39 号
邮政编码　361008
总　　机　0592-2181111　0592-2181406(传真)
营销中心　0592-2184458　0592-2181365
网　　址　http://www.xmupress.com
邮　　箱　xmup@xmupress.com
印　　刷　厦门市竞成印刷有限公司

开本　720 mm×1 000 mm　1/16
印张　15.5
插页　1
字数　270 千字
版次　2023 年 9 月第 1 版
印次　2023 年 9 月第 1 次印刷
定价　69.00 元

本书如有印装质量问题请直接寄承印厂调换

厦门大学出版社
微信二维码

厦门大学出版社
微博二维码

序　言

　　闽西,是原中央苏区的所在地,是中央苏区的主体和核心区,是全国著名的革命老区,是共和国的红色摇篮。在这里,邓子恢、张鼎丞等领导了著名的闽西四大暴动,为创建闽西革命根据地奠定了坚实的党组织基础和群众基础。"红旗越过汀江,直下龙岩上杭。"1929年3月,毛泽东、朱德、陈毅等率领红四军进入闽西,与闽西地方武装相互配合,建立了纵横数百里的红色区域。1930年3月,闽西苏维埃政府成立,标志着闽西革命根据地正式形成。1931年秋,以闽西、赣南为中心的中央苏区形成。

　　在血与火的斗争中,闽西苏区人民大力进行根据地建设,取得了令人瞩目的伟业,使闽西成为中央苏区的经济中心和中国共产党人治国安民的重要实践基地。中国共产党经世济民为苍生的经济理论和实践在这里预演过。如,中共闽西一大制定的土地法和南阳会议确定的"抽多补少、抽肥补瘦"原则,无论是对当时还是之后的土地政策都产生了重要的影响。在关注农民土地问题的同时,面对农民对资金的需求,中国共产党把构建红色金融机构、开展金融活动作为巩固农村革命根据地的重要任务。1927年冬至1928年春,在上杭蛟洋创立了农民银行,发行"蛟洋流通券"。1929年10月,成立了由政府发起的、向农民募股设立的信用合作社。1930年11月,成立了全国最早的股份制商业银行——闽西工农银行等。各红色金融在不同时期开展统一货币、吸收存款、办理贷款、代理发行公债等业务,在推动闽西苏区经济发展、巩固苏维埃政权、支援革命战争、改造苏区社会结构等方面做出了巨大贡献。

　　以2019年福建省社科基金项目为蓝本,廖雅珍博士通过几年的文献整理,对课题成果进行优化,最终形成《中央苏区时期闽西红色金融实践及启示研究》一书。该书收集了 1927—1935 年反映闽西红色金融的史料,全书共分为绪论、闽西红色金融机构、闽西红色金融产生的背景、闽西红色金融困境成因及治理、闽西红色金融下的社会关系、闽西红色金融的作用、闽西红色金融的地位及启示等七部分。该书如实反映了老一辈革命家和早期红色金融家在闽西开始的丰富的金融实践活动,系统地再现在中国共产党领导和苏维埃政府组织下,如何保障红色金融安全的历程。该书是一部关于闽西红色金融的专著,对于传承红色金融基因具有一定的学术研究价值。

历史是一面镜子,用历史映照现实,远观未来。闽西红色金融在发展过程中始终坚持党的领导、坚守为民的原则、坚持服务实体经济的本源。进入新时代,面对新形势、新任务,我们要牢牢把握金融事业发展方向,推动金融事业跨越式发展。

是为序。

张雪英(龙岩学院中央苏区研究院原执行院长)

2022 年 12 月 14 日

目　录

绪　论

第一节　研究背景和意义

一、研究背景

中央苏区金融史研究是一个极富学术价值和现实意义的课题。近年来，随着研究资料的辑录及研究视角的拓展，苏区金融史研究取得了一些可喜的成绩。

（一）红色金融相关文物收集与整理

学者从史学角度收集了红色金融相关的票币（硬币、纸币）、债券、股票等相关文物资料及苏维埃政府发布的与经济相关的法律、法规等文献资料，这些带有基础研究性质的、辑成式的编撰资料为今人认识中央苏区金融提供了真实的体验，也为金融研究提供了物证（洪荣昌，2011；柯华，2016；王信，2015；等）。

（二）红色金融实践及启示

学者主要研究了红色金融产生的经济、军事、社会背景；介绍红色金融组织机构及其规章制度演变的过程；介绍红色金融的业务种类、业务发展、业务困境及解决方法；从服务经济与军事角度总结了红色金融的成就及作用（柯华，2016；蒋九如，1994；罗华素，1998；等）。学者指出虽然受制于条件，红色金融发展受到限制，但红色金融在服务对象和目的等方面为当今金融提供借鉴。

（三）中共领导人红色金融思想研究

学者梳理了主要金融领导人，如毛泽东、毛泽民、邓子恢、曹菊如等创办银行或信用合作社的历程，分析他们金融思想形成的历史条件、内涵和特点。

综上所述，学界（主要是国内）对红色金融研究的相关成果是丰硕的，这为本课题研究提供了可资借鉴的参考文献和研究视角，但仍有进一步研究的空间。

第一，研究课题不平衡。一方面表现为对中央苏区红色金融或江西苏区红色金融的研究较多，对闽西红色金融的研究一般贯穿在中央苏区金融研究中，地域性不明显。另一方面表现为研究问题的不平衡，如对从事金融工作的人物研究比较少，即使有也多属介绍性的，而学术性的研究较少。

第二，研究方法侧重史学。目前对苏区金融史的研究大都是介绍性或史实叙述性的，且研究侧重政治性，缺乏从货币银行学、统计学等层面研究分析闽西红色金融产生、发展及其困境形成的原因。

第三，关联性研究较少。大部分文献集中在结果分析，而对闽西苏区的红色金融风险传导机制研究不够；红色金融与政治、军事之间的关系分析限于单向分析；红色金融与民间金融的关系分析局限在对立面，未考虑两者的相容相克。

第四，史料来源单一。目前对中央苏区金融史研究的主要资料来源于地方党史和方志等部门，对民国报纸、国民党和 20 世纪二三十年代一些学者的社会调查重视不够。对这些资料，我们可以通过鉴别、考订，与中共的史料相互印证或反证。

二、研究意义

（一）学术价值

本研究在史料的基础上，认真梳理中央苏区时期闽西金融发展脉络，阐述闽西人民在党的领导下"破""立"结合，运用各种手段推动闽西金融事业发展，为争夺军事主动权、经济主导权、物资流通权，从而为苏区经济建设及军事建设提供物质基础。通过本研究，可以进一步丰富中央苏区金融史的研究，再现闽西苏区金融发展的概况及其重要贡献。

（二）应用价值

本研究借鉴红色金融发展经验，服务老区；总结地方金融史，服务课堂、服务学生。本书从经济学角度分析闽西苏区红色金融市场的发展与运行，启示我们金融发展要紧扣时代主题,服务实体经济,着眼人民群众,遵从客观规律。同时,将闽西苏区金融发展史实作为教学案例运用到课堂中,让学生领会到本土历史的价值。

第二节　研究内容和研究方法

一、研究内容

金融是调节经济的重要杠杆,是沟通经济生活的重要媒介。本研究从经济史的角度切入,深入了解中央苏区时期闽西红色金融市场的发展与运行,探讨红色金融实践的成就及问题,总结其经验,为今天金融服务实体经济、服务群众提供借鉴意义。研究内容主要包括以下几个部分。

(一)闽西苏区红色金融机构

闽西红色金融的主要机构有蛟洋农民银行、闽西农村信用合作社、闽西工农银行和中共苏维埃国家银行福建分行。1929 年 10 月,闽西农村信用合作社在永定成立,主要分布在商业较发达的永定和上杭。1930 年 11 月,闽西工农银行成立,逐渐取代农村信用合作社成为闽西主要的金融机构。作为群众性集股的闽西红色金融机构,其资本构成主要分为民间融资及政府的注资。闽西工农银行人员构成、组织结构及内部管理上都体现了民主的特点。闽西农村信用合作社的主要业务有:吸收存款,办理贷款;统一货币;代理发行公债;支持服务闽西工农银行。闽西工农银行的主要业务有:统一货币(发行区域货币、保存现金、辅助国家银行、保障纸币兑换);吸收存款,发放贷款;代理财政业务(代理财政收款、收购金银、代理发行公债);其他非金融业务(发展贸易、收购粮食、保证军需等)。

此外,本书还介绍了闽西其他金融机构——闽西农民银行和坑口墟消费合作社,这些金融机构在特定时期推动了当地金融的发展。此外,作为货币的特殊形式,本书还单独分析了补充性货币的类型及功能。

(二)闽西苏区红色金融产生的背景

闽西苏区红色金融的产生是思想基础、现实因素和条件综合作用的结果。

思想基础——近代以来,合作社思潮涌入中国,先进的中国人积极探索适合本国的合作社发展道路,合作社思想也传入了偏远的闽西山区。与此同时,中国共产党在思想上和实践上的金融探索为之后在闽西实践奠定了基础。现实因素——偏远的闽西地区,农村经济处于溃败局面,金融市场混乱;外部不利资金环境等影响加剧了农民对金融的需求;在服务战争需要等因素影响下,闽西急需一个稳定的金融市场。条件——割据的中国,为红色金融的产生提供了机会;中国共产党土地革命的展开奠定了群众基础;苏区经济的发展提供了经济基础;局部政权的建设和中共强大的组织能力奠定了政权基础;共产国际支持国家建立低息借款机关等指示为红色金融的发展提供了外部条件;技术条件的改善为红色金融发展提供了现实条件。

(三)闽西苏区红色金融的困境及其治理

作为调节经济重要手段的红色金融在实际运行中发生了资本不足、通货膨胀、群众使用货币的积极性波动、货币防伪性不高、管理出现偏差等问题。产生这些问题的原因有来自外部的国民党军事"围剿"和经济封锁、中国所处的国际环境恶化;有来自内部的财政赤字货币化、实体经济发展滞后、"左"倾政策放大金融风险。金融风险主要通过贸易溢出传导、收入溢出传导及经济净传染产生。为了解决红色金融困境,闽西苏维埃政府通过控制金融风险传染源(壮大军事力量、发展实体经济)、阻断金融风险传导机制(发展赤白贸易、处理好财政政策和货币政策关系、增强群众对红色金融的信心)和增强金融机构的抗风险能力(巩固法定货币的垄断地位,规范货币发行,正确应对旧币、杂币)等三个途径解决。

(四)闽西苏区红色金融下的社会关系研究

闽西苏区时期,红色金融的产生和发展极大地影响了社会关系。(1)红色金融机构之间的关系。闽西红色金融最重要的组成部分是农村信用合作社和闽西工农银行,两者在管理业务及困境上类似,出于减少交易费用、统一货币的考虑,最终闽西工农银行替代了农村信用合作社。(2)红色金融与民间金融的关系。中央苏区时期政府主导、群众集资的闽西红色金融逐步取代了闽西的民间金融,在规范金融的同时,也因条件不够成熟,引起农村融资不足的情况。(3)红色金融机构与政府的关系。闽西苏维埃政府为了保障红色金融机构的顺畅运行,采用推动金融机构扩大规模、促进红色金融机构服务财政等方式鼓励红色金融发展;从闽西红色金融的机构职权、存款准备金制度、调控货币流通(贷款利率、公债推销)、现金(贵金属)管理等角度规范红色金融。红色金融机构从业务和管理上服从于政府的管理。(4)政府与群众的关系。通过政府对红色金融的鼓励(低利借贷吸引)、规范(规范加入红色金融的群体及其金融行为),群众做出了积极的响应行为:支持统一货币,踊跃购买红色金融机构发行的股票、政府发行的国债和参与借谷运动,但后来受"左"倾错误及战争失利等影响,群众积极性降低,甚至退出。(5)红色金融的发展与军事斗争胜负的关系。红色金融发展与军事斗争胜负紧密相关,同时红色金融为军事提供稳定的货币环境及提供筹集军粮等物资工作。

(五)闽西苏区红色金融的作用

闽西苏区红色金融在政治、经济、军事及社会等方面发挥着重要作用。政治方面,闽西苏区红色金融通过新的借贷形式,重构了以阶级性为纽带的金融秩序基础,组织群众,强化农民的集体意识,逐步减弱小农意识,强化了中国共产党对意识形态的领导。经济方面,推动了闽西苏区农业、工商业的发展,通过减少货币流通混杂现象和集中货币发行权增强政府对金融的掌控力。军事方面,为战争提供资金和粮食。社会方面,闽西红色金融打破传统借贷关系束缚下的人身依附关系,加快宗族制度的瓦解和阶级社会的重构。

(六)闽西苏区红色金融的地位及启示

苏区的经济建设和军事斗争是战时环境下争论的焦点,闽西苏区建立了第一个红色农村信用合作社,较早建立了闽西工农银行,为今后国家银行的成立及业务的发展提供了借鉴。闽西红色金融在发展过程中,体现了以人民为中心的理念——红色金融为了人民、红色金融依靠人民。同时闽西苏区红色金融发展培养了如曹菊如、阮山、赖祖烈、陈海贤、黄亚光、张廷竹、曹根全等一批金融管理人才,为之后边区乃至新中国金融提供了人才基础。不过,我们依然要用比较的眼光看闽西红色金融,受经济及政治的影响,闽西红色金融在机构的级别、数量、完整性及影响方面不及赣南红色金融。

读史使人明智,回顾闽西红色金融的历史,进入新时代的金融更要强化党的领导,认识到金融是服务人民的,明确金融为实体经济服务的职能,金融政策必须结合其他经济政策才能发挥作用。

二、研究方法

(一)文献研究法

对相关的文献进行搜集、鉴别、整理,探究中央苏区时期闽西红色金融发展历史脉络。

（二）比较分析法

比较闽西苏区红色金融与民间金融的差异、闽西苏区与江西苏区红色金融的不同。希冀从比较中全面客观认识闽西苏区红色金融发展的成就、问题及成因。

（三）跨学科研究方法

综合运用历史学和经济学的研究方法，对文献资料、调查资料进行归纳整理、综合分析，探寻特殊年代金融发展的一般性和特殊性。

第一章　中央苏区时期闽西红色金融机构

1929年，红四军入闽开辟了闽西苏区，在经济、政治和军事上进行了卓有成效的建设。但受战争、国民党军事"围剿"、经济封锁、中共"左"倾错误等多重影响，20世纪二三十年代，闽西的经济陷入困境。为了发展闽西经济，支援战争，中国共产党在闽西尝试开展金融工作。

1929年，农村信用合作社作为合作经济的重要组成部分首先在永定创办；1930年，闽西工农银行成立；到20世纪30年代中期，红色金融在闽西苏区快速发展。

第一节　红色农村信用合作社

1929年7月，中共闽西一大已经深刻意识到闽西地区金融供给不足的问题，为此闽西特委提出解决农村存在剪刀差问题的方法在于"帮助奖励群众创造合作社，如……信用合作社等"。此后，闽西各区、乡开始筹办信用合作社，大大小小的信用合作社分布在各地。随着闽西工农银行的成立，闽西各地的红色农村信用合作社的功能及职能逐渐转移到闽西工农银行。

一、闽西红色农信发展概况

（一）主要信用合作社

闽西较早成立了信用合作社，主要集中在永定上杭区乡一级。其中永定县成立的区级信用合作社有：丰田（以第三区信用合作社名义，后改为第一区信用合作社）、太平（后分成第九区坎市、第十区培丰、第十一区高陂、第十二区田地等四个区）、溪南、金丰、合溪、堂堡、上丰等信用合作社；发行纸票的有：第九、十、十一区及第一区（原第三区）的信用合作社；上杭北四区、第二区的信用合作社。1930年5月18日，《闽西出席全国苏代会代表的报告》指出，"在闽西中以永定各地合作社的工作较好……湖市由苏维埃政府商店和农民共同组成信用合作社，资本四千元，银行纸币二千元，流通永定各地，所以永定金融较为活跃"。

1.永定县太平区信用合作社

该社成立于1929年10月，股金为3000元，社址为太平区西陂乡的天后宫。时任信用合作社主任的是林清风，他委托在上海经营永定烟丝的林裕隆烟行经理林涤新代印太平区信用合作社的纸币。由于邮寄的伍圆券和拾圆券被检查部门查出，因此部分壹圆券则采取化整为零的方式寄回永定，计10000张折合10000元。纸币与银圆等价使用，流通使用的范围除太平区管辖地外，还包括龙岩红坊、上杭大洋坝等毗邻地。龙岩县城的"谦记"金银店还为太平区信用合作社办理纸币兑换。[1] 1931年7月，因国民党军队"围剿"根据地，太平区信用合作社被迫停止营业，而其所发行的纸币一直流通到1932年下半年。[2]

2.永定县第三区信用合作社

永定县第三区信用合作社成立于1929年11月，拥有股金5000元，第一任主任为赖祖烈。1930年2月9日，永定县苏维埃政府将第三区与第一区名称对调，原第三区信用合作社自1930年2月9日开始改为永定县第一区信用合作社。信用合作社经苏维埃政府特许，于1930年2月15日发行银毫票，面值分壹毫、贰毫、伍毫三种，拾毫折合大洋壹圆，可兑现。该社发行的股票由湖雷进化石印社承印。第一区信用合作社纸币流通的范围较广，因湖雷当时是永定县苏维埃政府所在地，纸币在丰田、溪南、金丰、合溪等地均可流通使用。至1930年3月22日国民党军队占领湖雷，信用合作社主任阮守昂等将信用社的财物交给县苏维埃主席范乐春后，信用合作社所发行的纸币才随之停止流通。[3]

---

① 福建省地方志编纂委员会：《福建省志·金融志》，新华出版社1996年版，第41页。

② 孟建华：《中国现代货币流通理论与实践》，中国金融出版社2010年版，第161页。

③ 蒋九如：《福建革命根据地货币史》，中国金融出版社1994年版，第32～33页。

3.永定县其他区的信用合作社

永定县第二区信用合作社股金 5000 余元,永定第九区、第十区、第十一区信用合作社股金各 3000 元,永定县合溪信用合作社股金 1000 元。[①] 永定县堂堡区朱罗坑乡成立信用合作社,股金 100 元。根据 1931 年 4 月的数据,永定成立九个区级信用合作社,见表 1-1。

表 1-1　永定九个区级信用合作社简明表(1931 年 4 月)

区级信用合作社	驻　　　　地
第一区信用合作社	湖雷
第二区信用合作社	堂堡
第三区信用合作社	溪南
第四区信用合作社	合溪
第五区信用合作社	岐岭
第六区信用合作社	下洋月流
第七区信用合作社	湖坑
第八区信用合作社	古竹
太平区信用合作社	成立于黄田村,后迁至西陂乡,是闽西最大的红色信用合作社,极盛时期负责永定的第九、十、十一、十二区,总计 4 个区苏、46 个乡苏;永定区划改制后下设第九、十、十一 3 个区级信用合作社

资料来源:闽西红色农信社展览馆。

4.上杭北四区信用合作社

上杭北四区信用合作社是在 1927 年冬傅柏翠建立的蛟洋农民银行的基础上建立起来的。在闽西特委的倡导和组织下,1929 年 10 月 2 日,上杭县第一次工农兵代表大会通过了创办信用合作社的提案。上杭县北四区信用合作社于 1929 年 10 月成立,拥有股金 2000 元,社址设在蛟洋乡"演讲楼"。该社经区苏维埃政府批准,曾发行面额贰角和伍角的流通券,纸币拾角相当于大洋壹圆。北四区信用合作社发行的流通券不仅在上杭、古田和蛟洋地区流通,而且在连城县和龙岩县流通使用。毛泽东到蛟洋红军医院探望伤病员时,还到

---

① 姜宏业:《中国金融通史》(第 5 卷),中国金融出版社 2008 年版,第 49 页。

北四区信用合作社视察,并看了信用合作社发行的纸币。[①] 上杭县北四区苏维埃政府之所以这么快落实中共闽西特委第七号通告的指示,跟傅柏翠有很大的关系。傅柏翠是蛟洋本地人,早在 1927 年冬就曾经创办过蛟洋农民银行,对他来说,办信用合作社只不过是换个名称而已。

5.兆征县信用合作社

1933 年 9 月,中共兆征县委成立,机关驻长汀县城,隶属中共福建省委,下辖古城、策田、七里、大埔、东街等区委。为了粉碎国民党对苏区的经济封锁,设立了兆征县信用合作社,筹备处主任邱关乾发行了筹资股票,每股一元。1934 年 10 月,在第五次反"围剿"中兆征县解体,信用合作社随之解散。

此外,在闽西工农银行的支持帮助下,长汀县先后成立了汀州、东关、大同、铁长、庵杰、古城、馆前、新桥、策田、河田、南山、涂坊、童坊、四都、濯田、腊口、东陂岗等信用合作社。

(二)主要信用合作社集中在永定、上杭及长汀的原因

1.地理位置

由以上介绍可以发现,红色农村信用合作社主要集中在永定、上杭及长汀,尤其以永定地区的数量和规模较大。之所以出现这种情况,与它们的地理位置相关,汀江连接着永定、上杭和长汀。汀江古称鄞江,其得名缘于"天下之水皆东,惟汀水独南,南,丁位也,以水合丁为文"[②]。其流经大势,为南北走向。汀江全长约 600 里,穿汀州城而过,流经上杭、永定,入广东大埔,接韩江,过潮汕入海。

自宋代开发汀江航运后,汀江成为长汀的交通要道和经济大动脉,民国时期汀江航运繁忙,船只"上游三千,下游八百",加上陆路货运,每日不下万人云集汀州,广东会馆、江西会馆、湖南会馆、龙岩会馆等须接待八方客商。中央苏区时期,长汀更是有"红色小上海"的美誉,足以说明这里商业的繁华。

永定位于闽西的南部,与广东接壤,《永定县志》记载:"地居闽粤边境,由闽入粤之要冲,闽粤有事,永定在军事上特别重要。"信用合作社最早成立于永定太平区,也与其地理位置紧密相关,永定县太平里是龙岩、永定、上杭、南靖四县通衢之地,是沟通闽粤两省的枢纽和工商业集市贸易中心。由于其特殊

---

①　蒋九如:《福建革命根据地货币史》,中国金融出版社 1994 年版,第 35～36 页。

②　(清)顾祖禹撰,贺次君、施和金点校:《读史方舆纪要》(卷九十八),《福建四·汀州府》,中华书局 2005 年版,第 4482 页。

的地理位置,永定地区贸易基础好,农业经济发达且水路直通广东潮汕,条丝烟、土纸等出口量大,是著名的侨乡。1930年12月,闽西革命、军事、政治领导中心从龙岩转移至永定虎岗后,信用合作社得到了大力发展,逐步遍及各区县。

上杭与龙岩县距离不远,其南部与永定接壤,汀江川流其中。

商业的繁华必然对资金有所需求,因此永定、上杭及长汀的民间金融发展迅速,在这里产生红色农村信用合作社就有一定的思想基础和经济基础。

2.红色交通线的作用

在1927年之后,永定县党的组织已发展得相当成熟,针对这种情况,中央指示中共福建省委和红四军军委,"中央认为必须与闽西红军、朱毛红军共同设立一独立的交通网"[1]。1930年底,中共中央开辟了从上海到闽西的党内机要交通线。[2]

这条交通线途经上海、香港、汕头、潮州、大埔、青溪、永定,经上杭、长汀进入江西中央苏区的交通线(沿韩江水路),同时还开辟了由汕头、澄海、饶平、大埔转入闽西的交通副线,更好地配合战争的需要。[3] 这条线在永定区域内有水路两条,水路从峰市至大埔;陆路从永定县城至坎市、高陂、龙岩。虽然这条通道主要用于军事信息的传送及护送中央领导人和重要干部,但同时也用于白区采购重要物资,如苏区工农银行印钞票的模板是在上海加工好后,派专人通过这条线秘密带进苏区的。印钞票用的纸张是在上海等地采购,派人通过这条线秘密护送到苏区的。[4]

二、闽西红色农信的结构

作为一种经济组织,中国共产党及其领导的闽西苏维埃政府发布了一系列法律法规,对资本结构、内部组织管理结构进行了规范,以促进信用合作社的发展。

---

[1] 《中共中央给福建省委并转军委的信——关于扩大红军问题》(1929年12月22日)。

[2] 中共龙岩市委党史研究室:《闽西红色纵览》,中共党史出版社2013年版,第31页。

[3] 中共龙岩市委党史研究室:《闽西红色纵览》,中共党史出版社2013年版,第31页。

[4] 中共龙岩地委党史资料征集研究委员会:《闽西革命史论文资料》(第二辑),内部资料,1986年,第460页。

(一)资本结构

闽西红色农村信用合作社是中国共产党领导的,农民集股建立的金融机构。因此,其资本来源主要依靠群众募股,但也积极引入政府资金和闽西工农银行的资金。

1.农民参股

政府积极引导农民将闲散资金投入信用合作社中,1930年南阳会议决议之《富农问题》提出:"要流通资金,只有靠贫农自己组织信用合作社和苏维埃,向富农强借办理低利借贷。"1932年4月,《中华苏维埃临时中央政府关于合作社暂行组织条例的决议》规定:"每个社员其入股之数目不能超过十股,每股金额不能超过五元,以防止少数人之操纵。"①不过,到了1933年9月,《信用合作社标准章程》规定:"第九条本社股金定每股大洋一元,以家为单位,其一家愿入股数者听之。"这就扩大了股金的数量,但同时章程也规定:"我们为了使最贫苦的工农群众都能加入起见,每股股金不宜定得太多……当然每股也可以多至二、三元至四、五元,但不能超过五元。"②(见图1-1和图1-2)1934年5月,国民经济和财政人民委员部"特许各地群众将二期公债本息作为各人加入信用合作社股金,并特许各地信用合作社吸收此项债票持向各地银行抵押借款"③。

从目前文献资料来看,发展规模比较大,即筹集资本比较多的是上杭县和永定县。

> 比较大的有上杭北四区信用合作社,营金约二千元,即发行数毛纸币票。永定第一、二区信用合作社,营金五千余元;永定太平第九、十、十一三区信用合作社,营金三千余元,都发行纸票。永定合溪及各县区信用合作社,营金一千元、数百元不等,低利借贷,颇便于农民。④

---

① 《中华苏维埃临时中央政府关于合作社暂行组织条例的决议》(1932年4月12日),《红色中华》1932年4月12日第17版。

② 柯华:《中央苏区财政金融史料选编》,中国发展出版社2016年版,第130页。

③ 中共江西省委党史研究室、中共赣州市委党史工作办公室、中共龙岩市委党史研究室:《中央革命根据地历史资料文库·政权系统8》,中央文献出版社、江西人民出版社2013年版,第1640页。

④ 中央档案馆、福建省档案馆:《福建革命历史文件汇集》(闽西特委文件)(一九二八年——一九三六年),1984年,第213页。

永定(作者注)信用合作社共九个,基金共一万零五百二十八元。太平区及第一区的有发行纸票。①

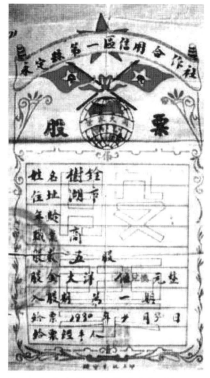

图1-1　永定第一区信用合作社股票
资料来源:古田红色农村信用合作社
　　　　展览馆。

兆征县信用合作社临时收据
　　今收到 00055 兆征县古城区六坑乡或□□机关□□同志加入信用合作社,□大洋壹元正,此据
　　　　　　兆征县信用合作社筹备组
　　　　　　一九三四年八月八日

图1-2　苏维埃兆征县信用合作社临时收据
资料来源:龙岩市档案馆编《闽西红色档案》,
　　　　第30页。

　　不过信用合作社的存款普遍不高,一般只有2000～3000元现金,最多的如永定第一区信用合作社也仅有5000元现金。② 关于这点,中国共产党也意识到"近半年来消费合作社粮食合作社等都在蓬勃发展,对于群众日常需要品的供给有了很大的成绩,但信用合作社尚未普遍建立,这在群众钱款的借

---

① 中国社会科学院经济研究所中国现代经济史组:《革命根据地经济史料选编》(上册),江西人民出版社1986年版,第69页。

② 蒋九如:《福建革命根据地货币史》,中国金融出版社1994年版,第43页。

贷方面,□是非常不便的"①。由于存款的不足,在贷款方面就做出了一定的限制,如"每人借款最多不得超过十元或二十元,最久不得超过半年或三个月等"②。

2.政府资金支持

虽然红色农村信用合作社的股本主要来源于群众,但政府也给予了适当的资金支持。例如,1933年中华苏维埃共和国临时中央政府发行300万元经济建设公债,其中以"一百万元帮助合作社的发展","分配与信用合作社和生产合作社的各二十万元"。③

3.闽西工农银行的支持

1930年9月,《闽西苏维埃政府经济、财政、土地委员会联席会议决议案》规定:银行资本投入各种合作社25%。④ 但没有明确资料显示有多少分配给信用合作社。

4.下级信用合作社支持上级信用合作社

1930年9月25日,《闽西苏维埃政府经济、财政、土地委员会联席会决议案》在组织区合作社、分配原则和比例方面做出规定:"按经济系统组织之区以上合作社之下,须组织区合作社;乡合作社按资本之20%至30%付与区合作社作基金……乡信用合作社按资本30%付与区信用合作社作基金。"由此可见,各级信用合作社是向上支持的。

(二)内部组织管理结构

资本结构决定着管理权的配置,组织结构合理与否直接影响信用合作社经济活动的效益。

1.社员结构

(1)入社规定。闽西苏区时期,在人员的甄别上采取的是阶级成分的方式。这就决定了信用合作社的社员构成不能单纯以地缘或血缘为基础,阶级

---

① 中共江西省委党史研究室、中共赣州市委党史工作办公室、中共龙岩市委党史研究室:《中央革命根据地历史资料文库·政权系统8》,中央文献出版社、江西人民出版社2013年版,第1640页。

② 李恩慈、牛素鸽:《合作金融通论》,中国经济出版社1991年版,第70页。

③ 余伯流:《中央苏区经济史》,江西人民出版社1995年版,第446页。

④ 中共龙岩地委党史资料征集研究委员会、龙岩地区行政公署文物管理委员会:《闽西革命史文献资料》(第四辑),内部资料,1983年,第153页。

关系成为决定因素。虽然中国共产党也承认富农商人在信用合作社的作用，也短时间认同"中小商人可以加入信用合作社"，认为他们是信用合作社筹资过程中很重要的组成部分。因此出现了"永定地区信用合作社资金预定 5000元……群众募集了 40％，商店认了 60％"①的情况。1930 年 4 月 29 日，永定县第一区信用合作社颁发股票中显示"谦益丰的职业是商人"②。但实际上相关政策规定都是限制商人加入合作社。1930 年 2 月，《合作社讲授大纲》规定"为防止破坏合作起见，凡土豪反动分子，及现在之商人，不准加入合作社"。不过很快，1930 年 3 月闽西第一次工农兵代表通过的《合作社条例》却规定，"在业商人可以加入，但不能办事。"③随着 1930 年 6 月南阳会议通过了《富农问题》，中共闽西党组织对富农采取了限制措施，此时对富农的态度是多元的。1930 年 9 月，苏维埃政府规定："富农分子不准加入合作社，其既加入合作社之富农，即刻取消其股东权，并停止分红，其股金与利息待一年后归还。"④不过，这并不意味着各县步调统一。例如，《上杭县第二届工农兵代表大会决议案》（1930 年 9 月）就有规定："在业商人可以加入，但不能办事。"⑤不过，1930 年 9 月闽西第二次工农兵代表大会上通过的《修正合作社条例》规定："在业商人不准加入合作社，富农可以加入但不准参加管理"⑥，即此时富农依然可以加入合作社，只是不能参加管理。1933 年 9 月 10 日颁布的《信用合作社标准章程》要求在合作社工作中贯彻阶级路线："本社社员以工农劳苦群众为限，富农、资本家、商人及其他剥削者不得加入。"⑦此时，商人和富农均不能参加合

---

① 蒋九如：《福建革命根据地货币史》，中国金融出版社 1994 年版，第 29 页。

② 福建省档案馆：《福建省档案馆馆藏珍品集萃》，海潮摄影艺术出版社 2008 年版，第 8 页。

③ 《合作社条例》（1930 年 3 月），载中央档案馆、福建省档案馆编：《福建革命历史文件汇集》（苏维埃政府文件）（一九三〇年），1985 年。

④ 《闽西苏维埃政府经济、财政、土地委员会联席会议决议案》（1930 年 9 月 25 日），载中共龙岩地委党史资料征集研究委员会、龙岩地区行政公署文物管理委员会编：《闽西革命史文献资料》（第四辑），内部资料，1983 年，第 152 页。

⑤ 中共龙岩地委党史资料征集研究委员会、龙岩地区行政公署文物管理委员会：《闽西革命史文献资料》（第四辑），内部资料，1983 年，第 236 页。

⑥ 中共龙岩地委党史资料征集研究委员会、龙岩地区行政公署文物管理委员会：《闽西革命史文献资料》（第四辑），内部资料，1983 年，第 176 页。

⑦ 柯华：《中央苏区财政金融史料选编》，中国发展出版社 2016 年版，第 131 页。

作社,更不用说参加管理了。

对于赤贫人员,《合作社讲授大纲》(1930 年 2 月 28 日)规定:"社员如系赤贫者,由社员大会认可,可以不交股金。"[1]这至少可以说明,中央苏区时期闽西农村信用合作社的经济功能是让位于社会功能的,为了团结群众,对经济追求较弱。

(2)退社规定。在退社方面,苏维埃政府有规定:"本社社员数量无限制,准许自由陆续加入","一个真正的合作组织乃以人为本位并非根据各个组织分子的财产"。[2] 退出权对于信用合作社的发展至关重要。不过对于"退出自由",农民缺乏必要的经济条件和政治条件。1930 年 2 月,《合作社讲授大纲》规定:"合作社社员要有退出权利,但股金之退还,合作〔社〕得〔以〕章程限制之。"[3]1930 年 9 月 25 日,闽西工农兵政府召开了闽西的经济财政土地委员会联席会议,规定"私人向银行借款,由信用合作社代理……"[4]。1933 年 6 月,苏区中央国民经济人民委员部发布了《发展合作社大纲》,指出:"信用合作社是专门管理社员金融之借贷及存储的机关,非社员无向合作社借贷或存储的权利。"这就意味着农民一旦退出信用合作社,其损失的是借贷的优先权和低息贷款的优惠政策。不过,退社更严重的后果是受到意识形态上的限制。《信用合作社标准章程》(1933 年 9 月)规定"社员如有要求退社者须得管理委员会之许可"[5]。临时中央政府号召"必须以最大的力量和速度,使每一个区有一个信用合作社"。这就意味着退出将被视为破坏信用合作社,这就使得群众会顾及政治利益而留在信用合作社内部,不利于合作社经济发展。

2.组织结构

虽然当时闽西苏维埃政府并没有完整的管理学知识,但实践已粗具模型,在有关闽西红色农村信用合作社组织章程中,作为合作社的一种(另外两种是生产合作社和消费合作社),信用合作社不管是在《合作社章程》(1930 年 2

---

[1]　中共龙岩地委党史资料征集研究委员会、龙岩地区行政公署文物管理委员会:《闽西革命史文献资料》(第三辑),内部资料,1982 年,第 126 页。

[2]　王一蛟:《关于农村信用合作社的几个问题》,《福建农业》1940 年第 1 期。

[3]　中共龙岩地委党史资料征集研究委员会、龙岩地区行政公署文物管理委员会:《闽西革命史文献资料》(第三辑),内部资料,1982 年,第 126 页。

[4]　李树生、岳志:《合作金融概论》,吉林人民出版社 1989 年版,第 169 页。

[5]　柯华:《中央苏区财政金融史料选编》,中国发展出版社 2016 年版,第 131 页。

月)中,还是单独强调信用合作社规章制度的《信用合作社标准章程》(1933 年
9 月)中,都只有三个层级:县、区、乡(见图 1-3)。

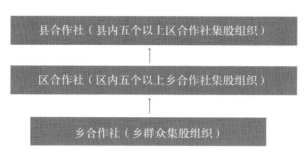

图 1-3 合作社层级结构

资料来源:作者根据相关资料绘制。

具体的规章制度强调:

五、合作社的组织

A.各社须有社员大会,由全体社员组织之,每三个月开会一次。

……

D.由社员大会公举社员三人,组织管理委员会。

E.由社大会公举五人为审查委员会。①

第十九条 本社以社员大会为最高组织,由全体社员组织之。

第二十条 社员大会每三个月开会一次……

第二十三条 管理委员会,由社员大会选举七人至十一人组织之,设
正副主任各一。

第二十八条 审查委员会由社员大会选举五人至七人组织之。②

根据以上政策,绘制党史信用合作社的组织结构图,见图 1-4。

---

① 《合作社讲授大纲》(1930 年 2 月 28 日),载中共龙岩地委党史资料征集研究委员
会、龙岩地区行政公署文物管理委员会编:《闽西革命史文献资料》(第三辑),内部资料,
1982 年,第 126 页。

② 柯华:《中央苏区财政金融史料选编》,中国发展出版社 2016 年版,第 131 页。

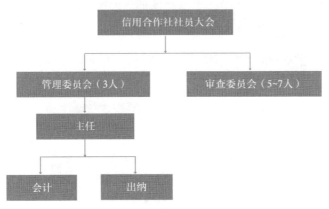

图 1-4　信用合作社组织结构图

资料来源：作者根据相关资料绘制。

3.管理权及管理原则

在闽西苏区的农村信用合作社中，社员的股权经历了从"人"到"家"为单位的变化：1930 年 2 月《合作社讲授大纲》规定："合作社社员以家为单位，其一家入几股听其方便……各社员均有表决权，但每人以一权为限。"这说明此时是以"人"为标准的。但到了 1930 年 9 月，《信用合作社章程》明确规定："凡缴足股金之社员均有选举权、被选举权、表决权。但每一社员（代表一家）不论入股多少均以一权为限。"[①]由此可以看出，此时已经从以单个"人"转移到以"家"为标准了。

信用合作社在发展中始终坚持民主管理的原则，从 1930 年 10 月永定太平区信用合作社召开的第十次管委会的会议纪要可见一斑（见图 1-5）。

永定太平区信用合作社第十次会议

时间——1930 年 10 月 10 日，晚上七时半

地点——本社

到会人——（字迹不清）

参加者——社区会员

讨论事项

a.决议　金融市价

---

①　柯华：《中央苏区财政金融史料选编》，中国发展出版社 2016 年版，第 130 页。

b.决议　借贷还款问题

c.决议　老五区借款利息问题①

　　（二）讨论（1）拓大信用合作社问题，已恢复的代表负起责任，加紧宣传群众，使群众明白了解加入信用合作社……（缺）（2）借款问题，各社员借款的……还时期限二个月付还（……死借款可准可借拾元，期限一个半月为还，平时借款可借叁圆，期限一月为还，市场借款准可借壹拾伍圆，还期一月付还）。（3）还款问题……（4）人选问题，推举管理三人……推举审查员五人……②

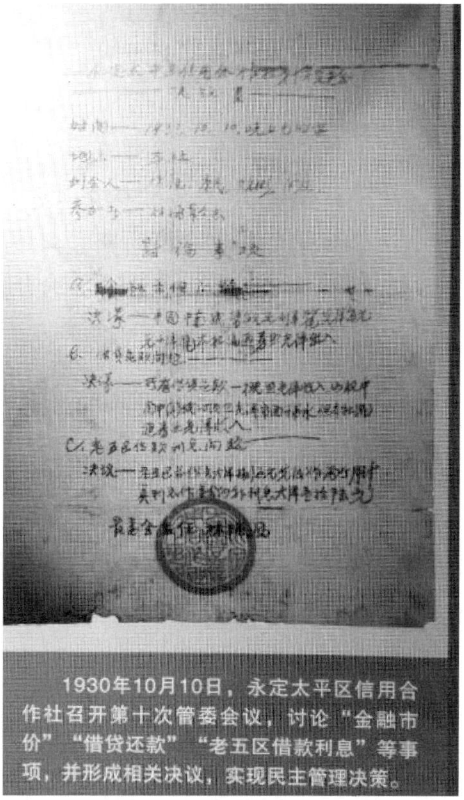

图1-5　永定太平区信用合作社的会议纪要

类似的例子还有：1932年4月7日，永定县合溪区信用合作社第八次代表大会讨论了集资参股办社及民主管理问题。

4.监督权

作为一种经济组织，信用合作社需要通过监督保障其正常运营，闽西苏维埃政府也意识到这个问题，制定了一些规章制度约束管理者行为。例如，较早的《合作社讲授大纲》（1930年2月）规定："合作社管理人员三人，一人管钱，一人管出入，一人管薄〔簿〕账，这样就不能作弊。尚有五个审查员，时时去监督他，查他账目，此外社员还要留心监督管理员，使不致作弊。这几个管理员、审查员，都要由社员大会大家选举，好的就选他，不好的把他调换，这样才是合

①　资料来源：古田红色农村信用合作社展览馆。
②　资料来源：古田红色农村信用合作社展览馆。

作社的办法。切不可由政府包办一切,任意支配合作社办事人员,这点是很要紧的。"①《信用合作社标准章程》(1933年9月)规定:

第二十七条 管理委员会应负社务之完全责任,所聘用之社员如有溺职舞弊情事,应由管理委员会负责。

第二十八条 审查委员会由社员大会选举五人至七人组织之。

第二十九条 审查委员会任期以三个月或半年为限,但得连选连任。

第三十条 审查委员会每月开会一次,审查管理委员会之行为及账目。

第三十一条 管理委员会,如有徇私舞弊违章犯法时,得由审查委员会召集社员大会改组或处分之。

第三十二条 管理委员会与审查委员会通同舞弊时,得由社员以上之提议召集社员大会改组并处分之,重者得向法庭控告。

5.分配

(1)社员红利

第一,分配形式。早期的分配方式是按股分红,但1930年2月,中国共产党认为在合作社(包括信用合作社)实行按股分配,这是不对的。"因为按股金分配,便是用资本剥削的方法,变成了资本主义的组织。真正的合作社是要按照各人营业额数为比例来分配的。比如消费社则照各人买货多少分配,信用社则照各人所付利息分配,贩卖社则照各人卖出货品价款多少来分配。这样我们被合作社赚去的余利利息等,都自己收回来。虽然其中要注意抽出一成为办事员花红,三成为股本利息,但这事〔是〕很轻利息呵!为什么合作社不照股照人数分呢?这就是因为各家人口不等,借钱消货有多有少如果照股或照股东分红,则那些多买货多借钱的,他拿出来的余利利息便不能自己收回去,而被别人剥削去了。这是资本主义用钱剥削人的方法,我们不要学它。"于是,1930年2月,《合作社讲授大纲》提出"在信用合作社,照各人所付利

---

① 《合作社讲授大纲》(1930年2月28日),载中共龙岩地委党史资料征集研究委员会、龙岩地区行政公署文物管理委员会编:《闽西革命史文献资料》(第三辑),内部资料,1982年,第126页。

息比例分配之"①。1930 年 3 月,《闽西第一次工农兵代表大会决议案》否定了以前"按股分红"的做法,提出"要照社员付与合作社之利益比例分红"②。1930 年 12 月通过的《中共上杭县委扩大会议决议案》同样规定,"照社员与合作社之利益比例分红,而非照股本分红者"③。

第二,分配比例。信用合作社社员红利分配呈现递减趋势。1930 年 2 月颁布的《合作社讲授大纲》提出"社员所得百分之五十红利,照如以下规定分配之……在信用合作社,照各人所付利息比例分配之"。同年 5 月《闽西苏维埃政府布告第十一号——合作社条例》规定"合作社所得红利……百分之四十,照社员付与合作社之利益比例分配"④。到了 1930 年 9 月,《闽西第二次工农兵代表大会决议案》规定"百分之三十照社员付与合作社之利益比例分配"⑤。不过有些地方的红利分配比例有些许差异,如上杭在 1930 年 9 月通过的《上杭县第二届工农兵代表大会决议案》中就规定"百分之四十,照社员付与合作社之利益比例分配"⑥。到 1933 年 9 月时规定"每期纯利……百分之三十照社员所付利息额为标准比例分还社员之借款者"⑦。

---

① 《合作社讲授大纲》(1930 年 2 月 28 日),载中共龙岩地委党史资料征集研究委员会、龙岩地区行政公署文物管理委员会编:《闽西革命史文献资料》(第三辑),内部资料,1982 年,第 127 页。

② 《闽西第一次工农兵代表会议宣言》(1930 年 3 月 24 日),载中共龙岩地委党史资料征集研究委员会、龙岩地区行政公署文物管理委员会编:《闽西革命史文献资料》(第三辑),内部资料,1982 年,第 215 页。

③ 中共龙岩地委党史资料征集研究委员会、龙岩地区行政公署文物管理委员会:《闽西革命史文献资料》(第四辑),内部资料,1983 年,第 456 页。

④ 《闽西苏维埃政府布告第十一号——合作社条例》(1930 年 5 月),载中央档案馆、福建省档案馆编:《福建革命历史文件汇集》(苏维埃政府文件)(一九三〇年),1985 年,第 117 页。

⑤ 中共龙岩地委党史资料征集研究委员会、龙岩地区行政公署文物管理委员会:《闽西革命史文献资料》(第四辑),内部资料,1983 年,第 176 页。

⑥ 《中共上杭县委扩大会议决议案》(1930 年 12 月),载中共龙岩地委党史资料征集研究委员会、龙岩地区行政公署文物管理委员会编:《闽西革命史文献资料》(第四辑),内部资料,1983 年,第 236 页。

⑦ 《信用合作社标准章程》(1933 年 9 月),载柯华主编:《中央苏区财政金融史料选编》,中国发展出版社 2016 年版,第 132 页。

（2）公积金

总体上，信用合作社公积金的提取呈现出逐年上涨的趋势。1930 年 2 月，《合作社讲授大纲》虽然提出信用合作社的红利可以例外地由各地自定，但从其他合作社提取百分之十的公积金看，信用合作社提取的公积金也相差无几。1930 年 5 月，《闽西苏维埃政府布告第十一号——合作社条例》则明确规定"百分之十，作为公积金"[①]，到了 1930 年 9 月，《闽西第二次工农兵代表大会决议案》规定"百分之三十作为公积金不分"[②]，到 1933 年 9 月，《信用合作社标准章程》规定"每期纯利，以百分之五十为公积金"[③]。

（3）管理者酬劳

虽然合作社章程在不断变化，但管理者酬劳均未发生变动，保持在红利的百分之十。1930 年 2 月《合作社讲授大纲》规定"红利……百分之十为管理品筹劳金"[④]，1930 年 3 月《合作社条例》、1930 年 5 月闽西苏维埃政府布告第十一号、1930 年 9 月闽西第二次工农兵代表大会通过《修正合作社条例》均提出"红利……百分之十，抽与办事人花红"[⑤]，到 1933 年 9 月时规定"每期纯利……百分之十为管理委员及职员奖励金"[⑥]。

（4）股本利息

1930 年 2 月《合作社讲授大纲》规定"红利……百分之三十为股本利息，

① 《闽西苏维埃政府布告第十一号——合作社条例》（1930 年 5 月），载中央档案馆、福建省档案馆编：《福建革命历史文件汇集》（苏维埃政府文件）（一九三〇年），1985 年，第 116 页。

② 中共龙岩地委党史资料征集研究委员会、龙岩地区行政公署文物管理委员会：《闽西革命史文献资料》（第四辑），内部资料，1983 年，第 176 页。

③ 《信用合作社标准章程》（1933 年 9 月），载柯华主编：《中央苏区财政金融史料选编》，中国发展出版社 2016 年版，第 132 页。

④ 中共龙岩地委党史资料征集研究委员会、龙岩地区行政公署文物管理委员会：《闽西革命史文献资料》（第三辑），内部资料，1982 年，第 126 页。

⑤ 《修正合作社条例》（1930 年 9 月），载中共龙岩地委党史资料征集研究委员会、龙岩地区行政公署文物管理委员会编：《闽西革命史文献资料》（第四辑），内部资料，1983 年，第 176 页。

⑥ 《信用合作社标准章程》（1933 年 9 月），载柯华主编：《中央苏区财政金融史料选编》，中国发展出版社 2016 年版，第 132 页。

照股均分"①,1930 年 3 月闽西第一次工农兵代表大会通过《合作社条例》和1930 年 5 月闽西苏维埃政府布告第十一号规定"百分之四十照股金分配,作为利息"②。不过到了 1930 年 9 月,《修正合作社条例》提出"红利……百分之三十,照股金分配"③,可以看出股本利息在减少。到 1933 年 9 月的《信用合作社章程》中就没有出现多少百分比红利用于股本利息了。

三、闽西红色农信的业务

闽西苏区的红色农信的业务主要是统一货币、吸收存款、办理放款、代理公债发行和为闽西工农银行提供支持等。

（一）统一货币

实行货币的独占发行,既是马克思、恩格斯关于无产阶级革命后要对银行和货币"独享垄断权"④的应有之义,也是革命根据地通行新货币思想的逻辑延伸。因为,如果新货币与其他货币同时并行而不是独占发行,那么必然导致货币市场的严重失序,进而动摇新生政权的经济基础。因此,中共中央要求各个根据地,必须"把发行纸币权统一在苏维埃政府银行手里"⑤。

1.发行局部使用的货币

闽西金融市场复杂、混乱,各地混用银圆、银角、铜钱、杂毛等。这种混乱的局面,必然不利于商品的流通和经济发展,因此,在闽西工农银行及国家银行还未建立起来时,闽西苏区党和政府必须"统一度量衡尺币制"。《取缔纸币条例》(1930 年 3 月)明确规定:"各地不得自由发行纸币,发行纸币机关,要信

---

①　中共龙岩地委党史资料征集研究委员会、龙岩地区行政公署文物管理委员会:《闽西革命史文献资料》(第三辑),内部资料,1982 年,第 126 页。

②　中央档案馆、福建省档案馆:《福建革命历史文件汇集》(苏维埃政府文件)(一九三○年),1985 年,第 116 页。

③　《修正合作社条例》(1930 年 9 月),载中共龙岩地委党史资料征集研究委员会、龙岩地区行政公署文物管理委员会编:《闽西革命史文献资料》(第四辑),内部资料,1983 年,第 176 页。

④　《马克思恩格斯选集》(第 1 卷),人民出版社 1995 年版,第 293 页。

⑤　中共中央文献研究室、中央档案馆:《建党以来重要文献选编(1921—1949)》(第七册),中央文献出版社 2011 年版,第 597 页。

用合作社才有资格。"①

　　永定太平区信用合作社发行了"角票五千元,分五角、二角、一角三种,五角票正面紫色,二角票正面蓝色,一角票正面绿色,背面均红色,十角为一元"②。目前体现这一时期发行纸币、股票凭证的文物有:1929 年 10 月永定太平区信用合作社壹圆纸币,该信用社发行的纸币面额仅为壹圆一种,系石印双面印刷③(见图 1-6 左);1930 年 2 月 15 日永定第三区信用合作社发行的壹毫纸币(见图 1-6 右)。

太平区信用合作社壹圆纸币(左)　　永定第三区信用合作社壹毫纸币(右)

图 1-6　信用合作社发行的纸币

　　马克思主义货币学说中的货币流通规律认为"就一定时间的流通过程来说是:商品价格总额/同名货币的流通次数＝执行流通手段职能的货币量。这个规律是普遍适用的"④。而在纸币流通的条件下,"纸币的发行只限于它所象征地代表金(或银)的实际流通的数量"⑤。这个理论在闽西革命根据地得到很好的实践。闽西第一次工农兵代表大会通过决议,规定信用合作社必须满足一定条件才能发行货币,"信用合作社要有五千元以上的现金,请得闽西政府批准者,才准发行纸币,但不得超过现金之半数"⑥。有超发时,政府必须及时纠正。1931 年 6 月,《杭武县区经济委员各区合作社主任联席会议决议

---

①　蒋九如:《福建革命根据地货币史》,中国金融出版社 1994 年版,第 37 页。

②　许毅:《中央革命根据地财政经济史长编》(下),人民出版社 1982 年版,第 246 页。

③　福建省地方志编纂委员会:《福建省志·金融志》,新华出版社 1996 年版,第 41 页。

④　《马克思恩格斯全集》(第 44 卷),人民出版社 2001 年版,第 142 页。

⑤　《马克思恩格斯全集》(第 44 卷),人民出版社 2001 年版,第 150 页。

⑥　中国社会科学院经济研究所中国现代经济史组:《革命根据地经济史料选编》(上册),江西人民出版社 1986 年版,第 355 页。

案》提出：“第二区合作社（即庐丰、茶地一带——作者注）已开出纸票的应立即向经委会登记（表册由经济部判定），以后合作社不得再开纸票，过去的纸票如超过限制的应收回（譬如只有基金五百元，而开了三百元纸票，便应至少收回五十元来）。”[①]同时规定，“纸币数量限一角、二角、五角三种，不得发到十角以上”[②]。闽西苏区的上杭北四区、永定第一区和永定太平区就是少数能发行纸币的信用合作社。这些信用合作社发行的纸币又限制于一元以下的辅币券（一般只允许一毫、二毫、五毫三种）。

2.信用合作社发行纸币估算

由于闽西第一次工农兵代表大会通过的《取缔纸币条例》（1930 年 3 月）明确规定发行纸币的最低准备金为 5000 元，且在发行数量上只能为准备金数量的一半，按此计算，永定县太平区信用合作社股金 3000 元，永定县第三区信用合作社股金 5000 元，永定县第二区信用合作社股金 5000 余元，永定县第九区、第十区、第十一区信用合作社股金各 3000 元，总计 22000 元，永定县合溪信用合作社股金 1000 元。[③] 永定县堂堡区朱罗坑乡成立信用合作社股金 100元。根据兆征县信用合作社李进光贰股股金证（每股壹圆，编号 003565），而信用合作社发行股金量一般为整数，因此猜测兆征县信用合作社至少有股金 4000 元。坑口墟消费合作社发行货币折合大洋 110 多元。[④] 根据这些资料，总计是 26710 元，按纸币发行量是准备金的一半计算，那就意味着可能发行纸币 13355 元。

(二)吸收存款、办理贷款

1.吸收存款

信用合作社吸收群众存款。1929 年 11 月，永定太平区、丰田区信用社首

①　柯华：《中央苏区财政金融史料选编》，中国发展出版社 2016 年版，第 343 页。

②　《取缔纸币条例》（1930 年 3 月 25 日），载中共龙岩地委党史资料征集研究委员会、龙岩地区行政公署文物管理委员会编：《闽西革命史文献资料》（第四辑），内部资料，1983 年，第 234 页。

③　姜宏业：《中国金融通史》（第 5 卷），中国金融出版社 2008 年版，第 49 页。

④　据原坑口墟消费合作社工作人员张占元于 1990 年 5 月 25 日的回忆：“坑口墟消费合作社发行的银毫票……只印一次为 100 张，印完后木刻版就毁掉。”折合净洋 1500 毫或大洋 110 多元，当时消费合作社资金为四五百元，印制纸币数额未超过其资金之半数，与闽西苏维埃政府控制信用合作社发行纸币不得超过其掌握现金之半数的政策相符。

办存款业务,主要吸收机关单位及一些商业存款,个人存储的其少。1930 年 3月,闽西苏区提出了"普遍发展信用合作社组织,以吸收乡村存款"的口号①,以方便工农群众的经济周转和资本借贷。开办有定期、活期、零存整取三种储蓄业务且"不论多少,可随时存入",存款利息为每月二分。

2.办理贷款

(1)资金使用方向。信用社社员的生产、生活性资金都可以向信用社借,闽西"多数区政府开办了信用社(农民银行),苏维埃下的群众有正当需要(用在工业或农业上),可向政府借贷,至多只取一分的利息,打破了高利贷的剥削"②。"在目前春耕时候,群众无资本下种的,应集中股金借给他们买肥料。如在四五月时,应特别借钱给穷人买米谷。"③永定太平区信用合作社对上洋乡苏维埃政府发放贷款数百元,用于购买耕牛,开展春耕活动。同时信用合作社也支持农民改善生活:"关于维持生活之借款……关于帮助卫生之借款……等可以借","信用合作社可与粮食合作社互相存借款项,当粮食合作社正月后粜谷时卖得款子可予信用社活动,到了收获时信用合作社收回之款即回给粮食社"。④

(2)贷款对象。信用合作社是苏维埃经济建设中重要的群众经济组织,群众加入信用合作社后,享有体制内的利益:"本社应以极低利息贷款借社员……本社应尽先贷款给社员,须至股金充裕时可对非社员放款。"⑤要求"信用合作社应站在劳苦群众利益方面,有钱借给贫农雇农,不应借给富农"⑥。

---

① 《闽西第一次工农兵代表大会决议案》(节选)(1930 年 3 月 24 日),载柯华主编:《中央苏区财政金融史料选编》,中国发展出版社 2016 年版,第 288 页。

② 漫西:《闽西工农兵政府下的群众生活》(1930 年 6 月),载万平近主编:《福建革命根据地文学史料》,海峡文艺出版社 1993 年版,第 255 页。

③ 《闽西苏维埃政府经济工作委员会扩大会议决议案》(1931 年 4 月 25 日),载许毅主编:《中央革命根据地财政经济史长编》(下),人民出版社 1982 年版,第 259 页。

④ 《合作社工作纲要》(1932 年 9 月 19 日),载许毅主编:《中央革命根据地财政经济史长编》(下),人民出版社 1982 年版,第 322 页。

⑤ 中国社会科学院经济研究所中国现代经济史组:《革命根据地经济史料选编》(上册),江西人民出版社 1986 年版,第 382 页。

⑥ 《闽西苏维埃政府通告(经字第一号)——关于发展合作社流通商品问题》(1930年),载中央档案馆、福建省档案馆编:《福建革命历史文件汇集》(苏维埃政府文件)(一九三一年——一九三三年),1985 年,第 319～321 页。

永定县第一区信用合作社贷款业务除社员外,政府有时急需用款也可借予,贷款规模则根据当时信用合作社情况商量决定。存款利息每月二分,贷款每月二分五厘。

(3)贷款额度、利息及期限。1930 年 2 月《合作社讲授大纲》规定:"信用合作社利息每借大洋一元者,每十天付铜圆一片……借款……但最多不得超过全资本十分之一,久不得超过一个月。"①1932 年 2 月 1 日颁布的《中华苏维埃共和国临时中央政府关于借贷暂行条例的决议》中的规定更为具体:"苏区中借贷利率,最高者短期每月不能超过一分二厘,长期周年不得超过一分……一切利息都不得利上加利。"当然利息的高低也会考虑阶级因素,1932 年临时中央政府规定"借贷者,要以社员为主体,对于社员除享受红利外还应享有低借低利之特别权利,对于非社员之价目与利息,最高的限度不能超过社会一般规定之上"②。虽然规定如此,但在现实中,依然出现了延期偿还甚至不还的现象。

(4)借款手续。《合作社讲授大纲》(1930 年 2 月)提出:"信用合作社最好要印成借单,编定号数,由借银者向管理员、主任说明后,主任在借单上写明各项,借银者在借单上签名,经主任盖印,然后持此借单再向管财政者支取,其存根即存主任处,借单存会计处,如此可以防止作弊。"③其借单形式如图 1-7 所示。

(三)代理发行公债

为了筹措更多的战争军费,中央工农民主政府曾发行三次公债,这些公债的推销工作也依靠信用合作社。如 1932 年 6 月颁布的《发行"革命战争"短期公债条例》规定:"本项公债负责售债票及还本付息,由各级政府财政机关、红

---

① 《合作社讲授大纲》(1930 年 2 月 28 日),载中共龙岩地委党史资料征集研究委员会、龙岩地区行政公署文物管理委员会编:《闽西革命史文献资料》(第三辑),内部资料,1982 年,第 126 页。

② 《中华苏维埃共和国临时中央政府关于合作社暂行组织条例的决议》(1932 年 4 月 12 日),《红色中华》1932 年 4 月 12 日第 17 期。

③ 中共龙岩地委党史资料征集研究委员会、龙岩地区行政公署文物管理委员会:《闽西革命史文献资料》(第三辑),内部资料,1982 年,第 129 页。

存　　　　根			＊＊乡合作社借出单
借银者姓名			借银者姓名
年　月　日	字		年　月　日
元　　　数			元　　　数
利　　　息	第		利　　　息
还　　　期			还　　　期
借银者签名			借银者签名
主任签名			主任签名
备　　　考	号		备　　　考

图 1-7　借单形式

军经理部、国家银行及政府所委托之各地工农银行、合作社等分别办理。"[1]

（四）支持服务闽西工农银行

1931 年 4 月，闽西苏维埃政府经济委员会扩大会议重申："各合作社及政府均须负责兑现及推销银行纸票工作。"中共闽西特委抽调永定太平区、丰田区等信用合作社创办人阮山、赖祖烈等人负责筹建闽西工农银行。信用合作社的办社经验、制度和做法融入闽西工农银行的筹建过程中。

1.入股帮助建立闽西工农银行

闽西工农银行在创办过程中集股 20 万元，其中要求"各合作社资本，每百元买十元"[2]，即合作社向银行入股资本的十分之一。据《闽西工农银行日计表》（1934 年 11 月 10 日），在筹资过程中，永定县丰田区信用合作社曾注入资金 2408.55 元。杭武县的信用合作社曾将股金的 10％交到闽西工农银行入股。[3]

---

① 《发行革命战争短期公债券六十万元——中华苏维埃共和国临时中央政府布告第九号》，《红色中华》1932 年 6 月 23 日第 24 期。

② 《中共闽西特委报告第一号——闽西政治形势与党的任务》（1930 年 11 月 29 日），载中央档案馆、福建省档案馆编：《福建革命历史文件汇集》（闽西特委文件）（一九二八年——一九三六年），1984 年，第 211 页。

③ 《杭武县区经济委员会各区合作社主任联席会议决议案》（1931 年 5 月 11 日），载中共龙岩地委党史资料征集研究委员会、龙岩地区行政公署文物管理委员会编：《闽西革命史文献资料》（第六辑），内部资料，1985 年，第 21 页。

2.帮助闽西工农银行实现货币统一

(1)信用合作社放弃货币发行权。1931年4月《闽西苏维埃经济委员会扩大会议决议案》提出"信用合作社已发出的纸票(币)的,应立即向经委会登记,以后合作社不再发纸票(币),过去发的纸币如超过限制的,应收回"①。1931年6月,闽西苏维埃政府再次动员苏区军民集资,原各地信用合作社发行的纸币一律停止流通,并等值兑换成闽西工农银行纸币。统一货币后,信用合作社存款结算、银圆兑换的区域限制得以解除,信用合作社的货币融通、结算便利的优势得以更好地体现出来。

(2)宣传和兑现闽西工农银行纸票。闽西工农银行成立之后,1931年4月,闽西苏维埃政府要求"各合作社及政府均需负责兑现及推销银行纸票工作"。信用合作社当然也不例外:"在目前为提高信用起见,凡各级政府以及合作社一律负责兑现"②,并且要求"对前来兑现者,随来随兑,不拘多少,均予兑付,并始终保持纸币与银圆一比一的兑换比价"③。"国民党军阀、资本家的中国银行及中南银行,因为军阀混战及营业失败,均快要倒台,这些纸币,须运出苏区,以免一旦他们银行倒闭,群众受到损失。这些纸币,各合作社及银行须按期换起来,有计划地运送出去,价格由银行规定。"④

(3)代理私人借贷。闽西工农银行不直接向私人贷款,而是通过信用合作社代理:"私人向银行借贷,由信用合作社代理;合作社有向公共银行借款优先权;并规定乡信用合作社,按资本30%付与区信用合作社做基金。"⑤这样信用合作社的贷款和代理业务得以拓宽。

---

① 《闽西苏维埃政府经济委员会扩大会议决议案》(1931年4月25日),载中国社会科学院经济研究所中国现代经济史组编:《革命根据地经济史料选编》(上册),江西人民出版社1986年版,第71页。

② 《闽西苏维埃政府布告第五号——通行闽西工农银行纸币》(1930年11月25日),载中央档案馆、福建省档案馆编:《福建革命历史文件汇集》(苏维埃政府文件)(一九三○年),1985年,第280页。

③ 福建省地方志编纂委员会:《福建省志·金融志》,新华出版社1996年版,第176页。

④ 《闽西苏维埃政府经济委员会扩大会议决议案》(1931年4月25日),载杨寿德主编:《中国供销合作社史料选编》(第2辑),中国财政经济社会出版社,1986年版,第13页。

⑤ 《闽西苏维埃政府经济、财政、土地委员会联席会议决议案》(1930年9月25日),载中共龙岩地委党史资料征集研究委员会、龙岩地区行政公署文物管理委员会编:《闽西革命史文献资料》(第四辑),内部资料,1983年,第152页。

第二节 闽西工农银行

闽西工农银行是闽西红色金融机构的重要组成部分,在中国金融史上具有重要的地位。

一、闽西工农银行发展历程

1930 年 5 月后,受李立三"左"倾冒险主义路线的影响,闽西革命根据地受到一定挫折,但苏维埃政府积极开展经济工作,尽量促进闽西经济的发展。闽西工农银行的成立就是一个例证。1930 年 6 月,南阳会议提出要"成立闽西工农银行,发行钞票,以维持金融,发展手工业和农业生产,准备与敌人作长期斗争"。同年 9 月闽西工农兵苏维埃第二次代表大会重申调节金融、发展经济"唯一的办法是建立闽西工农银行,各县设分行"。根据曹菊如的回忆:

> 1930 年 11 月 7 日闽西工农银行在龙岩城正式营业,银行一楼,摆设着曲尺柜台,柜台里面办公,柜台上面挂着"存款""放款""汇兑""问事""收买金银"等玻璃挂牌。门口的四个大柱子,白底红字漆写着"调剂金融,保存现金,发展社会经济,实行低利借贷"的醒目标语。街面上新搭起牌楼,上面装有各式各样的草制工艺宣传品,群众为庆祝自己银行的成立,把铜钵巷挤得满满当当水泄不通……闽西苏维埃政府财政部部长兰为仁同志主持大会,宣布闽西工农银行成立,并讲了话……第二天一开门,群众熙熙攘攘,颇为热闹。土地革命后,金银首饰无用了,收兑银器首饰应接不暇,兑换现金也忙的〔得〕不可开交,闽西工农银行的业务就这样开始了。①

---

① 《上杭县募股委员会通告第一号——闽西组织工农银行募股委员会问题》(1930 年 9 月),转引自许毅主编:《中央革命根据地财政经济史长编》(下),人民出版社 1982 年版,第 301 页。

闽西工农银行 1930 年 11 月在龙岩成立之后,并未如预想般顺利发展。在成立半月之内,时局变动,即有福建军阀张贞、土著军阀陈国辉率军进攻闽西革命根据地,闽西苏维埃政府及闽西工农银行不得不搬到位于永定、上杭、龙岩交界的虎岗,后来又搬到上杭的白砂、溪口约半年时间。银行所在地不得不几经迁徙,原定计划开办的大部分业务也未能开展,以至于"银行原定二十万元股金迟迟不能筹齐"①。1931 年 8 月,红军打下汀州后,银行先派二人带了两担银圆入城,做发行兑换和代财政收款工作,约一个月后,局势稳定,全体人员才进城营业。②

1932 年 4 月,在闽西工农银行的人员和资金的基础上中华苏维埃共和国国家银行福建省分行成立了。1934 年 10 月,主力红军长征后,闽西工农银行退往梁屋头、东陂岗等地,至 1935 年 4 月,省级机关被敌人围歼瓦解,闽西工农银行结束了其历史。

二、闽西工农银行的结构

闽西工农银行设立的资本结构和组织结构,为便利工农银行的发展奠定了制度基础。

(一)资本结构

1.资本组成

闽西苏维埃政府发布的《关于设立闽西工农银行》(1930 年 9 月)规定银行的资本为 20 万元,筹集方式主要是向工农群众招股募集,同时苏维埃政府要求各合作社、粮食调剂局按规定购买股票。除向工农群众募股外,合作社每百元资本至少应买票 10 元,粮食调剂局每百元资本至少要买票 20 元(先交半数,12 月交清),各级政府、各工会及各机关工作人员,每人至少应买股票一元。③ 1931 年 6 月,《闽西苏维埃政府通知第六十号——关于扩大银行股金问

---

① 《上杭县募股委员会通告第一号——闽西组织工农银行募股委员会问题》(1930 年 9 月),转引自许毅主编:《中央革命根据地财政经济史长编》(下),人民出版社 1982 年版,第 257 页。

② 曹菊如:《闽西工农银行》,载柯华主编:《中央苏区财政金融史料选编》,中国发展出版社 2016 年版,第 491 页。

③ 柯华:《中央苏区财政金融史料选编》,中国发展出版社 2016 年版,第 318 页。

题》中要求六月份实现一万元的集股：

　　1.在整理粮食调剂局中,永定 1500 元,杭武 1500 元,龙岩 200 元,汀连 200 元,直属区 200 元。

　　2.向群众募股的,永定 1400 元,杭武 2000 元,龙岩 700 元,汀连 1500 元,直属区 1000 元。[①]

1931 年 6 月,闽西苏维埃政府再次动员苏区军民集股,闽西工农银行资本扩大至 22 万元。

2.银圆本位制

闽西工农银行发行的纸币主要实行银本位制。闽西苏维埃政府在筹办工农银行时,就规定"银行资本定二十万,分二十万股,股金以大洋为单位,收现金不收纸币,旧银器每两扣大洋陆角,金器照时价推算"。1930 年 11 月,为方便金融流通,闽西工农银行印发暂行纸币 3 万张,"每张一元,与光洋同价"[②],也就是说一元纸币相当于一元银圆。1930 年版和 1931 年版的一元纸币票面上都印有"凭票兑付通用银圆",一角的辅币印有"凭票十张兑付大洋一元",二角的辅币则印有"凭票五张兑付大洋一元"。从纸币票面的文字可知,纸币在流通领域中只是充当银圆兑换券,也明确了纸币与银圆(大洋)之间的兑换比例。1931 年,闽西苏维埃政府要求"凡各政府,各合作社对于工农银行纸币一律负责兑换,照大洋使用"。1931 年 1 月,闽西工农银行撤退到上杭大洋坝犁头山黄氏祠堂里,并在坑口设立兑换处后,继续发行股票。发行股票时,以大洋为单位,不收纸币。金银币可折算成大洋,1 口银器每两折大洋 6 角,金器按时价折算。

(二)组织结构

受地理位置及战争的影响,闽西苏区缺乏包括金融人才在内的各种人才,

---

① 《闽西苏维埃政府通知第六十号——关于扩大银行股金问题》(1931 年 6 月 23 日),载中共龙岩地委党史资料征集研究委员会、龙岩地区行政公署文物管理委员会编:《闽西革命史文献资料》(第六辑),内部资料,1985 年,第 86 页。

② 《闽西出席全国苏代会代表的报告》(1930 年 5 月 18 日)、《闽西苏维埃政府布告第五号——通行闽西工农银行纸币》(1930 年 11 月 25 日)、《闽西苏维埃政府通知第八十一号——关于税收的指示》(1931 年 8 月 2 日),载中央档案馆、福建省档案馆编:《福建革命历史文件汇集》(苏维埃政府文件)(一九三〇年),1985 年。

据曹菊如回忆,当时干部中无人在革命前当过银行职员,手头也没有任何有关银行的参考资料,所以当时没有人能制定适合现代银行的任何制度,只是根据实际工作的需要,在干中学过程中制定一些措施和办法。例如,为了分清会计和出纳的责任,制定了收款单和付款单办法,用的是中式账簿和旧式记账法。同时,参照商店所用的较好方法,略加改良,结果无意间偶合于复式簿记的原理。后来从土豪家得到一本北京某大学商科的银行簿记讲义,通过钻研一部《银行簿记》初步获得现代银行会计制度以及其他制度的知识。

（1）由政府选派人士组织银行委员会执行下列任务:

①计划一切银行事宜。②任免并监督银行主任及各科科长。③审查银钱账目各预算决算。

（2）由委员会选派主任一人,统营银行一切事务,直接对委员会负责。

（3）由委员会选派秘书一人,会计科长一人,司库一人,分别管理各科事宜,直接由主任负责,间接对委员会负责。

（4）其余工作人员,由主任及各科科长斟酌选出并指挥之。①

闽西工农银行组织机构如图 1-8 所示。

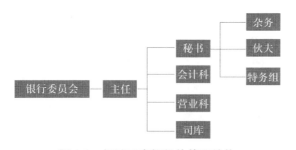

图 1-8　闽西工农银行的管理结构

资料来源:根据《闽西苏维埃政府布告第七号——关于设立闽西工农银行》(1930 年 9 月)内容绘制。

当时的工作人员有:行长——阮山、会计科长——曹菊如、营业科长兼秘书——赖祖烈。银行内部设有秘书(杂务、伙夫、特务组)、会计科、营业科和司

---

①　中国社会科学院经济研究所中国现代经济史组:《革命根据地经济史料选编》(上册),江西人民出版社 1986 年版,第 360 页。

库等职能部门,此外还设有印钞厂、熔银厂,负责印钞和熔银。熔银厂将收兑的白银熔成银饼,铸成银角,把黄金熔成 5 两、10 两的金条。

三、闽西工农银行的业务

为了达到"积极吸收农村中的闲散资金,帮助农民解决生产和生活上某些临时性的资金困难;打击高利贷的死灰复燃;促进根据地农、副业生产的恢复和发展"[①]的目标,闽西工农银行开展以下业务。

（一）统一货币

1.发行区域货币

为统一苏区货币,银行发行了自行印刷的纸币,面值分壹圆、贰角、壹角 3 种,并准备印刷伍角铜钞券(后未发行)。1930 年 11 月,闽西苏维埃政府主席张鼎丞、财政部部长兰为仁签署《闽西苏维埃政府布告第五号——通行闽西工农银行纸币》,该布告规定闽西工农银行发行的纸币与现金(贵金属)挂钩:"目前为要使金融便利流通,特先印发暂行纸币三万张,每张一元……"[②],由此推算当时发行纸币 30000 元。

壹圆暂用钞票分为二种版面。一种为 1930 年版,正反面均为深绿色,规格为 145 毫米×80 毫米;另一种为 1931 年版,正反面均为土红色,规格为 150 毫米×89 毫米,并有存核联。两种版面正面均有马克思和列宁的头像,并有"闽西工农银行""壹圆""暂用""凭票兑付通用银圆"等字样,背面为英文字母,并有"全世界无产阶级联合起来"的字样。为了适应形势和市场的需要,1931 年还发行了贰角和壹角的辅币券。

1931 年 11 月,全国第一次工农兵代表大会决定成立中华苏维埃共和国国家银行,"闽西工农银行在国家银行成立后,虽改组为福建省分行,但其业务未完全结束。发行的纸币信用很好,仍继续流通,直至国家银行纸币发行后还

---

① 孔永松、邱松庆:《第二次国内革命战争时期闽西革命根据地的金融战线》,《党史研究与教学》1980 年第 9 期。

② 《闽西苏维埃政府布告第五号——通行闽西工农银行纸币》(1930 年 11 月 25 日),载中央档案馆、福建省档案馆编:《福建革命历史文件汇集》(苏维埃政府文件)(一九三〇年),1985 年,第 280 页。

同时流通一个时期,才逐渐收回"①。直至 1932 年 7 月,中华苏维埃国家银行的钞票发行以后,才逐步收回销毁,至 1934 年 10 月红军长征时已大部收回,仅有 1689 元未收回。②

在统一货币的过程中,闽西工农银行除了发行纸币外,也发行铜币。《闽西工农银行章程》(1930 年 11 月)就提出其营业范围有"存款、放款、汇兑、买期票、买卖金银、发行纸币、铸造铜币"。1931 年 1 月,在坑口兑换处,其主要营业范围是"存款、贷款、汇兑、发行纸币和股票、铸造铜币、买期票、兑换金银首饰"。在犁头山黄氏祠堂里办了一个铸币厂,将铜熔解后铸成铜币。熔铜铸币时,由犁头山老实巴交、年轻力壮、政治思想可靠的贫苦农民黄顺林拉风箱。③

在闽西工农银行发行货币的同时,闽西苏维埃政府收回各地信用合作社的纸币发行权,其发行的纸币停止流通,并等值兑换成闽西工农银行纸币。

2.保存现金(贵金属)

受国民党经济封锁的影响,苏区的农产品输出难,但苏区又急需生产生活所需的工业品,因此必然出现"出超"现象,导致闽西苏区贵金属流失。为了减少贵金属流失,苏维埃政府规定,凡财政及其他收入的银圆,必须交银行作为存款,支付时则给纸币,纸币持有者可随时向银行兑换银圆。闽西苏区群众对于纸币的态度开始是有顾虑,导致出现"持纸币兑换银圆者较多"的现象,但银行有充足的现金,做到来者不拒,随时兑换。为方便群众兑换,在上杭南阳、白砂,永定湖雷等地设立了兑换所。由于有充足的准备金能保证纸币的充分兑现,"持纸币来兑换银圆者日渐稀少"④。闽西工农银行发行的纸币信用较高,要 102 块银币才能兑换 100 元。⑤ 之后,苏维埃政府通过发展赤白贸易,处理

① 《赖祖烈回忆》,转引自许毅主编:《中央革命根据地财政经济史长编》,人民出版社1982 年版,第 263 页。
② 中国人民银行龙岩地区分行整理(内部资料),1990 年 11 月 7 日。
③ 政协福建省上杭县委员会文史资料与学习宣传委员会:《上杭文史资料》(第三十五辑),内部资料,2012 年,第 12 页。
④ 柯华:《中央苏区财政金融史料选编》,中国发展出版社 2016 年版,第 491 页。
⑤ 《闽西苏维埃政府经济委员会扩大会议决议案》(1931 年 4 月 25 日),载中国社会科学院经济研究所中国现代经济史组编:《革命根据地经济史料选编》(上册),江西人民出版社 1986 年版,第 71 页。

好财政政策与货币政策的关系,避免财政赤字货币化及多种渠道宣传使用苏币等措施确保现金(贵金属)不外流,详见第三章第四节。

3.辅助国家银行

早在国家银行成立前的 1932 年 4 月,中央执行委员会就规定:"银行须归国家设立,统属于中央之国家银行,除因地区远隔,得由当地政府设立工农银行外,并无产业银行名目之规定。况闽西工农银行,其股本多系工农群众入股的,将来国家银行在闽西成立分行时,闽西银行应归并于分行,其群众股金,或退还,或鼓励群众自办信用合作社。"[①]1932 年 7 月,国家银行成立之后,闽西工农银行改组为国家银行福建省分行,货币发行权收归国家银行。闽西工农银行为国家银行的成立提供了业务骨干,是其经费重要来源之一,是国家银行货币体制和规章制度来源,详见第六章第一节。

(二)吸收存款、发放贷款

1.吸收存款

调剂金融是闽西工农银行的一项重要任务,通过宣传动员,当时龙岩的苏维埃商店和一些私人的商店都在闽西工农银行开户存款,1930 年 12 月,银行迁到永定虎岗以后,上杭和永定一部分区、乡的合作社和粮食调剂局也在银行开户存款,长汀大部分单位都在银行开户存款。闽西苏维埃政府规定各级政府、军队、机关团体的没收款、罚款和城市商人捐款等均送交银行,作为财政存款。同时利用银行的信用担保,吸收群众暂时闲置的资金。

闽西工农银行的储蓄形式有定期、活期、零存整取,并做出了相应的规定。例如,定期必须整存整取,金额不能少于 5 元,定期不能少于 3 个月,但不得超过 1 年;活期可以随时存取,金额不能少于 5 角;零存整取的约定期限是 6 个月到 3 年,到期一次性取回本金利息。[②] 总体上,闽西工农银行存款利率,活期月息千分之三,定期半年以上月息千分之四点五。

1934 年 10 月,红军长征以后,许多单位分散转移到农村,存款大部分结清,因此存款余额很少,根据闽西工农银行日计表第 5 号和第 6 号可知,至 11

---

① 《中央执行委员会批准福建省第一次工农兵苏维埃大会各种决议的决议》(节选)(1932 年 4 月 15 日),载中央龙岩地委党史资料征集研究委员会、龙岩地区行政公署文物管理委员会编:《闽西革命史文献资料》(第七辑),2006 年,第 190 页。

② 孔永松、邱松庆:《闽西革命根据地的经济建设》,福建人民出版社 1981 年版,第80 页。

月 10 日尚未结清的存款仅有 7 户,金额为 666.615 元,其中龙岩苏维埃商店 247.608 元,龙岩各商店 143.528 元,坑口十一乡粮食局 43.237 元,赖加红 3 元,大洋坝三乡粮食局 87.277 元,永定罗水乡粮食局 86.51 元,永定佳山乡粮食局 55.455 元。另有股东应分红利 5685.672 元。[①]

2.发放贷款

银行的重要功能之一就是发放贷款以发展经济。早在 1930 年 9 月,闽西苏维埃政府就规定了闽西工农银行贷款利息,"利息——放款月利百分之零点六,定期存款半年以上者,月利百分之零点四五,活期存款百分之零点三,每一周年复利一次"[②],可见,闽西工农银行的贷款利率和闽西农村信用合作社一样。1932 年 1 月,中华苏维埃共和国临时中央政府规定:"苏区中借贷利率,高者短期每月不得超过一分二厘,长期周年不得超过一分,最短期利息以期终付给,长期利息每周年付给一次,或分季付给,一切利息都不得利上加利。"[③]相比而言,闽西工农银行的利率是较低的。贷款对象主要是生产企业和流通行业。[④]

(1)对农业贷款。中央苏区时期,革命根据地地处农村,因此农业发展就处于核心地位。为了保障农民在土地革命后继续发展生产,闽西工农银行提供贷款给个体农民、合作社等购买肥料、种子、生产工具、耕牛及兴修水利。曹菊如回忆道:"为了帮助农民解决谷贱伤农和高利贷的剥削,银行帮助各县建立合作社,向粮食调剂局和粮食合作社发放贷款"[⑤],以便粮食调剂局有足够的资金调剂粮食。工农银行积极帮助各县建立粮食合作社,并对粮食调剂局和粮食合作社发放低利贷款,在收割时以较高的价格买进粮食,按原价九五折

---

① 《闽西工农银行日计表》(1933 年 11 月 30 日),中国人民银行龙岩地区分行整理(内部资料),1990 年 11 月 7 日。

② 《闽西苏维埃政府设立闽西工农银行的布告》(1930 年 9 月),载柯华主编:《中央苏区财政金融史料选编》,中国发展出版社 2016 年版,第 318 页。

③ 《中华苏维埃共和国临时中央政府关于借贷暂行条例的决议》,《红色中华》1932 年 1 月 27 日第 7 期,第 8 版。

④ 胡国铤:《共和国之根·中华苏维埃共和国中央领导机构概览》(下),中共党史出版社 2009 年版,第 451 页。

⑤ 曹菊如:《闽西工农银行》,载柯华主编:《中央苏区财政金融史料选编》,中国发展出版社 2016 年版,第 491 页。

扣给农民,从而安定了群众生活,促进了农村经济的发展。① 另外,由于"国民
党反动派进攻根据地的时候,他们烧杀抢虏,把老百姓做饭的锅砸了,把舂米
的工具捣烂了,耕牛也杀了,各方面都遭到严重的破坏,人民群众正常的生活
和生产都受到极大的影响。面对这种情形,闽西工农银行立即发放低利贷款
给老百姓,让群众重新购置耕牛、种子以及锅、盆、碗、盏等东西"②。

(2)对合作社贷款。闽西工农银行规定银行资金动用比例为:投入各种合
作社 25%,投入苏维埃商店和土地生产 15%。③ 1930 年 9 月,闽西苏维埃政
府就指示"工农银行须投资一部分到石灰生产合作社里去"④。闽西苏维埃政
府对闽西工农银行资金运用做出明确规定:"对各种合作社及集体农场都予赞
助和保护,工农银行应借大批现款于合作社,使合作社迅速发展。"⑤在闽西工
农银行成立一周年的 1931 年 11 月,曹菊如写道:

> 它提出了大批资本借给各种合作社,帮助其营业的发展,以减少资本
> 主义的剥削。它在粮食缺乏的时候,以巨额资本帮助各县建立粮食合作
> 社……直接帮助了苏区生产额的增加;尤其是本年造纸业的生产,得到银
> 行很大的帮助。它投过巨额资本到汀连到南阳的铸铁合作社去,现正积
> 极帮助该合作社本身组织的健全扩大。⑥

1934 年 11 月 10 日《闽西工农银行日计表》第 1 号记载:11 月 10 日对畲
心区石灰合作社放款 290 元,宁化炼铁合作社放款 400 元,圳下村石灰合作社
放款 297.5 元。⑦ 1934 年 11 月 10 日《闽西工农银行日计表》第 5 号记载:11
月 10 日放给造纸、石灰、炼铁、消费合作社"信用贷款"余额为 1781.55(银圆),

---

① 中国人民银行龙岩地区分行整理(内部资料),1990 年 11 月 7 日。

② 赖祖烈:《回忆土地革命时期闽西的对敌经济斗争》,《福建论坛》1982 年第 3 期,
第 90 页。

③ 柯华:《中央苏区财政金融史料选编》,中国发展出版社 2016 年版,第 304 页。

④ 余伯流:《中央苏区经济史》,江西人民出版社 1995 年版,第 447 页。

⑤ 《闽西苏维埃政府布告第十二号——目前经济政策》(1931 年 4 月 4 日),载柯华
主编:《中央苏区财政金融史料选编》,中国发展出版社 2016 年版,第 338 页。

⑥ 曹菊如:《闽西工农银行一周年》(1931 年 11 月 6 日),载《列宁青年》1931 年 11 月
6 日第 5 期。

⑦ 1934 年 11 月闽西工农银行日志。

放给温必有、丁连标等 37 户纸农缴槽放款余额为 58275.606 元。

（3）对商业贷款。受国民党经济封锁和军事"围剿"的影响，赤白物资交易并不顺畅，因此闽西苏区注重商业的发展，以期望商业冲破敌人经济封锁，保障苏区物资供应。因此银行贷款都重视发放商业信贷，其贷款主要对象是苏维埃政府经营的公营商店，闽西工农银行"投入苏维埃商店和土地生产 15％"[①]。但由于国民党的多次反革命军事"围剿"，政局不稳定，银行几经迁移，使业务受到很大影响，特别是红军长征以后，闽西苏区各级政权遭到严重破坏，银行贷款来不及清理收回，有些物资也未进行处理，因此各单位的欠款还不少。据 1934 年 11 月 10 日统计，未收回的贷款有 49 户，金额 19362.264 元，其中催收放款 6 户，共 3391.094 元，信用放款 5 户，金额 1785.55 元，缴槽放款 38 户，金额 14185.62 元，另各单位的暂记欠款有 17 户，金额 5706.109 元，营业部未处理的库存货品总值达 6986.30 元。

在对农业、各种合作社及商业的贷款过程中，闽西工农银行也获得一部分经营利润。从闽西工农银行日计表中可以看出，截至 1934 年 11 月 10 日，闽西工农银行纯利 10622.867 元。[②]

（三）代理财政业务

1.代理财政收款

闽西苏维埃政府规定："各级政府、军队、机关、团体的没收罚款和城市商人的捐款等均应及时送交至银行，作为财政存款。"[③]

2.收购金银

土地革命前闽西妇女有佩戴银首饰的习惯，土地革命之后，在政府宣传动员，提倡朴素作风的影响下，妇女也愿意将银饰变现。"旧银器每两扣〔折〕大洋 6 角。"[④]闽西工农银行"目前营业只单纯收买妇女首饰各种旧银器，以备铸

———————

①　姜宏业：《中国地方银行史》，湖南出版社 1991 年版，第 664 页。

②　罗华素、廖平之：《中央革命根据地货币史》，中国金融出版社 1998 年版，第 293 页。

③　曹菊如：《闽西工农银行》，载中国人民银行金融研究所编：《曹菊如文稿》，中国金融出版社 1998 年版，第 4 页。

④　《闽西苏维埃政府设立闽西工农银行的布告》（1930 年 9 月），载柯华主编：《中央苏区财政金融史料选编》，中国发展出版社 2016 年版，第 318 页。

造银圆,变死的银器为活的货币"[①]。根据赖祖烈回忆,"营业部把收购的银子,经过熔银厂熔成银饼,送到中央造币厂铸成银圆、银角……将这些银圆、金条拿到敌占区去换回我们必需的物资"[②]。

(四)其他非金融业务

战争时期,闽西工农银行除了履行金融机构的职责外,也必须承担其他的非金融业务,以支持战争,保障苏维埃政权的稳固。

1.发展贸易

苏区和白区在产业结构上的差异,决定了闽西苏区无法独立于外部环境而存在,因此必须通过赤白贸易互通有无。

闽西工农银行附设了一个贸易部,贸易部办理进出口贸易,向国民党统治区输出木材、纸张、矿产,购回红色区域急需的食盐、棉花、布匹、药品等并负责供应军粮。闽西工农银行在汀州期间,主要业务是发展赤白贸易,为此银行在长汀水东街专设了一个营业部,由营业科长赖祖烈兼主任,一方面把苏区生产的土产品,如纸张运到白区,据统计仅仅纸张一项,1933年就出口300余担。另一方面,从白区购买苏区急需的药品、布匹、食盐等。闽西工农银行经营赤白贸易的时间截至1934年11月,根据闽西工农银行日计表第5号可知,尚有结存的纸张、食盐、布匹、杂货等价值6900余元。[③] 又如,1932年春红军攻打漳州后,根据赖祖烈的回忆,"没收了一个反动经理经营的胶鞋公司……没收的胶鞋公司的鞋子,除了解决我们部队穿的以外,剩余的还拿到闽西工农银行营业部寄卖,不管大小,每双都卖六角"[④]。

2.收购粮食,保证军需

闽西工农银行也承担收购粮食的任务。1931年8月,闽西苏维埃政府要

---

① 《中共闽西特委报告第一号——闽西政治形势与党的任务》(1930年11月29日),载中央档案馆、福建省档案馆编:《福建革命历史文件汇集》(闽西特委文件)(一九二八年——一九三六年),1984年,第212页。

② 赖祖烈:《回忆土地革命时期闽西的对敌经济斗争》,《福建论坛》1982年第3期,第90页。

③ 罗华素、廖平之:《中央革命根据地货币史》,中国金融出版社1998年版,第298页。

④ 赖祖烈:《回忆土地革命时期闽西的对敌经济斗争》,《福建论坛》1982年第3期,第90页。

求"工农银行准备以大批款子存储谷子米,凡群众粜米谷或缴纳税金时,须要粜米谷的得由当地政府报告银行,银行可以现金收买保存"①,1932 年红五军团攻打漳州时的军粮就是闽西工农银行营业部供给的。这对打破敌人经济封锁,保障军需民用发挥了重要的作用。这种由银行直接储备物资的做法,现在看来似乎不可思议,但在当时是平抑物价、稳定币值的一项有效措施。

第三节　蛟洋农民银行

　　闽西上杭县蛟洋村,与龙岩、连城交界,是进行革命活动较早的地方,早在大革命时期就有过农民运动的基础。1917 年,从日本留学回来的傅柏翠回到家乡上杭,进行革命活动,1927 年 8 月,他经罗明介绍加入中国共产党。

一、蛟洋农民银行资金构成

　　1927 年至 1928 年春,傅柏翠在上杭蛟洋创办蛟洋农民银行,行址设上杭县蛟洋村"议合祠"(见图 1-9)。1928 年 7 月 26 日,《滨字五号报告——永定、龙岩及上杭蛟洋斗争情形》中记载:蛟洋"自去年冬开始组织农会。故……组织不久,便开始斗争。群众砍伐沿路杉木出卖得八千余元,除抽出两千元开办农民银行外……"。由此可见,蛟洋农民银行的资本金为 2000 元,虽然想扩大规模,但傅柏翠回忆道:"我们当时想计划把古蛟地区的杉木砍伐出卖,使银行资金发展到十万、八万,但都因暴动的失败而未完成这一计划。"②

---

　　①　《闽西苏维埃政府通知(第 83 号)——建立村苏政府等六个问题》(1931 年 8 月 4 日),载柯华主编:《中央苏区财政金融史料选编》,中国发展出版社 2016 年版,第 361～362 页。

　　②　黄宁、陈淑兰:《中央革命根据地最早的金融机构——上杭县蛟洋农民银行》,《福建钱币》1989 年 8 月。

图 1-9　蛟洋农民银行旧址——议合祠

二、蛟洋农民银行业务

蛟洋农民银行发行的纸币是"流通券",根据蛟洋老中医傅赞谟的回忆: "当时有印一种叫流通券的纸票,面额有一角、一元两种,是上杭县城人雷源印的……是用白色玉扣纸木刻版印制,红色;币面长方形横式(按傅赞谟回忆的大小,用尺量,一角流通券约 130 毫米×60 毫米,一元流通券约 150 毫米×70 毫米)。票面上沿从右至左正楷横书'蛟洋农民银行流通券',中间为面值'壹角'或'壹圆'字样,下沿为年、月、日,四角均有竖写的'壹角'或'壹圆',有一端还盖有圆形'蛟洋农民银行'的红色骑缝章。印的纸票一角券居多,一元券次之,听说印了 4000 元。这种纸票使用的范围很广,除了蛟洋周围的北四区可使用以外,毗邻的古田,连城的庙前、莒溪和龙岩的大池、小池等地也可以使用。"①

蛟洋流通券以银圆为价值基础,纸币一元与大洋一元等值,实际上是银行兑换券。银行开办后,主要经营借贷业务,对生活确实困难者,借 5 元以内不计息,这就极大地便利了农民在青黄不接时的生计。流通券还可以在农民银行的附属商店内买到生活必需品。当时农协会、自卫军的工作人员,每月均可

---

① 蒋九如:《福建革命根据地货币史》,中国金融出版社 1994 年版,第 247~248 页。

以在银行领取 16 元左右的工资,可领纸币、银圆或谷子等物。据当时在蛟洋乡间做小买卖的傅兆潘老人回忆:"蛟洋在暴动前,有一段时间用过自印的纸票,叫流通券……与光洋等价……当时我做小生意,记得流通券一元可买猪肉十多斤、牛肉八九斤。"①随着蛟洋地区革命运动如火如荼地推进,与蛟洋有贸易来往的商人也都乐意使用流通券,流通券迅速成为蛟洋一带主要的流通货币之一,颇有信誉。1928 年 3 月,上杭县北四区工农苏维埃政府成立,蛟洋农民银行成为苏维埃政府的直属金融机构。为解决日益增大的军政经费开支,区委和区农协决定征收部分土地税,杀猪、宰牛等税收,这样不仅解决了区委、农协、自卫军等工作人员的工资问题,而且保障了农民银行的正常流动资金。随着蛟洋农民运动失败,蛟洋农民银行于 1928 年 5 月停业,所发流通券均以银圆兑回。

第四节　中华苏维埃共和国国家银行福建省分行

1932 年 2 月 1 日,中华苏维埃共和国国家银行成立后,在闽西工农银行的人员和设备的基础上,成立了中华苏维埃国家银行福建省分行。

一、中华苏维埃国家银行福建省分行的组织结构

中华苏维埃国家银行福建省分行隶属于国家银行,从国家银行的组织体系可以看出分行的层级结构(见图 1-10)。

中华苏维埃国家银行福建省分行成立于 1932 年 4 月,地址设在长汀县城新丰街 155 号(见图 1-11),准备基金为 20 万元,福建省苏维埃政府财政部部长李六如兼任分行行长,后李六如调任国家银行总行副行长,福建省分行行长由赖祖烈担任。内设营业、总务、会计等科。阮德优任总务科长,阮德宗任会计科长,工作人员有 10 多人。

---

① 蒋九如:《福建革命根据地货币史》,中国金融出版社 1994 年版,第 18 页。

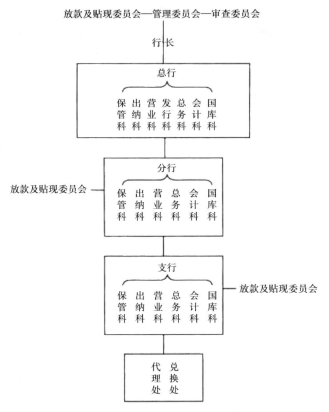

放款及贴现委员会—管理委员会—审查委员会

行　长

总行

保管科　出纳科　营业科　发行科　总务科　会计科　国库科

放款及贴现委员会——**分行**

保管科　出纳科　营业科　总务科　会计科　国库科

支行——放款及贴现委员会

保管科　出纳科　营业科　总务科　会计科　国库科

代理处　兑换处

图 1-10　国家银行组织系统①

　　此外,省行还在南大街镇龙宫前周宅附设熔银厂,行长赖祖烈曾回忆道:在闽西长汀有一个熔银厂,负责将收购来的银首饰和铜熔化,炼成银块、铜块。熔好后的金银送国家银行的造币厂造银圆和毫子,银圆的成色很好,但声音不好,可能是掺铜的比例没有掌握好……共制造三种银圆,一种是苏区流通的,两种是留作群众兑现与到白区去买东西的,这两种一是大头洋(袁大头民国三年),一种是小头洋(孙中山头像)。因为群众习惯,认为成色好。② 熔银厂把银行收兑来的金银器熔成金银饼后,送往瑞金中央造币厂铸银圆、银毫和金

　　①　许毅:《中央革命根据地财政经济史长编》(下),人民出版社 1982 年版,第 312 页。
　　②　中共福建省委党史研究室:《福建省革命遗址通览·龙岩市》,中共党史出版社 2012 年版,第 100 页。

图 1-11 中华苏维埃国家银行福建省分行遗址旧照[1]

条,秘密带往国民党统治区进行交易,购回苏区军民急需的食盐、西药、布匹等物资,有力地打破了国民党对苏区的经济封锁。

1933 年 1 月,国家银行福建省分行建立分金库,增设国库科,张仰芬任科长。1933 年 3 月,国家银行福建省分行在长汀河田镇设立长汀县办事处,刘日星任行长。

二、中华苏维埃国家银行福建省分行的业务

虽然中华苏维埃共和国国家银行的设址不在闽西,但其所颁布的《中华苏维埃共和国国家银行暂行章程》是具有货币立法性质的文件,该章程规定"本行设于中央政府所在地,并得设立分支行于各地,或与其他银行订立代理合同或汇兑契约,为本行之代理处"[2]。这就意味着中华苏维埃共和国国家银行的政策也影响闽西各项事业的发展。根据总行部署,中华苏维埃国家银行福建省分行的主要任务是:保存现金,发行货币,打破经济封锁;调剂金融,发展社会经济;代理金库税收,发行公债。

(一)代理金库

1930 年 11 月,闽西工农银行代理闽西苏维埃政府财政金库,保管金银,

---

① 许毅:《中央革命根据地财政经济史长编》(下),人民出版社 1982 年版,第 332 页。

② 许毅:《中央革命根据地财政经济史长编》(下),人民出版社 1982 年版,第 308 页。

代收税款,以及代理收纳军队、机关、团体没收款、罚款和城市商人捐款等款项。1932年4月,中华苏维埃共和国国家银行福建省分行接办闽西工农银行的金库业务。1932年4月底,红军东路军攻克漳州后,缴获了大批军需民用物资和金银财宝,大量的金银财宝都存放在汀州福建省分行。同时,为了扩大苏区银行在人民群众中的影响,省行在长汀举办了"金山、银山"展览会,展出了堆积如山的金砖、金条、金链、银锭、银圆等。

1933年3月起,执行临时中央政府人民委员会颁布了《国库暂行条例》,该条例要求福建省分行和长汀县办事处分别设立分金库和支金库,由银行行长兼金库主任,统归国家银行的总金库(设在江西瑞金)领导,负责各级苏维埃政府所有现金项目之收入、保管及支出。

(二)组织存放款

1933年3月,国家银行长汀县办事处首办定期、活期和零存整取3种储蓄业务,对象为工农群众和政府工作人员,利率为半年期月息4.5厘,活期3厘。定期存款5元起存,活期和零存整取起点为5角,不满5角者银行另印一种5分储金票,委托区乡合作社发售。群众购储金票满5角,向银行换取正式储蓄存折。其时,工农群众踊跃购储金票,活期存款有1220多户,但存额不多。[①]

在放款方面,贷款主要支持生产性需要;生活性贷款一般不予发放。贷款对象、额度、期限、利率等均执行区别对待原则,公营从宽,农户从优,商贩从严,"帮助发展生产,对于国有工商业或合作社事业,得为有抵押或无抵押之放款,但私人企业之借款须有抵押"[②]。

(三)推销公债

为筹措作战经费,支援根据地经济建设,从1932年开始,中华苏维埃共和国临时中央政府分三次在全苏区范围内募集公债(两期革命战争短期公债,发行额分别为60万元和120万元;经济建设公债,发行额为300万元)。在第一期革命战争短期公债发行期间,中华苏维埃共和国临时中央政府规定"由各级政府财政机关、红军经理部、国家银行及政府所委托之各地工农银行、合作社

---

① 龙岩地区地方志编纂委员会:《龙岩地区志》(下),上海人民出版社1992年版,第881页。

② 《中华苏维埃共和国国家银行暂行章程》(1933年1月1日),载中国人民银行金融研究所、财政部财政科学研究所编:《中国革命根据地货币》(下册),文物出版社1982年版,第6页。

等分别办理"该项公债经售和还本付息事宜。①

中华苏维埃共和国国家银行福建省分行开业初期,除发行纸币外,仅开展代理国库和发行第一、二期革命战争公债,以及收买金银等业务。根据国家银行规定,分配福建(主要是闽西)的任务是 13.6 万元和 26 万元,由福建省分行代理发行。1933 年 7 月,中华苏维埃共和国临时中央政府公布经济建设公债条例,发行 300 万元经济建设公债,福建省苏维埃决定在闽西推销 43.5 万元,也是由福建省分行代理发行的。②

要注意的是,由于闽西工农银行是股份制银行,被中华苏维埃共和国临时中央政府予以保留。闽西工农银行和国家银行福建省分行进行了分工:国家银行福建省分行负责代理金库,收税款与从土豪那没收的金银,从资金上支持闽西工农银行;闽西工农银行主要业务是管理支持信用合作社,支持农业与工业的建设与发展。③

第五节　其他金融机构及形式

闽西苏区的金融除了红色金融外,也有一些其他人士(创办主体非中国共产党)创办的金融机构、非金融组织办理发行货币等业务;也有中国共产党领导的充当货币功能的补充性货币,本节做简单介绍。

一、闽西农民银行

(一)闽西农民银行成立背景

1932 年"一·二八"事变后,十九路军进驻闽西部分地区,但"龙岩以一县

---

① 《中华苏维埃共和国临时中央政府第 9 号文告》(1932 年 6 月 25 日),载财政部财政科学研究所、国债金融司编:《中国革命根据地债券文物集》,中国档案出版社 1999 年版,第 8 页。

② 中国人民政治协商会议福建省龙岩市委员会文史资料委员会:《龙岩文史资料》(第二十四辑),1996 年,第 114 页。

③ 钟建红:《共和国金融摇篮——记闽西工农银行》,http://www.yhcqw.com/33/10393_2.html,下载日期:2021 年 10 月 10 日。

之收入,供全闽西善后区域之政费,收入已细,支出浩繁,故财政方面时有竭蹶之象"①,为此,十九路军只好自筹经费。

(二)闽西农民银行发展过程

十九路军进驻闽西不久,即以善后委员会名义发行辅币流通券(俗称"龙岩币")3000元,流通后"供不应求",1933年2月"再印发一万元,同时收换旧币"②。1933年3月开始筹设闽西农民银行,并于1933年7月28日成立闽西农民银行。资本额国币100万元,由该处陆续筹拨,并指定从其所收20%的土地税全数拨充,在未征收时,暂由十九路军总部借拨。闽西农民银行纸币总印刷量为20万元,实际发行量则不见文字记载。该行发行的钞票有一元和五元两种面额主币,一角、二角、五角三种面额辅币(部分见图1-12)。除以其基金充兑现洋外,还以闽西全属税收为担保,同时在厦门、漳州设代理兑现处,以便流通。1934年1月,"闽变"失败后,该行关闭。③

图1-12　闽西农民银行发行的纸币

资料来源:刘敬扬、张晓东:《十九路军"闽西农民银行"纸币刍议》,载中国钱币学会编:《中国钱币论文集》(第三辑),中国金融出版社1998年版。

---

① 《龙岩分处二十二年下半年施政计划》,《龙岩月刊》1933年第1期。
② 《农村复兴委员会二月份工作概况》,《闽西旬刊》1933年第1期。
③ 福建省地方志编纂委员会:《福建省志·金融志》,新华出版社1996年版,第141～142页。

闽西农民银行资本来源主要是通过征收土地税:"先设筹备委员会着手筹备其基金之来源,由土地税项下附加若干,或由会召集地方团体集议决定。"①

(三)闽西农民银行结构及业务

闽西农民银行设理事会和监事会,由闽西善后处派理事 5 人、监事 3 人组成。内部组织设总务、业务、会计、调查四科。

《农复会二十二年度龙岩施政计划》在谈到农村建设方面时提出"筹设农民银行,农民银行转为辅助农业之发达和地方公共事业之振兴而供给农民低利长期资金,及减少农民典当抵押高利借贷之困苦而设"②,1933 年 9 月《闽西善后委员会施政大纲》进一步说明"筹设农民银行以调剂农村金融,并借农民银行的资力以开发各种生产事业"③。为了达到此目的,闽西农民银行业务主要是定期存款、活期存款;为农民及商民活期借款与定期借款等业务。闽西农民银行规定:农民放款,期限最短 1 个月,最长 6 个月,月息千分之六,款额自 5 元至 20 元为止由良善农民五户担保,并须具有乡委会证明。商民放款,期限分定期、活期两种,定期最短 1 个月,最长 6 个月,月息千分之八;活期放款日息千分之二百,并须有担保、联号或抵押品。活期存款日息千分之十,定期存款,1 个月日息千分之四,往来存款日息千分之三,透支日息千分之七。④

二、坑口墟消费合作社

坑口墟消费合作社创办于 1930 年 5 月,至 1931 年已拥有资金四五百元,在当时消费合作社中属于规模比较大,经济效益较高的合作社。⑤

福建省博物馆保存有一张杭武县坑口墟消费合作社发行的"毫半"银毫票,该银毫票规格为 146 毫米×84 毫米,正面红绿套色,有马克思、列宁头像,印有"全世界无产阶级联合起来""苏维埃政府准许发行"等字样;背面印有"毫半""坑口墟消费合作社""开设杭武县第三区第二乡"等字样⑥(见图 1-13)。

---

① 《农复会二十二年度龙岩施政计划》,《闽西旬刊》1933 年第 2 期。
② 《农复会二十二年度龙岩施政计划》,《闽西旬刊》1933 年第 2 期。
③ 《闽西善后委员会施政大纲》,《龙岩月刊》1933 年第 1 期。
④ 福建省地方志编纂委员会:《福建省志·金融志》,新华出版社 1996 年版,第 142 页。
⑤ 蒋九如:《福建革命根据地货币史》,中国金融出版社 1994 年版,第 72～73 页。
⑥ 汤家庆:《耕山耘海》,海风出版社 2008 年版,第 291 页。

根据蒋九如的判定,杭武县筹建始于 1930 年 12 月中旬,正式建置在 1931 年
1 月,同年 12 月因闽西苏区重新划分行政区划而撤销。因此认定坑口墟消费
合作社的"毫半"银毫票的发行时间大概为 1931 年初。[①] 当时闽西苏维埃政
府为治理货币流通市场,统一银毫兑换率,规定大洋 1 元兑净洋 13 毫半,兑时
洋 18 毫,时洋兑净洋七五折。面对如此复杂的兑换比价,坑口墟消费合作社
银毫票面值为净洋毫半,1 张纸币可折合时洋两毫,2 张纸币可兑换净洋三毫,
9 张纸币则可当兑大洋一元,折算方便。[②] 坑口墟消费合作社发行的纸票不多,
根据当时的工作人员张占元回忆,只印了 1000 多张。由于这种纸票只能在坑口
附近使用,使用面积不广,因此群众拿到手后,往往找机会用掉。这种纸票前后
流通时间为 3～4 个月,随着"坑口暴动"[③]事件发生,这种纸票停止使用。[④]

图 1-13　坑口墟消费合作社发行的纸币

资料来源:贾章旺:《新民主主义革命货币图表》,中共党史出版社 2018 年版,第 29 页。

　　蒋九如认为在 1930 年 5 月闽西苏维埃政府规定"唯信用合作社才可发行
纸币"的情况下,坑口墟消费合作社可以发行纸币的原因是:"闽西工农银行的
纸币虽已发行流通于市,但只有暂用的一元银圆票种,正式纸币包括小面额的
辅币券,又因纸张和印钞版尚未运到等原因,迟迟不能印制发行,不仅市面商
品交易找零诸多不便,在小额商品交易中,因时洋的贴水率不统一,时有升降,

①　蒋九如:《福建革命根据地货币史》,中国金融出版社 1994 年版,第 69 页。
②　福建省钱币学会:《福建货币史略》,中华书局 2001 年版,第 373 页。
③　1931 年 5 月,第三区发生反抗"肃清社会民主党"事件的"坑口暴动"。
④　蒋九如:《福建革命根据地货币史》,中国金融出版社 1994 年版,第 77 页。

引起交易双方争执,影响商品交易正常流通。"①也就是说,商品市场需要小额辅币找零,但是信用合作社没有这个资格,为了活跃市场,杭武县第三区苏维埃政府为了疏导流通,活跃市场,推动根据地经济发展,便决定在所辖区域的中心第二乡发行小额纸币。方式就是通过其直接控制的坑口墟消费合作社名义发行小额银毫票。

三、补充性货币

闽西苏区时期,除了闽西工农银行及随后的国家银行发行的货币外,还有其他形式的交易媒介充当货币的功能,我们统称其为补充性货币。补充性货币的概念有多种,大部分学者认为补充性货币是某个群体的人共同接受的除货币以外的交易媒介,执行官方货币所不具备的功能,一般以劳动时间衡量。本书认为对法定货币起补充功能作用的货币都可称为补充性货币,它是社会力量与政权博弈的结果。虽然补充性货币理论发源于西方②,但在中央苏区时期的中国共产党人就已经开始了实践,社会力量和政权合力推动补充性货币与货币结合,促进经济发展和满足军事需求。

(一)补充性货币的形式

闽西苏区时期补充性货币的形式主要是由政府信誉做担保的债券、借谷票、股票、米票等。

1.债券

中央苏区时期债券的发行主体是苏维埃政府,政府公债"不但有利息而且能按期偿还,能买卖抵押缴纳租税,与其他财产有同等之价值与信用"③。

---

① 蒋九如:《福建革命根据地货币史》,中国金融出版社1994年版,第71页。
② 西方国家从20世纪60年代起出现了"替代性货币"(alternative currency)的概念,它指的是对国家发行的货币(法定货币)进行替代的一种交易媒介。如果替代性货币和法定货币并行使用的话,前者也被称为"补充性货币"(complementary currency)。货币与补充性货币的关系在于:货币的产生是以补充性货币形态为基础的;补充性货币广泛存在于货币发展的全过程中;补充性货币可以作为资本运用;补充性货币有不同的具体形式,补充性货币的发展是一个由低级向高级发展的历史过程。
③ 《发行革命战争短期公债券六十万元——中华苏维埃共和国临时中央政府布告(第九号)》,《红色中华》1932年第24期。

1932 年 6 月 26 日和 10 月 21 日中央苏区总共发行 2 次革命战争公债 60 万元（在中央苏区共发行 50 万元，其中红军 4 万元、城市商人 6 万元、各县共 39 万元、其他党团政府 1 万元）和 120 万元（红军 6 万元、商家 15 万元、各县共 98.6 万元、党政团体共 4000 元），均以半年为偿还期限，利率为周年 1 分，公债面额有伍角、壹圆、伍圆。

1933 年 7 月 22 日，中央执行委员决定发行经济建设公债 300 万元，"以三分之二作为发展对外贸易、调剂粮食、发展合作社及农业与工业的生产之用，以三分之一作为军事经费"[①]，利息分 7 年支付，本金分 5 年还清，债票面额有伍角、壹圆、贰圆、叁圆、伍圆。

2.借谷票和临时借谷证

借谷票是苏维埃政府出于补充红军流动部队粮食需要，在特定时期临时向群众筹集粮食而发行的票据，借谷票面额较小，一般有 50 斤和 100 斤两种面额。临时借谷证是为了确保红军紧急行动中沿途获得粮食而发行的票据，面额较大，一般有干谷 50 斤、100 斤、500 斤和 1000 斤等 4 种面额。

3.股票

中央苏区时期闽西补充性货币是在政府支持、推动下的互助信用货币，主要体现为各类合作社发行的股票。苏区政府按出资情况，给每个出资人一张记名式股票，每股大洋 1~5 元。有生产合作社股票、信用合作社股票、消费合作社股票、粮食合作社股票及银行股票。其中生产合作社股票比较多，有二三十种。目前，闽西各博物馆藏有永定县第一区信用合作社发行的股票、长汀信用合作社发行的壹股股票、贰股股票等。粮食合作社股票有汀州市粮食合作社的伍角股票。闽西工农银行在成立之初发行价值大洋 20 万元的股票（见图 1-14）。

4.米票

1934 年 3 月，为解决军政人员出差执行任务就地供应粮食问题，粮食人民委员部发行了一套米票。目前，闽西武平县博物馆馆藏 8 两、9 两、10 两、11 两、1 斤、1 斤 1 两、1 斤 2 两、1 斤 6 两、5 斤 10 两（见图 1-15）、6 斤 4 两等面额的米票。到了中央苏区后期，米票折价使用，如长汀就有将 1 斤米票折成 8 两的情况。武平有 9 两改作 8 两用、1 斤 2 两票改作 1 斤用、5 斤 10 两改作 5 斤用的情况。大部分米票都标注使用期限："此票自一九三四年三月一日起至同年八月三十一日止为通用期，过期不适用。"有全苏区通行，也有限制在局部区域使

---

① 《发行经济建设公债》，《红色中华》1933 年 7 月 26 日第 96 期。

图 1-14　闽西工农银行发行的股票

用的米票,如长汀 1934 年初使用的米票,就明确标明"此票通用于长汀县境内"[①]。

……持此票可按票面米数到各级政府机关革命团体及红色饭店等处吃饭,油盐柴菜钱另补……可向仓库粮食调剂局、粮食合作社兑取票面米数或谷子……此票通用于长汀县境内……

图 1-15　长汀县通用的五斤十两米票(双人落款)

① 洪荣昌:《红色票证》,解放军出版社 2009 年版,第 11 页。

(二)补充性货币的职能

1.充当货币职能

现代补充性货币理论认为,补充性货币体现的是局部的人与人之间的供需关系,不遵从"价值中性"主张。[①] 但在特定的历史时期,闽西苏区的补充性货币却有部分货币职能。

(1)支付手段。支付手段指货币用作清偿债务或支付工资、赋税、利息等时所行使的职能。闽西苏区流通的补充性货币也具有支付职能,如农民可以用债券缴纳土地税。第一期革命战争公债可以"完纳商业税、土地税等国家租税"[②]。借谷票也有类似功能,如第一次借谷票发行时就规定借谷票的持有人可以抵1933年下半年的土地税。[③]

(2)流通手段。流通手段功能是指货币可以用于商品交易,如:"此票(米票——作者注)通用于□□□□境内,不拘政府机关革命团体红色部队工农民众均可凭票兑米谷"[④],"准许各地群众将二期公债本息作为各人加入信用合作社股金,并特许各地信用合作社吸收此项债票持向各地银行抵押借款"[⑤]。永定太平区信用合作社的纸票一元可以抵银圆一元或癸亥双毫九个使用。[⑥]不过,这些信用合作社发行的纸币又限制于一元以下的辅币券(一般只允许一毫、二毫、五毫三种),在数量上不能超过其掌握现金的一半,流通范围受信用合作社业务活动区域限制。[⑦]

---

① 陶士贵:《关于"补充货币"内涵、性质及特点的初步研究》,《经济问题探索》2009年第7期。

② 《发行革命战争短期公债券六十万元——中华苏维埃共和国临时中央政府布告(第九号)》,《红色中华》1932年第24期。

③ 中共江西省委党史研究室、中共赣州市委党史工作办公室、中共龙岩市委党史研究室:《中央革命根据地历史资料文库·政权系统7》,中央文献出版社、江西人民出版社2013年版,第625页。

④ 江西省粮食志编纂委员会:《江西省粮食志》,中共中央党校出版社1993年版,第210页。

⑤ 中共江西省委党史研究室、中共赣州市委党史工作办公室、中共龙岩市委党史研究室:《中央革命根据地历史资料文库·政权系统8》,中央文献出版社、江西人民出版社2013年版,第1640页。

⑥ 蒋九如:《福建革命根据地货币史》,中国金融出版社1994年版,第251页。

⑦ 蒋九如:《福建革命根据地货币史》,中国金融出版社1994年版,第43页。

2.优利职能

这种优利职能主要体现在发行股票的合作社中。闽西苏区的合作社章程规定合作社成员享有社员特权："消费、信用合作社之消费者,借贷者,要以社员为主体,由于社员除享受红利外还应享有低借低利之特别权利。"①如,粮食合作社向社员收买谷子,谷价要比市价高一些,存储到明年,又比市价便宜一点粜给社员。又如消费合作社出售商品,社员照成本售出,非社员则照本赚5%。劳动合作社安排劳动力、耕牛农具时,先照顾红军家属,对红军家属实行义务帮助。② 这就意味着各种合作社股票的持有者可以在这个体制之内获得体制外的人所无法获得的利益。

3.组织职能

补充性货币强调互助功能,这种互助又间接实现组织群众的功能。较明显的是各种合作社通过股票的纽带作用,将社员们联系起来。确切地说,中国共产党通过合作社的方式组织群众。政府能够确保农民因信贷而进一步依赖和支持政府,这是中国共产党获得农民长期支持的一种有效手段。

本章小结:闽西红色金融的主要机构有蛟洋农民银行、闽西农村信用合作社、闽西工农银行和中华苏维埃国家银行福建省分行。1929 年 10 月,闽西农村信用合作社在永定成立,闽西农村信用合作社主要分布在商业较发达的永定和上杭。1930 年 11 月,闽西工农银行成立,逐渐取代农村信用合作社成为闽西主要的金融机构。作为群众性集股的闽西红色金融,其资本构成主要是民间融资及政府的注资。闽西农村信用合作社与闽西工农银行人员构成、组织结构及内部管理上都体现了民主的特点。闽西农村信用合作社的主要业务有:吸收存款,办理贷款;统一货币;代理发行公债;支持服务闽西工农银行。闽西工农银行的主要业务有:统一货币(发行区域货币、保存现金、辅助国家银行、保障纸币兑换);吸收存款,发放贷款;代理财政业务(代理财政收款、收购金银、代理发行公债);其他非金融业务(发展贸易、收购粮

① 《中华苏维埃共和国临时中央政府关于合作社暂行组织条例的决议》(1932 年 4 月 12 日),《红色中华》1932 年第 17 期。

② 王蒲华:《农民合作经济组织的实践与发展——福建实证分析》,农业出版社 2006 年版,第 43 页。

食、保证军需等）。

此外，本章还介绍了闽西其他金融机构——闽西农民银行和坑口墟消费合作社，这些金融机构在特定的时期推动了当地金融发展。此外，作为货币的特殊形式，本部分还单独分析了补充性货币的类型及功能。

第二章　中央苏区时期闽西红色金融产生的背景

恩格斯曾经指出:"历史是这样创造的——最终的结果总是从许多单个的意志的相互冲突中产生出来的,而其中每一个意志,又是由于许多特殊的生活条件,才成为它成为的那样。这样就有无数互相交错的力量,有无数个力的平行四边形,由此就产生出一个合力,即历史结果,而这个结果又可以看作一个作为整体的、不自觉地和不自主地起着作用的力量的产物……每个意志都对合力有所贡献,因而是包括在这个合力里面的。"[①]中央苏区时期闽西红色金融蓬勃发展与 20 世纪二三十年代合作经济思想在中国广泛传播有一定关系,是中国共产党人对闽西传统金融实践的继承发展,是中国共产党人面对严峻的经济、军事形势,利用各种条件创新发展的成果。

第一节　思想基础:合作思想在中国

一、西方合作思想在中国的传播

近代以来,伴随着国门的开放,包括合作经济思想在内的各种思潮涌入中国。19 世纪上半期,欧文开创了空想社会主义的合作思想,所谓的合作制度就是在平等互助的前提下,谋求生产者和消费者直接联络,废除中间人牟利,在此过程中培养民众的组织力和自治力,免除社会上的罪恶与贫困,使人类进

---

① 《马克思恩格斯选集》(第 4 卷),人民出版社 1999 年版,第 697 页。

入所谓的"大同境界"。19 世纪中后期,合作经济组织开始逐渐向英国以外的其他国家发展。

合作经济的迅猛发展,也吸引着中国知识分子的目光。早期的学者主要有覃寿公、朱进之、徐沧水等人。到 20 世纪二三十年代涌现出一大批研究和传播合作思想的学者,如薛仙舟、楼桐孙、于树德、章元善、寿勉成、侯哲莘、王世颖、陈仲明等。他们向国人介绍了合作经济的基本理论和国外合作经济发展状况,并提出在中国发展合作经济的设想或方案,部分观点见表 2-1。

表 2-1　民初中国合作社思潮来源(举例)

传入国	代表人物	主要著作译著	主要观点	影响方式
德国	薛仙舟	《中国合作化方案》	强调从基层的合作社到全国经济社会的合作化	合作理念与实务并行,亲自参加
法国	楼桐孙 彭师勤	《合作原理比较研究》	侧重学说介绍,较少实践	让中国合作社学界认识了较抽象、理想型的学说
日本	戴季陶 覃寿公	《产业协作社法草案》	介绍日本民间经济结社实施方式	介绍实务操作,但没有亲自参与
俄国	陈独秀 瞿秋白	《俄罗斯同业组合运动》;《俄罗斯之工人及协作社问题》	介绍苏联的合作社运动及其发展情况	对马列主义合作制思想及实践经验的介绍

1920 年前后,一些认同合作经济思想的学者将理论付诸实践,组织了一些合作经济社团。信用合作类的如上海国民合作储蓄银行、成都农工合作储蓄社等;消费合作类的有北京大学消费公社、安源路矿工人消费合作社等。

与此同时,"十月革命的一声炮响,给我们带来了马克思主义",马克思主义的合作制思想及苏联的合作理论及实践经验,也通过早期的马克思主义者介绍传播到中国。1920 年 9 月,陈独秀在《新青年》上发表了《俄罗斯同业组合运动》一文,全面介绍了苏联合作社运动发展的历史,特别详细报道了布尔什维克党领导下的合作社运动。1921 年 4 月 22 日,瞿秋白的《俄罗斯之工人及协作社问题》详细介绍了苏联公布的关于合作社的三个命令及如何发挥协作社功能等问题。与其他西方合作主义者的宣传相比较,陈独秀和瞿秋白对苏联合作制的宣传在当时的影响不大,但对中国共产党合作制思想的形成有着重要作用,指导了大革命时期及后来苏维埃时期的合作社运动。

二、中国共产党金融思想及实践的发展

中国共产党自成立之初,就将金融工作视为伟大斗争的重要内容,在领导农民运动中开启了党的金融事业。新民主主义革命时期,中国共产党金融工作主要是致力于打破旧的金融制度,建立战争动员型金融体系。

(一)破旧的金融制度

1.打破旧的传统借贷关系

中国共产党认识到"残酷的田租征收以及其他封建式的压逼,重利盘剥等资本主义式的剥削,再加上军阀机关的榨取,致使农民陷于永久的饥饿之中"[①],民众为了还债交租不得不卖男鬻女嫁老婆。为此,中国共产党倡议"废除国民党军阀的一切田赋丁粮、苛捐杂税、厘金等,实行统一的累进税"[②]。

1929 年 6 月,红四军到达闽西龙岩,为了发动群众开展土地革命,颁布了《红军第四军司令部政治部布告》,在废除高利贷方面明确规定"工人农民该欠田东债务,一律废止,不要归还(但商人及工人农民相互间的债务不在此例)"[③]。1929 年 7 月,中共闽西一大通过的《土地问题决议案》中明确规定"工农穷人欠土豪地主之债不还","凡事超过各地普通利息以上高利债务,本利不还,其超过新定利率,而未超过以前普通利率者,还本不还利","商家土豪地主欠众堂、农民,或者小资产阶级之间债务,不论新旧都要还"。[④] 1930 年 9 月,闽西第二次工农兵代表大会颁布的《修正借贷条例》中明确规定:

　　一、各地民众债务及来往钱款,如有利借贷、无利借贷、赌账、票款、银

---

①　中共中央文献研究室、中央档案馆:《建党以来重要文献选编(1921—1949)》(第四册),中央文献出版社 2011 年版,第 187 页。

②　江西省档案馆、中共江西省委党校党史教研室:《中央革命根据地史料选编》(下),江西人民出版社 1982 年版,第 566~571 页。

③　中共江西省委党史研究室、中共赣州市委党史工作办公室、中共龙岩市委党史研究室:《中央革命根据地历史资料文库·军事系统 9》,中央文献出版社、江西人民出版社 2015 年版,第 45 页。

④　《中共闽西第一次代表大会关于土地问题决议案》(1929 年 7 月),载中共龙岩地委党史资料征集研究委员会、龙岩地区行政公署文物管理委员会:《闽西革命史文献资料》(第二辑),内部资料,1982 年,第 135 页。

会、谷会、孝子会、牛会、婚姻票款及所欠公款,自暴动日起一律取消,但工钱例外。

……

三、各债务及来往钱款如与他乡发生争执者,以先暴动乡村暴动日期为标准。

四、已暴动乡村不得向白色区域贫民讨债。

五、暴动前借约债券一概焚毁无效。

六、典当债券取消,当物无价收回。

七、暴动前工农兵贫民欠商家账目一律取消,但已还者不退回。

八、追收暴动前旧债者,处以债额十倍之罚金。[①]

2.没收帝国主义国家的金融机构

半殖民地半封建的中国不仅面临本国封建主义剥削,也遭受帝国主义金融上的侵略,因此,废除旧的金融体系,就应该包括没收帝国主义国家在华的金融机构。1929年1月,毛泽东、朱德在率红四军向赣南、闽西进军的过程中,发布《红军第四军司令部布告》,指示:"对待外人,必须严峻;工厂银行,没收归并"[②]。不过其时苏区所在的边界地区,外资银行很少,因此没收帝国主义银行的这种指示,主要还是停留在口号和宣传鼓动的层面,因缺少直接的没收对象而较少地付诸行动。1931年11月,《中华苏维埃共和国关于经济政策的决定》明确指出:"对各土著及大私人银行与钱庄,苏维埃机关应派代表监督其行动。"[③]

(二)建立新的金融制度

中国共产党创建初期,因为党员人数极少,党组织规模小,党组织开展活动主要依靠党的早期领导者李大钊、陈独秀等的从教酬金、稿费和其他一些支持者的捐助来维持。随着中国共产党的逐渐成长壮大,解决党组织工作经费

---

① 中共龙岩地委党史资料征集研究委员会、龙岩地区行政公署文物管理委员会:《闽西革命史文献资料》(第四辑),内部资料,1983年,第193页。

② 李德芳、杨素稳、李辽宁:《中国共产党思想政治教育史料选辑》(上),武汉大学出版社2019年版,第97页。

③ 中共中央文献研究室、中央档案馆:《建党以来重要文献选编(1921—1949)》(第八册),中央文献出版社2011年版,第718页。

紧缺问题显得愈益迫切。在国民革命时期,中国共产党将农民运动作为工作重心之一。为解决农民后续农业生产缺乏资金问题,党开启了农村金融的探索发展。1922 年,《中国共产党对于目前实际问题之计划》针对性地提出"要创办农民自己的借贷机构";1924 年,第一次国共两党合作发表的国民党第一次全国代表大会宣言,也指出农民因受高利贷盘剥而负债终生,农民发展经济困难是因为缺乏资本,解决办法只有"国家为之筹设调剂机关,如农民银行等";1925 年,《中国共产党告农民书》进一步明确提出,"由各乡村自治机关用地方公款办理乡村无息借贷局"。这个时期也是毛泽东合作社思想的萌芽时期。1926 年,毛泽东在广州主持农民运动讲习所时,曾设立"合作运动实施法"课程。他逐渐意识到合作社是改善农村经济、提高农民生活水平的重要手段。正因如此,1926 年 5 月,毛泽东指导起草了《农民合作运动决议案》,指出合作社"实为农民利害切身的组织,可确立并巩固农民运动之基础",强调信用、购买、消费、贩卖、生产等合作社对农民"所受经济上的痛苦及压迫,拥能解除其大部",并鼓励"对合作社之组织,今后当努力向农民宣传并促实现"。[①] 1927 年 3 月,毛泽东在《湖南农民运动考察报告》中再次指出,农民要在经济上摆脱土豪劣绅的盘剥,实现自救的最好手段就是组织合作社,"特别是消费、贩卖、信用三种合作社,确是农民所需要的",而且要求这种合作社运动"随农会的发展而发展到各地"。[②] 可见,毛泽东此时对发展合作社"完成了从注重经济建设功能到政治斗争功能的策略转变"[③]。毛泽东早期的合作社思想成为他指导中央苏区合作社运动的重要理论来源和实践基础。

在实践上,早在大革命时期,中共领导创办的消费合作社或平民银行等机构就开始尝试发行股票,较早的如 1922 年安源路矿工人消费合作社发行的股票。1922 年 7 月,安源路矿工人俱乐部创办了工人消费合作社,1923 年 2 月 7 日,安源路矿工人消费合作社开始正式营业。随着该合作社规模和经营范围进一步扩大,"缺少股本已成为合作社的大问题"。为此,安源路矿工人俱乐部通过招股解决资金不足的问题:"凡本部部员,每月薪金在 9 元以下者,劝认

---

① 《广东省第二次农民代表大会农民合作运动决议案》(1926 年 5 月),载杨寿德主编:《中国供销合作社史料选编》(第 2 辑),中国财政经济出版社 1990 年版,第 96 页。

② 《毛泽东选集》(第 1 卷),人民出版社 1991 年版,第 40 页。

③ 余进东、柳森:《国民革命时期和湖南合作社运动再探》,《南华大学学报(社会科学版)》2013 年第 5 期。

一股,9 元以上者劝认二股,多认者听便,每股为 5 角,分为 2 万股,定股额光洋 2 万元,连同俱乐部基余收足 1 万元,每年红利平均分成 10 份,以 4 份摊分于各股,3 份留为扩充社务之基金,2 份为俱乐部基金,1 份为社内办事员酬劳金。"在经济十分困难的情况下,工人为消费合作社筹集股金 7800 余元。[①]

　　土地革命战争时期,毛泽东等革命根据地创始人清醒地认识到,中国革命要想取得成功,必须实行两手抓,一手是"枪杆子",一手是"钱袋子"。早在井冈山斗争时期,毛泽东就有过筹办金融的尝试。毛泽东在袁文才、王佐的协助下,在上井村办起了一个红军造币厂,造出了"工"字(寓意"工农兵政府")银圆,是墨西哥版的,正面是老鹰头的图案,在根据地内流通,很受群众欢迎。这种"工"字银圆,还可以兑换"袁大头",颇有信誉。

　　中国共产党人早期的金融实践为之后闽西革命根据地金融活动提供了可借鉴的范本。

三、闽西传统金融合作实践的继承

　　民国前期,闽西农民即开始进一步贫困化,"(旧社会)一般平民百姓,生活在饥饿线上,苦不堪言"[②],"农民的破产困穷是非常之厉害的,六县中雇农贫农平均数量占百分之八十以上"[③]。闽西农民的贫困直接影响农民对农业的投资,"农民受了种种剥削,劳苦耕田不够衣食……因此无力而且不愿意购买肥料改良农具,因而田地不能改良,生产方法不能进步,结果田地变瘦,生产力日坏一日,若与人口增殖比较,恰好成反比例"[④],导致更持久的贫困,农民陷入贫困的恶性循环中。面对资金的困境,农民往往会有借贷的需求,其形式主要有以下几种。

---

　　① 李建军:《唤起工农千百万:安源路矿工人运动纪念馆》,中国大百科全书出版社 1998 年版,第 59 页。
　　② 政协福建省上杭县委员会文史资料与学习宣传委员会:《上杭文史资料》(第十三辑),内部资料,1998 年,第 77 页。
　　③ 中共龙岩地委党史资料征集研究委员会、龙岩地区行政公署文物管理委员会:《闽西革命史文献资料》(第二辑),内部资料,1982 年,第 132 页。
　　④ 中共龙岩地委党史资料征集研究委员会、龙岩地区行政公署文物管理委员会:《闽西革命史文献资料》(第二辑),内部资料,1985 年,第 132～133 页。

第一，现金借贷。现金借贷是闽西农村民间借贷的主要形式之一。在闽西民间现金出借称"放利"。在闽西，不仅仅贫雇农、中农向富农、地主等富裕阶层借贷，富裕阶层之间也存在商业性借贷和应急借贷；贫雇农之间也存在小额的借贷。利率一般是加二和加三（即年利率是 24％和 36％）居多。

第二，实物借贷。实物借贷是指农民日常主要生活物品的借贷，如谷米、食油、猪肉借贷和耕牛的租借等。如武平县，"穷苦人民在春荒或逢年过节无钱买肉时，向屠户或富户借猪肉，借肉一斤，秋冬时还谷一斗"①。

第三，打会。打会（也称邀会、请会、合会等）是中下层农民之间一种带有互助性质的有息借贷。在闽西，打会也是普遍存在的，如武平县"邀会"是当地各阶层人家"遇上婚丧喜庆、修房经商等事，筹借款最快最好的形式"②。

第四，典当。典当是民间传统借贷中的一种实物担保借贷。闽西的"典当"一般以 10 个月或 12 个月为满期；少押多以 3 至 6 个月为满期。③

此外还有预卖农产品（卖青苗）、月子利、圩子利。由此可见，在整个闽西乡村，地主、富农与贫苦农民之间，农民之间的周期性生活与应急性的现金借贷更是普遍存在。④ 根据章振乾对闽西的调查，福建龙岩的罗溪乡，农民中 30％以上吃"高利贷"，有 100 余户人家的渡头保，吃"高利贷"者占 70％。⑤

中国共产党在闽西创立发展的红色金融在特殊历史条件下，继承发展闽西传统金融实践，满足了广大贫苦农民对资金的需求。

① 李永荣、王同任：《旧社会的武平民间借贷》，载政协武平县委员会文史组编：《武平文史资料》，1990 年第 11 期，第 52 页。

② 李永荣、王同任：《旧社会的武平民间借贷》，载政协武平县委员会文史组编：《武平文史资料》（总第十一辑），内部资料，1990 年，第 52 页。

③ 孔永松、邱松庆：《闽西革命根据地的经济建设》，福建人民出版社 1981 年版，第 12 页。

④ 《中共闽西第一次代表大会之政治决议案》（1929 年 7 月），载中央档案馆编：《中共中央文件选集》（第五册）（一九二九），中共中央党校出版社 1991 年版，第 703 页。

⑤ 章振乾：《闽西农村调查日记》，载中国人民政治协商会议福建省委员会文史资料委员会编：《福建文史资料》（第三十五辑），1996 年，第 59～60、180 页。

第二节　现实因素:严峻的形势呼唤红色金融

受军阀混战、封建地主剥削、外来资本入侵等影响,20 世纪 20—30 年代闽西农村经济恶化,农民生活困苦,为了维系生活,农民将传统的民间借贷发挥到极致,普通民众在承受地租剥削的基础上,还被增加了沉重的高利贷剥削,生活困顿。为此,中国共产党建立了以群众为基础的、互利性的红色金融机构。

一、闽西农村经济危机

经济是肌体,金融是血液,面对闽西严峻的经济危机,闽西迫切需要新的金融形式推动经济发展。

(一)农业凋敝

1.红四军入闽前,闽西人地矛盾突出

闽西人地矛盾素来尖锐,1929 年红四军入闽时进行的调查显示:"十六年(1927)闽西土地的调查,有百分之六十五是地主的,百分之二十五是公堂的,农民所有的不过占有全土地的百分之十,因此,农民成分贫农占百分之六十五,中农占百分之二十,富农、雇农各占百分之五,流氓占百分之四。"[1]两年后的调查得出了几乎同样的结论,"据六县(闽西六县:永定、龙岩、上杭、长汀、武平、连城)调查土地的结果,土地百分之八十五至九十为地主阶级所有"[2]。类似的,章振乾调查发现:1929 年的闽西农民人口占 80％以上,土地占 15％以上;地主人口占 10％以上,土地占 85％以上。[3]

---

① 《中共闽西党第二次代表大会日刊》(1930 年 7 月 8—20 日),载江西省档案馆、中共江西省委党校党史教研室编:《中央革命根据地史料选编》(上),江西人民出版社 1982年版,第 280 页。

② 《中共闽西第一次代表大会决议案》(1929 年 7 月),载中央档案馆、福建省档案馆编:《福建革命历史文件汇集》(闽西特委文件)(一九二八年——一九三六年),1984 年,第 70 页。

③ 章振乾:《闽西农村调查日记》,载中国人民政治协商会议福建省委员会文史资料委员会编:《福建文史资料》(第三十五辑),1996 年,第 175 页。

　　个别县市人地矛盾更加尖锐,如《长汀党史综合资料》认为土地革命前,长汀"占人口不过 3% 的地富就占有 60% 以上的土地……如涂坊镇暴动前约占80% 的土地为 33 户地富所占有,农民佃耕土地交租重达 80%,一半高达60%……商业投机和剥削又厉害,于是当时有七户人家被迫做乞丐,32 人因生活所迫替地主做长工,其他被迫卖女儿,卖子等,不胜举"①。

　　人地矛盾突出的情况下,缺少耕地的农民只能向地主租种土地,这导致农民遭遇高额的地租压迫。在闽西"田租各县最低百分之六十,长汀百分之七十,连城南乡高至百分之八十,利息龙岩每月二分为最低,连城武平长汀,均三分,上杭、永定均二分半,最高利息各县有到十二分的"②。"地主田地租的剥削,重到百分之七八十,高利贷的剥削,十分之三是很平常的,高的到了十分七八。"③长汀"农民纳租普遍率均在百分之七十至八十"④。伍洪祥回忆道:"在我出生时全村不过七八百人……全村一百六十七户人家,除了三户地主和九户富农以外,几乎都是勤劳朴实的贫困农民或手工业工人……地主的地租很重,每年得上交租谷七成……遇到青黄不接的时候,粮价腾贵,买不起粮食,只有吃米糠、吃田里的豆叶,甚至不得不采摘榆叶子充饥。不仅是我(伍洪祥)家,村上许多贫苦农民都这样。"⑤

　　除了正常的地租剥削,"地主利用农民竞耕田地剥夺永佃权,逐步增高地租,索取押租金,建立铁租制度,同时还有田信鸡等附带的剥削"⑥。有资料显示在 1925 年 8 月份一个月中,"龙岩县杂捐便有防务捐、土药捐、盐捐、烟酒

　　① 长汀县博物馆:《长汀党史综合资料》。

　　② 《中共闽西第一次代表大会之政治决议案》(1929 年 7 月),载中央档案馆编:《中共中央文件选集》(第五册)(一九二九),中共中央党校出版社 1991 年版,第 703 页。

　　③ 《中共闽西特委第二次代表大会情况与各项文件》(1930 年 7 月 8 日—1930 年 7月 20 日),载中共龙岩地委党史资料征集研究委员会、龙岩地区行政公署文物管理委员会编:《闽西革命史文献资料》(第三辑),内部资料,1982 年,第 377 页。

　　④ 赵新、胡天一:《关于长汀情况的报告——政治形势及工作计划》(1928 年 1 月),载中央档案馆、福建省档案馆编:《福建革命历史文件汇集》(各县委文件)(一九二八年——一九三一年),1984 年,第 5 页。

　　⑤ 伍洪祥:《伍洪祥回忆录》,中共党史出版社 2004 年版,第 1、2、16 页。

　　⑥ 《中共闽西第一次代表大会决议案》(1929 年 7 月),载中央档案馆、福建省档案馆编:《福建革命历史文件汇集》(闽西特委文件)(一九二八年——一九三六年),1984 年,第 70 页。

捐、印花税、屠宰税、纸槽捐、硝磺捐等八种。以上八种捐税,达一万四千元左右"[①]。长汀涂坊民歌中透露出土地革命前涂坊的剥削状况:"五讲涂坊大劣绅,苛捐杂税有钱分,帮助团防出主意,勒索百姓最黑心……八讲涂坊地主狂,样样事件饿如狼,穷人向他借桶谷,秋收就要三桶粮;九讲涂坊穷人家,要钱急用无处拿,问道地主借一账,利上加利送还他……",最终导致的结果就如上杭才溪民歌所言:"朝晨野菜昼边糠,夜幕稀粥照月光,日里无粒喂鸡米,夜幕无颗老鼠粮。种田之人空米仓,泥匠师傅住烂房,做衫工人破衣裳,木匠师傅篾缚床。"[②]所以"长、杭、武、永四邑当中,农民生活状况,以武平、长汀为最苦"[③]。

(二)工业低迷

工业文明是继农业文明之后的重要发展阶段,由于近代中国处于半殖民地半封建状态,工业发展落后于其他国家。中央苏区时期的闽西因远离交通干线和中心城市而缺乏现代工业。"种田不是用机器,而是用手;肥料不是用化学制造,而是用猪粪、人粪、狗粪来代替;灌溉方面,也没有机器抽水机……农民……还有经营手工业。闽西的出产以纸、烟为大宗,其次是茶叶等……闽西的群众,即用这些土产工业,来交换食盐、煤油、布料及日用工业品等。闽西没有机器工业,从前龙岩有些机织厂和机米厂,但都倒闭了……因为手工业出品不好,成本又贵,比不上机器出品的又好看又便宜。所以,自帝国主义的工业品侵入后,闽西的手工业便逐渐破产,洋布战胜土布,洋纸打倒土纸,卷烟打倒了条丝……烟厂倒闭,刨烟工人失业……纸没有销路,纸业工人失业……"[④]总体而言,该区域的工业通常处于对于农业生产的依附状态。[⑤]

(三)商业萧条

闽西主要以农业为主,商业发展只是作为补充,因此,"闽西无所谓工业资

① 中共福建省龙岩市委党史研究室:《闽西人民革命史(1919—1949)》,中央文献出版社 2001 年版,第 10 页。

② 资料来源:才溪乡调查纪念馆展品。

③ 赵新、胡天一:《关于长汀情况的报告——政治形势及工作计划》(1928 年 1 月),载中央档案馆、福建省档案馆编:《福建革命历史文件汇集》(各县委文件)(一九二八年——九三一年),1984 年,第 5 页。

④ 《在中共闽西第二次代表大会上的工作报告》(1930 年 7 月 9 日),载蒋伯英主编:《邓子恢闽西文稿(1916—1956)》,中共党史出版社 2016 年版,第 229～230 页。

⑤ 张鼎丞:《中国共产党创建闽西革命根据地》,人民出版社 1983 年版,第 23 页。

本,只有商业资本,经营买卖而已"。在帝国主义的洋货尚未入侵之前,闽西所需要的工业品通过江西转运而来,以至于龙岩到长汀的大路上就有挑担挑夫数百人。随着货物从汕头和厦门过来,这里的挑夫就失业了,伴随而来的"沿途的商店、客店、小贩等,也因歇业倒闭。在长汀的河田,从前有五百多间商店,现在倒闭得只剩下二三十间了","在长汀、连城、武平、宁化、归化、清流等县,离海较远,经营商业的人较少。长汀的商业多系龙岩人经营,武平的下坝多系梅县人经营,本地的资本不能与外地资本竞争,所以本地的有钱人多不愿投资商业,把钱来收买土地,所以那几县多系大地主占优势"。[①] 在永定,"农村到处是破屋荒村,市上有几间年久失修崩坏了的小屋,剩得一二家死气沉沉的小商店。全县里满目萧凋。五六天一次市场。农民赶市的跑三四十里,没有几元钱生意,进出大都是几毛钱,简直说不上购买力"[②]。

由此可见,红四军入闽前闽西农村经济日趋凋敝,为了解决生产生活困难,除了通过土地革命外,另一个重要措施就是建立红色金融机构,为经济发展提供资金支持。

二、闽西金融市场混乱

红四军入闽前,闽西金融市场被劣绅所操控,以龙岩为例,"这(杜运茹)一派劣绅是龙岩封建势力的当权派,他们有一个全县规模的组织,名称叫做'庚申俱乐部'……他们与驻军勾结,公开包揽诉讼,包捐,包赌,派兵担,开烟馆,并包庇商人贩运劣币,操纵金融"[③]。与此同时,脆弱的农村经济需要借助金融支持,但是闽西旧的金融供给无法满足群众需求。

(一)借贷利率高昂

闽西主要的借贷形式是货币借贷和粮食借贷。清至民国前期货币的贷款利率一般是加三,即年利率在36%左右(见表2-2)。

① 《在中共闽西第二次代表大会上的工作报告》(1930年7月9日),载蒋伯英主编:《邓子恢闽西文稿(1916—1956)》,中共党史出版社2016年版,第230页。
② 《赵亦松关于永定工作概况报告》(1928年7月29日),载中央档案馆、福建省档案馆编:《福建革命历史文件汇集》(各县委文件)(一九二八年——一九三一年),1984年,第126页。
③ 邓子恢:《龙岩人民革命斗争回忆录》,福建人民出版社1961年版,第2页。

表 2-2　清至民国前期武平县武北一带借贷利率

出贷人	借贷人	时　　间	抵押物	借贷数额	年利率/%
刘桂馨	邱德驯	1892 年 5 月	田产	花边银 10.11 拾两	36
刘炽彪	邱东波	1902 年 11 月	田产	花边 7 元	36
王裕全	刘立长	1919 年 6 月	山场	花边 5 元	36

资料来源:刘大可:《传统的客家社会与文化》,福建教育出版社 2001 年版,第 278、297、299 页。

在现金借贷方面,根据俞如先的研究,闽西在军阀混战的时期,民间融资利率虽然也保持在加三之内,但明显比清末的贷款利率更高(清末出现过 15% 左右的利率,但民国初年大部分在 30% 左右),农民享有的利率优惠也较少。类似的还有民国前期的才溪乡农民王建行向地主王仁行借了八毫钱,不到两年,连本带利,竟算掉了他唯一的一间房子。[①]"利息龙岩每月二分为最低,连城、武平、长汀均三分,上杭、永定均二分半,最高利息各县有到十二分的(惟不多)。"[②]

在粮食借贷方面,闽西粮食有息借贷加三算息较为普遍,"向地主富家借粮,多以实物押借,息加二或加三,重者加五或加倍,到期未还,则利变本,利上加利"[③]。根据俞如先的研究,地处汀江流域的客家县域粮食借贷年利率一般为 30%～50%。但闽西也出现过畸形的粮食贷款利率,有资料记载:

　　吴增华搞高利贷剥削,农民春荒时向他借粮一石,夏收后就要还粮二石、二石半或三石。更有甚者,春荒时粮价高,农民借粮要折价作为借钱,以钱计算高利;夏收后粮价低,又将本利折粮还实物。这样换算起来,本利就多得更厉害。春荒时借他一石谷,夏收后还粮就要还三四石了。[④]

---

①　俞如先:《清至民国闽西乡村民间借贷研究》,天津古籍出版社 2010 年版,第 336 页。

②　《中共闽西第一次代表大会之政治决议案》(1929 年 7 月),载中央档案馆编:《中共中央文件选集》(第五册)(一九二九),中共中央党校出版社 1991 年版,第 703 页。

③　龙岩地区地方志编纂委员会:《龙岩地区志》(下),上海人民出版社 1992 年版,第 847 页。

④　政协武平县委员会文史组:《武平文史资料》(总第七辑),内部发行,1986 年,第 51 页。

1929年7月,中共闽西召开第一次代表大会指出"农民穷了必举行借贷,地主乘此机会放高利贷以榨取农民,普遍利率平均在二分以上,有的到了十分以上,本利相等,更使农民破产日极"[①]。

由此可见,农民不仅要承受地租和苛捐杂税的压迫,还要承受高利贷的压迫(见图2-1)。

图 2-1　农民承受的压迫

资料来源:古田红色农村信用合作社展览馆。

(二)各种货币混杂其中

闽西四大暴动之后,高利贷逐步被取消,但新的金融系统尚未建立,闽西金融市场复杂、混乱,各地混用银圆、银角、铜钱、杂毛等。"查近来龙岩城市面只有时洋可以通行,其余如袁头毫、广东毫、福建官局毫以及各种杂版旧毫,俱

---

① 《中共闽西第一次代表大会关于土地问题决议案》(1929年7月),载中共龙岩地委党史资料征集研究委员会、龙岩地区行政公署文物管理委员会编:《闽西革命史文献资料》(第二辑),内部资料,1982年,第135页。

不能行使,以致市面金融壅滞。"[1]1931 年 4 月 27 日,闽西苏维埃政府第 13 号布告指出"时洋(即癸亥毛)这种毫币只在闽西苏区内通行,如长汀城、上杭城、峰市、大埔现在都不通行,所以这种毫币在经济上与外地没有什么关系"[2]。邓子恢也回忆道:"当时龙岩市面上有大量的劣质银币和白区纸币流通,这种劣币多来自广州,奸商以廉价偷运入境,购买金银土产出口,获利甚巨,但我们将这种劣币向白区购买货物却要打几折。这对根据地经济是很不利的。"[3]

各种货币的混合流通,必然导致它们之间的汇兑不统一。1931 年 5 月《杭武县区经济委员各区合作社主任联席会议决议案》认为此时"银价是极不统一,如永定、湖雷、合溪市面光洋用十三毛,申纸用十二毛五厘,癸亥毛(即时洋)七厘半,民国老毛及福官局毛用足一毛,铜片每毛十八枚。太平区光洋十四毛四厘,花洋十四毛,癸亥毛八厘。金丰区光洋十二毛,癸亥毛七厘[4],铜圆兑银角,少时十二枚,多时二十二枚兑一银角。在永定城关、合溪、湖雷等地光洋一元兑换十三毛,太平区一元兑换十四毛四厘,花洋一元兑换十四毛,金丰区光洋一元兑换十二毛[5],金融流通上感觉得极不方便"[6]。混乱的银价汇兑必然不利于商品的流通,必须进行货币的统一。

(三)闽西农村金融供需不平衡

1.供给方:农村金融枯竭

面对苏区土地分配不均、贫富分化严重的问题,苏维埃政府颁布了一系列以"打土豪、分田地"为核心的土地改革措施,充分调动广大农民的积极性,苏区经济也因此得以较快发展。但与此同时,偏向农民的土地政策也令土豪劣绅纷纷外逃,带走了大量资本,导致苏区内部严重缺乏现金,即发生钱荒。闽

---

①　《闽西苏维埃政府布告(第 16 号)——关于金融流通问题》(1930 年 6 月 28 日)。

②　《闽西苏维埃政府布告(第 13 号)——关于统一时洋价格问题》(1931 年 4 月 27 日)。

③　邓子恢:《龙岩人民革命斗争回忆录》,福建人民出版社 1961 年版,第 34 页。

④　《杭武县区经济委员各区合作社主任联席会议决议案》(1931 年 5 月 11 日),载中共龙岩地委党史资料征集研究委员会、龙岩地区行政公署文物管理委员会编:《闽西革命史文献资料》(第六辑),内部资料,1985 年,第 19~23 页。

⑤　林大东、傅棨生:《闽西中央苏区:共和国质检摇篮》,《福建党史月刊》2017 年第 1 期。

⑥　《闽西苏维埃政府布告(第 13 号)——关于统一时洋价格问题》(1931 年 4 月 27 日)。

西史料记载:"红军入闽以前,长汀没有银行,只有以抵押放债赚利为主的私营当铺。城里有'怡丰'和'裕通'二家当铺。贷户以实物抵押取得贷款,利率自2.4分至3分,期限3至6个月,到期不赎,当铺即将当物品拍卖,从中获取厚利。"[①]"暴动过后的乡村,债券焚烧,高利债务不还……取消一切债务,而多数拥有货财的地主土豪又杀的杀,跑的跑,资本藏匿不出,因此,乡村中一般的停止借贷,金融流通完全停滞。"[②]"豪绅地主资本家富农把现金埋藏起来""反动派逃跑携带出去""输出加多,输入减少(因为输出品减少,要现款去买货,南洋华侨外地旅客少汇钱回闽西)"。[③] 这样就导致农村缺乏现金(贵金属),20世纪二三十年代的闽西农村金融处在一种资金短缺、借款困难、利率高昂的状态之中。

2.需求方:农民对低利借贷的需求

一方面,普通农民由于生产规模较小,自我积累能力有限,他们在满足生活必需支出后,无法满足再生产所需的资金需求,从闽西一位普通农民全年收支,可见一斑。因此,农民需要一种金融制度安排获得低利资金,发展农业生产,摆脱困境。

　　1.本年早冬两季共收获27石,除一半还地租外,余13.5石,计每石价值6元,共81元。

　　2.禾稿3元。

　　结共收入84元。

　　支出之项:

　　1.肥料(早、秋两季)30元

　　2.种子5元

　　3.农具消费5元

---

① 中国人民政治协商会议福建省长汀县委员会文史资料委员会:《长汀文史资料》(第十九辑),1991年,第53页。

② 《中共闽西特委通告(第七号)——关于剪刀差问题》(1929年9月3日),载中共龙岩地委党史资料征集研究委员会、龙岩地区行政公署文物管理委员会编:《闽西革命史文献资料》(第二辑),内部资料,1982年,第209页。

③ 《闽西出席全国苏代会代表的报告》(1930年5月18日),载中央档案馆、福建档案馆编:《福建革命历史文件汇集》(苏维埃政府文件)(一九三〇年),1985年,第127页。

4.工食 54 元

结共支出 94 元。

收支相抵,亏负 10 元。

(1927 年《福建新农民》周刊第六期刊登的一个农户收支情况)①

　　另一方面,农户如遇到婚丧嫁娶或其他意外状况,一次性需要大笔资金时,往往求助于借贷。因此,1929 年 7 月,中共闽西第一次代表大会通过的《土地问题决议案》中规定"目前社会还需要金融之周转,利息不能取消,但必须禁止高利贷";"利息过低,富人闭借,农民不利,各地得斟酌情形规定利息为一分五厘或其他相互利益"。但官方的利息规定无法满足农民对资金的需求,所以虽然官方对利息做了规定,但民间的借贷一直居高不下,高利贷在苏区农村中仍然免不了潜滋暗长。

　　1929 年八九月间,国民党就开始了经济封锁。此时的闽西苏区由于实行土地革命,80 万的农民分到土地,实现了千百年来梦寐以求的愿望,因此农民劳动积极性较高。由于国民党的封锁,苏区产品无法输送出去,而根据地又不能完全消费这些粮食,1929 年秋闽西一带,尤其是龙岩附近出现了农产品价格大幅下降的情况。"据一般农民同志计算,农民耕一石谷田,自犁耙、播种、栽秧、耕耘以至收获前后,要耗费四天人工,另肥粪要费人工一天,共是五天,只收得实谷八斗,做米四斗,是每工只得米八升。现在就大池计算,每天工钱要小洋一元二毛,照大池米价可得米五斗,这五斗米农民要做下六天工夫才可得到,是大池农民做了六天工夫,只收回一天价值。……这种剥削简直比任何方法还要利〔厉〕害。"②这导致一些地方甚至出现"宁愿让金黄的稻子掉在田里"的情况,因为"贫苦农民在土改之后虽然不要交租还债,但却需要相当数量的钱来开发割禾工资"。③ 与此同时,工业品价格不断上涨,吞噬了农民有限的收入。1929 年,"如做一件衫裤,要洋布一丈二尺,以二毛钱一尺的洋布计

　　① 章振乾:《闽西农村调查日记》,载中国人民政治协商会议福建省委员会文史资料委员会编:《福建文史资料》(第三十五辑),1996 年,第 175 页。

　　② 《中共闽西特委通告(第七号)——关于剪刀差问题》(1929 年 9 月 3 日),载中共龙岩地委党史资料征集研究委员会、龙岩地区行政公署文物管理委员会编:《闽西革命史文献资料》(第二辑),内部资料,1982 年,第 208 页。

　　③ 邓子恢:《龙岩人民革命斗争回忆录》,福建人民出版社 1961 年版,第 33~34 页。

算,要去小洋二元四角,若拿二元四角钱到大池可买米一石以上"。[①]

这样就导致了严重的工农业产品剪刀差问题。面对剪刀差现象,1929 年 9 月 30 日,中共闽西特委发出第七号通告提出的解决方案是:"由县政府设法开办农民银行,区政府设立借贷所,办理低利借贷,借与贫苦农民,使农民不致告贷无门而贱卖粮食,其银行、借贷所基金,则由打土豪拨出一部分,并召集私人股金或向私人告贷,积资而成。……并帮助奖励群众创办合作社——信用合作社等,使农民卖米、买米不为商人所剥削,而农民、钱庄资本得以收集,使金融流通。"[②]接着,各县也提出相应的提案,如 1929 年 10 月 2 日上杭提出:"各乡政府应尽量宣传合作社作用和办法"。

三、不利的外部资金环境

中央苏区时期闽西经济发展与当时外部环境息息相关,由于恰逢 1929—1933 年经济危机,西方资本主义国家反危机措施直接或间接影响闽西苏区金融发展。

(一)白银外流严重

1934 年 6 月,美国通过的《购银法案》授权美国财政部在世界市场收购白银,直到白银价格达到每盎司 1.29 美元或者财政部白银储备的价值达到黄金储备的 1/3。[③]《购银法案》高价收购白银,吸引世界各地的白银流向美国(见图 2-2),当然也包括中国的白银。

从全国层面看,黄金贵金属在经济危机时候一直处于出超状态,白银在 1932 年后开始出超,这些都证明贵金属外流(见表 2-3),导致国内(不管是苏区还是白区)极度缺乏现金。这必然导致通货紧缩。

---

① 《中共闽西特委通告(第七号)——关于剪刀差问题》(1929 年 9 月 3 日),载中共龙岩地委党史资料征集研究委员会、龙岩地区行政公署文物管理委员会编:《闽西革命史文献资料》(第二辑),内部资料,1982 年,第 208 页。

② 《中共闽西特委通告(第七号)——关于剪刀差问题》(1929 年 9 月 3 日),载中共龙岩地委党史资料征集研究委员会、龙岩地区行政公署文物管理委员会编:《闽西革命史文献资料》(第二辑),内部资料,1982 年,第 210 页。

③ M. Friedman, A. J. Schwartz, *A Monetary History of the United States*, 1867—1960, Princeton University Press, 1963, p.485.

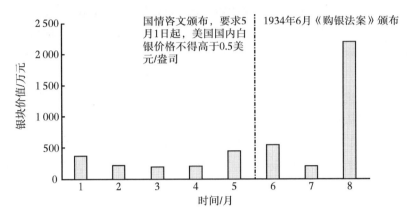

图 2-2　1934 年《购银法案》出台前后美国银块输入量

资料来源：L.Brandt，J. Thomas，Sargent，"Interpreting New Evidence about China and U.S. Silver Purchases"，*Journal of Monetary Economics*，1989，Vol.23，No.1，p.31-52.

表 2-3　中国贵金属外流量

单位：两

年份/年	黄　金		出超	白　银		出超（一）/ 入超（＋）
	输　出	输　入		输　出	输　入	
1929	2975681	1005294	－1970387	15603538	121429514	105825976
1930	19109882	2574567	－16535315	35554029	102559947	67005918
1931	32119878	10087	－32109791	30442671	75877687	45435016
1932	70334849	161070	－70173779	69600852	62225268	－7375584
1933	1334274	34982	－1299292	17495798	5501641	－11994157

数据来源：《民元以来我国金银输出入统计》，《经济旬刊》1934 年第 8～9 期。

（二）外来商品入侵

20 世纪 30 年代，由于西方资本主义国家的经济危机，他们大肆在中国倾销商品，传统的中国商品无法抗衡，这严重地冲击了本土市场。受此影响，闽西地区"无论什么偏僻的乡村，都有许多种洋货侵入，对于手工业厉行袭击，特别是烟纸两业的失败影响手工业，同时影响农业"[①]，"出产品如纸张、条丝烟、茶叶等

———————————

[①] 《中共闽西第一次代表大会之政治决议案》（1929 年 7 月），载中央档案馆编：《中共中央文件选集》（第五册）（一九二九），中共中央党校出版社 1991 年版，第 703 页。

受洋货的排斥,日形停滞,尤其是烟、茶两项,有一落千丈之势"①。由于本地产品出口受阻,又需要现金购买所需洋货,这就意味着出现白银外流的情况。

以闽西长汀为例,长汀的水路和陆路交通线虽然在一定程度上促进了商业的发展,但对长汀商业影响更大的是原有的水路运输被外力改变。西方商品入侵改变原有商业活动的路线,以前"在海业未开之前,因海道不通,所以永定、龙岩货物运至江西及湖南者要从长汀经过,同时江西、两湖的货物运到福建也要通过长汀,因此长汀是赣南和东江的闽西商业中心,但海禁开了后,汕头、厦门、福州开辟为商埠后",大量物品改道汕头—韩江—汀江—长汀,或厦门—九龙江—龙岩。运输路线的改变使得长汀—龙岩沿途一万多名的挑夫失业,沿途商店、客栈倒闭:"在长汀的河田,从前五百多间商店,现代倒闭得只剩下二三十间了",影响沿途靠挑担吃饭的人至少达到 3 万人。② 商业的凋敝也影响了红色金融的物质基础及使用范围。

不利的外部资金环境,使得本来供给小于需求的资金状况更为严峻,急需新的金融资本来缓解危机。

四、服务战争的需要

工农武装割据是根据地生存和发展的必要条件,但是面对国民党的全面封锁,红军的生存发展受到极大挑战。一方面,战争消耗大量人力和物力,另一方面红军队伍在逐步扩大,枪支弹药、伙食和被服等物资需求都在扩大,以战争和打土豪的方式获得的物资显然已无法满足军队的进一步发展需要。长久可行的办法是通过发行货币建立统一的财税体制,继而保障战争所需各种资金得到财政稳定供应。

(一)筹集资金,支援战争

中央苏区时期,苏维埃政府外遭国民党的经济封锁和军事"围剿";内受错

---

① 《闽西第一次工农兵代表大会宣言及决议案》(1930 年 3 月 25 日),载中共龙岩地委党史资料征集研究委员会、龙岩地区行政公署文物管理委员会编:《闽西革命史文献资料》(第三辑),内部资料,1982 年,第 189 页。

② 《中共闽西特委第二次代表大会情况与各项文件》(1930 年 7 月 8 日—1930 年 7月 20 日),载中共龙岩地委党史资料征集研究委员会、龙岩地区行政公署文物管理委员会编:《闽西革命史文献资料》(第三辑),内部资料,1982 年,第 372 页。

误政策的影响,财政收入有限而支出浩大。仅仅以红四军在闽西的发展情况为例,1929 年 3 月第一次入闽时,红四军第一、二、三纵队拥有红军 3600 多人,半年后,1929 年 9 月发展到 7000 多人,到 1930 年 6 月红一军团离开闽西时已经有 16000 多人。[①] 笔者尚未找到 1929—1930 年红军的给养标准,但以困难时期的标准看,1932 年,中央革命军事委员会规定红军部队的供给标准……伙食费……每人每日暂定大洋一角。[②] 按大洋一角标准,红军人数按 10000 计算,那么一天需要大洋 1000 元。因此苏维埃政府通过发行货币,希冀筹集更多资金支援战争。

(二)筹集粮食,支援战争

战争时代军需主要是粮食,筹集粮食需要用现金(贵金属)或有政府信誉担保的货币购买,而混乱的货币市场影响了军队的购买力。在本节中主要涉及借谷票和临时借谷证。我们尚未找到 1929—1930 年军队的伙食费标准,以困难时期的 1933 年 9 月主力红军粮食标准每人每天 1.5 斤大米、伙食标准费每人每天 0.12 元[③]计算,当土地税无法提供足够的粮食时,苏维埃政府就必须靠向群众借谷维持局面了。

由于交通限制、粮食产量等各不相同,各个苏区县粮食单价差距较大,如 1933 年"每石糙米价格,在汀州涨到十八元二角(上杭更贵)"[④],而据 1933 年 5 月 10 日《斗争》报统计万太县、公略县仅为 6.6 元。对于出差的红军,如果用货币购买,那就存在同样的货币购买粮食差异较大的情况,为了使红军战士不吃亏,就采取米票的方式,只标注重量、不说单价。米票的推行切实解决了流动性极强的部队和党政人员的粮食问题,且闽西苏区补充性货币所代表的替代价值较小,如米票有 4 两、8 两、1 斤 4 两等。这些补充性货币的发行有效解决了资金不足的问题,一定程度上避免了超发法定货币带来的通货膨胀的问题。

---

① 资料来源:古田会议纪念馆展品。

② 中共江西省委党史研究室等:《中央革命根据地历史资料文库·军事系统 10》,中央文献出版社,2013 年版,第 1119 页。

③ 中华人民共和国财政部《中国农民负担史》编辑委员会:《中国农民负担史》(第三卷),中国财政经济出版社 1990 年版,第 87 页。

④ 吴亮平:《吴亮平文集》(上),中共中央党校出版社 2009 年版,第 67 页。

第三节 条件:闽西红色金融产生的可行性

中央苏区时期,中国共产党领导的闽西红色金融能得以迅速发展,是割据的中国为红色金融提供了机会,是土地革命的展开奠定了群众基础,局部政权建设提供了政权保障,是受到共产国际的影响,以及造币技术的改善等共同作用的结果。

一、割据的中国为红色金融的产生提供机会

(一)闽西革命根据地的演变与红色金融的发展历程

在土地革命战争时期,中国共产党人所取得的最大理论成果,就是以毛泽东为主要代表的中国共产党人创立的"农村包围城市、武装夺取政权"的革命新道路理论。该理论包括武装斗争、根据地建设、土地革命三个重要组成部分,其中根据地建设的任务,则是要通过开展政权建设、经济建设和文化建设"把落后的农村造成先进的巩固的根据地"[①]。而红色金融,就是根据地经济建设中的重要内容,根据地的金融发展影响着根据地、苏维埃政权和军队的持续发展。

1.闽西革命根据地的演变历程

闽西革命根据地位于福建西部,西部与赣南毗连,南部与粤东接壤,其空间范围包括今龙岩全境,三明的明溪、清流、宁化、泰宁、建宁等县,以及漳州平和县的部分地区,是中央苏区的主要组成部分。其人口和面积占中央苏区将近一半,有着重要的地位。在军事上,闽西地处东线战场,是中央红军粉碎历次反动势力"围剿"的可靠后方和重要屏障。闽西的经济贸易在中央苏区占有重要比重,被誉为"红色小上海"的汀州市,是当年中央苏区的经济贸易中心。

闽西苏区从创立到消亡的 7 年多时间,可以划分为初创时期、形成巩固时期和军事失败时期 3 个阶段。

(1)闽西四大暴动和"工农武装割据"局面的初步形成。1927 年 4 月,蒋介石悍然发动"四·一二"反革命政变后,闽西不少共产党人和国民党左派青

[①] 《毛泽东选集》(第 2 卷),人民出版社 1991 年版,第 635 页。

年遭到杀戮逮捕,农会组织均被捣毁解散。1927年8月7日召开的"八七会议"提出了著名的"枪杆子里面出政权"的理念,但由于路途遥远,直到1927年11月,"八七会议"精神才传到闽西。12月5日,新成立的中共福建临时省委向全省提出了在乡村中领导农民"由抗租抗捐,一直到实行土地革命工农武装夺取政权,一切政权归苏维埃(工农兵代表会议)"的任务,拉开了以武装斗争建立红色政权根据地的序幕。1928年初到6月间,中共闽西党组织相继领导了后田暴动、平和暴动、蛟洋暴动、永定暴动,其概况如表2-4所示。

表2-4　闽西四大暴动概况

暴动名称	时　间	主要领导人
后田暴动	1928-03-04 至 1928-03-09	邓子恢、罗怀盛、陈品三、陈锦辉
平和暴动	1928-03-08 至 1928-03-15	朱积垒
蛟洋暴动	1928-06-25 至 1928-06-29	傅柏翠、邓子恢
永定暴动	1928-06-29 至 1928-07-04	张鼎丞、罗秋天、阮山、卢肇西等

资料来源:蒋伯英:《闽西革命根据地史》,福建人民出版社1988年版。

缺乏经验、土地分配不够充分,所以没能充分发动群众,政权未能建立,这几次暴动均被敌人镇压而失败。直至1929年3月,毛泽东、朱德领导的红四军从井冈山转战赣南到达闽西,闽西革命形势才开始扭转被动局面。

(2)红四军入闽与闽西革命根据地的初步形成。"红旗跃过汀江,直下龙岩上杭",1929年3月,毛泽东、朱德、陈毅率领红四军"以消灭闽西反动势力,发动闽西工作,及参加粤闽赣三省农村土地革命之目的",从赣南二度入闽,在长汀击毙当地军阀郭凤鸣,歼灭其主力3000余人。1929年3月20日,毛泽东第一次提出了以创建赣南、闽西革命根据地为目标的战略计划:"前敌委员会决定四军、五军及江西红军第二第四两团之行动,在国民党混战的初期,以赣南闽西二十余县为范围,从游击战术,从发动群众以至于公开苏维埃政权割据,由此割据区域以与湘赣边界之割据区域相连接。"[①]4月5日,毛泽东在瑞金致信中央,再次向中央建议:"在国民党混战的长期战斗中间,我们要和蒋桂二派争取江西,同时兼及闽西、浙西,在三省扩大红军的数量,造成群众的割

---

① 《红军第四军前委给中央的信》(1929年3月20日),载中共江西省委党史研究室、中共赣州市委党史工作办公室、中共龙岩市委党史研究室编:《中央革命根据地历史资料文库·军事系统9》,中央文献出版社、江西人民出版社2015年版,第6页。

据,以一年为期完成此计划。"1929 年 7 月,中共闽西一大召开前夕,毛泽东认为闽西具备建立革命根据地的六个条件:

> (一)闽西根据地已有八十万群众,经过长期斗争,而且暴动起来了;(二)闽西各县有了共产党,这个党与群众建立了亲密的联系;(三)闽西各县已建立了人民武装——红军、赤卫队;(四)闽西的粮食可以自给;(五)闽西处于闽粤赣三省边沿,山岭重叠,地形险峻,便于与敌人作战;(六)敌人内部有矛盾,可以利用。[①]

到 1930 年初,中共闽西特委带领军民配合红四军连续粉碎了国民党对闽西苏区的两次三省"会剿"。在时间范围上,通常认为闽西苏维埃政府在龙岩成立,标志着闽西革命根据地的正式形成。

从 1930 年下半年开始,由于李立三"左"倾冒险主义的错误指挥路线,闽西主力红军执行"集中一切革命力量,扩大斗争到广东去,首先夺取闽粤桂三省政权,争取全国革命胜利"总任务,被调去两次出击广东均告失败,闽西革命根据地武装力量逐渐减弱,苏区范围不断缩小。1931 年 2 月以后,王明"左"倾冒险主义、扩大化的"社会民主党"事件都给苏区带来更加严重的危害,导致闽西根据地由原有的 48 个区减少到 21 个区。1931 年秋,中央红军在取得了第三次反"围剿"胜利以后,闽西的困难局势才得以扭转和改善。闽西主力红军乘势转入反攻,先后收复长汀、连城、武平、上杭等县城,并向闽西北发展,与清流、宁化、归化、建宁等县红色区域相连接,使闽西苏区政权得到了加强和巩固。闽西红色区域扩大到龙岩、上杭、永定、平和、连城、漳平、宁洋、长汀、武平、清流、宁化、归化等 10 多个县,出现了前所未有的大好局面。

(3)闽西革命根据地的丢失。第四次反"围剿"胜利以后至 1935 年 4 月,在王明"左"倾错误路线领导下的党中央机关迁入中央苏区,加紧推行其"左"倾方针和政策,其中以肃反运动、反对所谓"罗明路线"、加紧查田运动以及第五次反"围剿"中的军事冒险主义为甚,使闽西苏区在政治、经济、军事等方面都受到了极大的危害。1934 年 10 月,中央苏区第五次反"围剿"失败,红军被迫进行万里长征,离开中央苏区,从福建长汀、宁化和江西瑞金等地出发,进行

[①]　中共龙岩地委纪念"两个五十周年"领导小组办公室:《闽西的春天:革命回忆录》,福建人民出版社 1979 年版,第 5 页。

战略性转移,标志着闽西革命根据地的结束。

2.闽西红色金融的发展历程

本书所指的红色金融是中国共产党在新民主主义革命时期(在本书特指中央苏区时期)创建和领导的金融机构及其金融活动的理论概括和系统总称,是中国共产党人在革命战争、局部执政和激烈金融斗争环境中,创建和领导的集政权性、革命性和经济性、商业性于一体的特殊金融形式。闽西革命根据地的发展历程也是闽西红色金融的发展历程。

(1)萌芽阶段。萌芽阶段的代表性事件是 1927 年至 1928 年春,傅柏翠在上杭蛟洋创办蛟洋农民银行。1928 年 7 月,蛟洋群众砍伐沿路杉木卖得 8000 元,其中抽出 2000 元开办农民银行。虽然规模不大,但这是中国共产党在闽西创办的第一个银行,拉开了闽西红色金融的序幕。

(2)发展阶段。闽西红色金融发展过程是"破－立"结合的过程。首先,打破旧的借贷关系。1928 年邓子恢在领导龙岩后田暴动的过程中,"烧毁田契、账簿、契约";在与张鼎丞一起领导永定暴动之后展开土地革命期间,提出了包括"抗债"在内的斗争口号,确定了"废租、废债及分田办法"。[①] 1929 年 7 月,中共闽西一大通过的《土地问题决议案》专门对"债务问题"做出规定,"工农穷人欠土豪地主之债不还,债券借约限期缴交苏维埃政府或农会焚毁"。其次,建立新的借贷关系。随着 1929 年 3 月红四军入闽,闽西革命根据地不断扩大,闽西苏区出现工农业产品剪刀差问题。1929 年 7 月,闽西特委希望通过"帮助奖励群众创造合作社,如……信用合作社等"来解决。此后,闽西各区、乡开始筹办信用合作社,尤其以永定和上杭合作社发展最为迅速。其中永定县的丰田、太平、溪南、金丰、合溪、堂堡、上丰等成立区级信用合作社;上杭北四区、第二区、长汀等县区也成立了信用合作社。

1930 年 6 月,南阳会议提出要"成立闽西工农银行,发行钞票,以维持金融,发展手工业和农业生产,准备与敌人作长期斗争"。同年 9 月,闽西工农兵苏维埃第二次代表大会重申调节金融、发展经济:"唯一的办法是建立闽西工农银行,各县设分行。"1930 年 11 月 7 日,闽西工农银行在龙岩城正式营业。闽西工农银行的成立结束了闽西各地信用合作社分散、不统一的现状,促进了金融统一。

1932 年 7 月 7 日,中华苏维埃共和国国家银行正式发行统一的新纸

---

① 邓子恢:《邓子恢自述》,人民出版社 2007 年版,第 9 页。

币——苏维埃国币。闽西工农银行在国家银行成立后,改组为福建省分行,不再发行纸币。但由于它原来"发行的纸币信用很好,仍继续流通",与国家银行发行的纸币"还同时流通一个时期,才逐渐收回"。[①]

(3)退出阶段。1934年10月,主力红军长征后,闽西工农银行退往梁屋头、东陂岗等地,至1935年4月,省级机关被敌人围歼瓦解,闽西工农银行结束了其历史。

(二)国民党的金融体系地理分布

近代的中国是多个帝国主义国家间接统治的经济落后的半殖民地国家。毛泽东在《中国的红色政权为什么能够存在》一文中指出:"这种现象产生的原因有两种,即地方的农业经济(不是统一的资本主义经济)和帝国主义划分势力范围的分裂剥削政策。"[②]红色金融能够存在和发展的原因也类似,当时地方的农业经济,尤其是国民党的金融体系、帝国主义的金融体系都未能在苏区取得垄断地位。

1927年至1937年是银行数量增长的一个高峰。1937年《全国银行年鉴》在分析这10年的银行业发展时总结说:"在此十年中,新设之银行达一百三十七家,其中已停业者仅三十一家,现存者达一百零六家,占现有银行三分之二强,易言之,现有银行一百六十四家,其中三分之二,均成立于最近十年之内。可见此短短十年实为我国银行史上之重要阶段。"[③]9个大城市银行的总行达99家,占全国银行总数的60.37%,分支行386家,占全国分支行总数的28.98%(见表2-5)。

表2-5　九大城市银行数量及占比统计

城　　市	1925年/家	1934年/家	1936年	
			总行/家	分支行/家
上海	33	59	58	124
北京	23	2	3	56
天津	14	10	8	58
汉口	7	2	4	29

① 许毅:《中央革命根据地财政经济史长编》(下),人民出版社1982年版,第263页。

② 《毛泽东选集》(第1卷),人民出版社1991年版,第49页。

③ 《全国银行年鉴》(1937年)A5页。

续表

城　　市	1925 年/家	1934 年/家	1936 年	
			总行/家	分支行/家
重庆	1	8	9	17
杭州	8	6	6	15
广州	1	6	6	16
青岛			3	20
南京			2	51
合计	87	93	99	386
其他	54	77	65	946
总计	141	170	164	1332
九大城市银行占比	61.70%	54.71%	60.37%	28.98%

资料来源：1925、1934 年数字见吴承禧：《中国的银行》，岳麓书社 2013 年版，第 12 页；1936 年数字见《全国银行年鉴》(1936 年)A16 页。

　　当然，这并不意味着国民党的银行没有进入苏区，只是没有大规模渗透到闽西苏区，或者由于军阀混战，导致币值下降。如"中国及中南银行纸币尚在苏区的市面通行，这些低币是很靠不住的，因为国民党军混战日益扩大，财政万分困难拼命发行军用纸币，所以币价低落，尤其是国民党资本家的银行，(□□)军混战，营业失败的结果纷纷倒闭(如中南银行的主人黄奕住因南洋生意失败影响到银行资本的缩小，而且趋于倒闭的前途)"[1]，这时将国民党军阀资本家的纸币排除出苏区会比较容易些。

　　(三)外资银行地理分布

　　鸦片战争后，外国银行很快进入中国。1845 年，英商丽如银行(Oriental Bank)就在香港设立分行，在广州设立分理处。1847 年又在上海设立机构，开设银行成为外资银行闯入中国的"领头羊"。之后，英国、德国、日本银行纷纷进入中国，开设银行成为他们瓜分势力范围的重要手段之一。这些银行大部分集中在大城市或沿海沿江一带，如表 2-6 所示，远离中国共产党局部执政的农村区域，这也为中国共产党在闽西开展红色金融提供机会。

---

　　[1]　《杭武县区经济委员各区合作社主任联席会议决议案》(1931 年 5 月 11 日)，载中共龙岩地委党史资料征集研究委员会、龙岩地区行政公署文物管理委员会编：《闽西革命史文献资料》(第六辑)，内部资料，1985 年，第 20 页。

表 2-6　鸦片战争后在中国成立的各主要外资银行

名　称	国　家	成立年份/年	地　点
丽如银行香港分行	英国	1845	香港
丽如银行上海分行	英国	1847	上海
汇隆银行广州分行	英国	1851	广州
阿加剌银行上海分行	英印合资	1854	上海
有利银行上海分行	英印合资	1854	上海
麦加利银行上海分行	英国	1858	上海
法兰西银行上海分行	法国	1860	上海
汇丰银行上海分行	英国	1865	上海
德华银行	德国	1890	上海
横滨金正银行上海分行	日本	1893	上海
华俄道胜银行上海分行	俄国	1896	上海
东方汇理银行香港分行	法国	1894	香港
花旗银行上海分行	美国	1902	上海
华比银行	比利时	1902	上海
荷兰银行上海分行	荷兰	1903	荷兰
台湾银行上海分行	日本	1911	上海
华意银行	意大利	1920	上海
汇源银行	法国	1921	上海
莫斯科国民银行	俄国	1924	上海

资料来源:主要参见汤志钧:《近代上海大事记》,辞书出版社 1989 年版;汪敬虞:《十九世纪西方资本主义对中国的经济侵略》,人民出版社 1983 年版;[英]毛里斯·柯立斯:《汇丰银行百年史》(中译本),中华书局 1979 年版;[德]施丢克尔:《十九世纪的德国与中国》(中译本),中华书局 1963 年版;徐义生:《中国近代外债史统计资料》,中华书局 1962 年版;等等。

由此可见,虽然近代中国银行业蓬勃兴起,但国内银行和外资银行在地理分布上都偏向大城市、沿海城市。这种地理分布与中国工业发展的布局密切相关,这也导致了金融的地理分布。由于中国共产党执政的区域大部分在农村,国民党和帝国主义的金融触角尚未深入闽西农村,而闽西经济的发展急需新的金融业态支持。

二、土地革命的展开奠定群众基础

中国共产党领导广大工农开展了土地革命为中共在苏区开展包括金融工作在内的各项工作奠定了群众基础。红四军入闽后,中共及时领导农民进行分田运动,1928 年,永定暴动后即实行了溪南分田,一般采取抽多补少的分田办法。1930 年 2 月,闽西特委第二次扩大会议认为"分田方法以抽多补少为原则,抽出之田以肥瘠均匀为度,好田多者抽好田,坏田多者抽坏田"。1930 年 6 月,《富农问题》决议案指出:分配土地应于"抽多补少"之外加上"抽肥补瘦"的原则。

经过土地革命,农民分得了土地或获得了土地使用权,政府也从各方面动员农民,努力推动农业生产的发展。农业生产和人民生活确实有一定的变化。涂作义回忆到:长汀涂坊分田后,每担谷田普遍比过去增收一二十斤,也就是每亩增加 80 斤左右(当时闽西一般是 4 担左右折合为一亩),又有开荒田,粮食吃不完,像番薯几乎没有人拿去当粮吃,大部分人会拿去养猪,生活得挺好。粮食不但够吃,家家还有余粮出卖,真是丰衣足食①。土地革命激发了农民的积极性,为苏区金融事业的发展提供了雄厚的群众基础,因此,在群众的大力支持下,中共倡导建立的农村信用合作社和闽西工农银行能顺利地展开工作。

三、苏区经济发展提供经济保障

(一)国营经济提供经济支持

红色金融货币(不管是狭义上的货币还是前文提及的补充性货币)的存在是以占主导地位的国营经济为基础的。国营经济主要体现的是国营工业和国营商业的发展。闽西苏区的国营工业主要是军工业,如,龙岩湖洋、上杭才溪、永定虎岗、长汀四都等地都建立了兵工厂。此外还有军民兼顾的被服厂、弹棉厂、织布厂和斗笠厂等。公营商业主要有粮食调剂局、对外贸易局、中华商业公司、中华贸易公司、红色饭店等形式。由于国营经济代表国家资产,大量国营工业和商业的存在,增强了民众持有苏维埃政府发行的货币、债券、米票、借谷票等的信心,使得红色金融机构发行的货币的使用范围得以稳定。

①　财政科学研究所访问涂作义记录。

（二）合作社经济提供使用平台

红色金融机构发行的货币的推广使用需要一个运行平台，而闽西苏区蓬勃发展的合作社为其提供了一个大平台。早在1929年9月，闽西特委就责令各县、区要"帮助奖励群众创造合作社如生产合作社"，1930年9月颁布《修正合作社条例》，鼓励工农群众组织合作社。加上中央政府鼓励兴办合作社的相关政策［如《临时中央政府劳动互助社组织纲要》（1933年秋）、《组织犁牛站的办法》（1933年3月）］，共同推动了闽西苏区合作社的发展。据统计，短短的几个月时间，闽西苏区先后有68个区，都创办了合作社组织（90％为消费合作社），基本上是一乡一社。到1934年闽西合作社发展到合作社社员10万人，股金10万元。[①] 合作社的广泛成立，为苏币、股票的发行使用提供了较大的空间。

（三）私营经济扩大其影响力

中央苏区时期，中国共产党发布相关保护商业发展的政策，推动闽西私营经济的发展。1929年7月，中共闽西一大重申"对大小商店应采取一律的保护（即不没收）政策"，第一次区别了政治打击和经济处罚的关系。闽西苏区《商人条例》规定"商人遵照政府决议案及一切法令照章缴纳所得税者，不准任何人侵害"[②]。为了带动更多的工商业者投入闽西苏区经济建设，党号召闽西工商业者："商人取消苛捐杂税""公买公卖""商人起来帮助工农阶级""踊跃向工农银行入股、发展苏维埃经济""保护商店"，为了使闽西工商业者认识到"国民党新军阀混战不只使中国工商业永远不能发展""国民党投降帝国主义洋货淘淘进来使中国工商业永远不能发展"，鼓动他们"商人要使商业发展，只有打倒帝国主义，断绝洋货的来源""商人要使商业发展，只有赞助土地革命，增加农民的生产力和购买力""商人要使商业发展，只有推翻国民党政府，拥护工农兵政府"。[③]

与此同时，苏区派出工作人员与商人广交朋友，推动赤白贸易。如，时任永定县苏维埃政府主席的范乐春，亲自找了永定籍的"源记号""分斗布庄""裕

---

① 蔡立雄：《闽西商史》，厦门大学出版社2014年版，第218页。

② 中国社会科学院经济研究所中国现代经济史组：《革命根据地经济史料选编》（上册），江西人民出版社1986年版，第296页。

③ 《告商人书》（1930年10月），载中共江西省委党史研究室等编：《中央革命根据地历史资料文库·军事系统9》，中央文献出版社，2013年版，第538页。

兴祥京果店"等多家老板,同他们交心,宣传苏维埃政府保护商人的政策,耐心细致地同他们开诚布公地交谈,调动了他们为苏区做贸易的积极性。老板们千方百计筹集苏区紧缺物资,冒着危险为苏区提供布匹、手电筒、电池等物资。

在一系列政策支持下,闽西苏区私营商业发展起来,以"红色小上海"长汀为例,据统计,1933年汀州市共有367家私营商店。由于私营经济活跃,民众就更加频繁使用红色金融机构发行的货币,并更加认可。

四、局部政权建设奠定政权基础

1928年3—6月,为了响应八七会议的精神,闽西发生了著名的"四大暴动"——后田暴动、平和暴动、蛟洋暴动和永定暴动,成立了中共闽西特委。1929年3月,红四军首次入闽,击毙军阀郭凤鸣;5月再次入闽,"三打龙岩城",极大地动摇了闽西的反动统治,"红旗越过汀江,直下龙岩上杭"。1929年7月,闽西第一次党代表大会在上杭蛟洋召开,选举产生出闽西特委,各县也成立了苏维埃政权和赤卫队组织。以毛泽东1933年11月才溪乡调查为例,1933年10月进行乡苏选举时,80%的选民参加了投票选举,连老人都撑着棍子到会。受农民拥护的苏维埃政权为货币的发行流通提供了政权保障。

不过,共产党内部"左"倾机会主义错误所造成的严重危害,导致闽西根据地的革命形势一度低落,闽西红色金融也就不可避免地经历了由稳定到不稳定的过程。

五、共产国际的影响

闽西红色金融发展与共产国际的指示紧密相关,因为当时中国共产党是共产国际组织中的一个支部,且处于幼年阶段,对共产国际的指示更是重视。共产国际也指示中国共产党应该注意在工农运动中加强组织合作社的工作。早在1922年共产国际第四次代表大会就提出:

> 鉴于贫农对革命运动所起的巨大作用,共产党人绝对有必要参加小农的各种组织(生产、消费和信用合作社),以便使贫农革命化,消除雇佣工人与少地农民之间实际上并不存在,而是地主和富农有意加以渲染的利益冲突,并且使这些组织的积极活动能够跟城乡无产阶级的组织密切

配合。只有把城乡的一切革命力量联合起来,才有可能顺利地打退资本的进攻,并且转守为攻,取得最后胜利。[1]

1926 年 11 月底,共产国际在关于中国问题的决议案中指出:"为使农民到革命方面来……组织国家低息借款的机关,坚决的反对重利盘剥,并帮助这一类的农民组织及其他互助组织……国家帮助协作社及互助机关。"[2]同时,在对待旧币的态度上,共产国际提出:"宣布旧金钱无效,是不适当的。开始可以采用盖印苏维埃政府印章的办法,或者在旧金钱上做各种可以分别的标记。假使技术条件允许的话,可以制造苏维埃的金钱(如纸币)收取旧的货币,换用苏维埃的货币。对于发行纸币的问题,则应该非常谨慎,应该尽可能地避免苏维埃货币的跌价。只要在环境许可的地方,我们便必须给红军以金钱,设法使红军尽可能地用金钱购买食物。"[3]这点也为中国共产党所采用。在中华苏维埃第一次全国工农兵代表大会上,中华苏维埃共和国临时中央政府颁布《中华苏维埃共和国关于经济政策的决议案》,其中规定:"苏维埃区域内旧的货币在目前得在苏维埃区域通行,并消灭行市的差别,但苏维埃须对于这些货币加以清查以资监督。苏维埃应发行苏维埃货币,并兑换旧的货币。对于旧的货币开始亦可采用,加盖图记通用。外来之货币须一律兑换已盖苏维埃图记之货币,或苏维埃自己发行之货币。"[4]

六、技术条件

(一)大革命时期的技术积累

早在大革命时期中国共产党领导的革命群众就依托平民银行对发行货币

---

① 许毅:《中央革命根据地财政经济史长编》(下),人民出版社 1982 年版,第 375 页。

② 《共产国际执行委员会第七次扩大全体会议关于中国问题决议案》(1926 年 11 月),载中共中央文献研究室、中央档案馆编:《建党以来重要文献选编(1921—1949)》(第四册),中央文献出版社 2011 年版,第 31 页。

③ 冯都:《苏区国家银行的创建与发展》,《上海党史与党建》2001 年第 1 期。

④ 《中华苏维埃共和国关于经济政策的决议案》,载中共中央文献研究室、中央档案馆编:《建党以来重要文献选编(1921—1949)》(第八册),中央文献出版社 2011 年版,第 718 页。

进行了初步探索。1926 年,湖南衡山县农民协会创建的第一个农民银行将白竹布作为制币材料发行了"白布币";在井冈山时期,红军曾聘用当地富有造币经验的谢氏兄弟创办红军造币厂,利用战场缴获或者打土豪所得的银器和首饰等,经过若干工序制成了"工"字银圆;吉安县的东固平民银行采用根据地自产的松烟油墨、蜡纸刻版,成功印制了苏区第一张纸币。这为之后包括闽西苏区在内的中央苏区的造币技术提供了经验积累。

(二)闽西苏区造纸印刷业发达为印制纸币提供技术条件

闽西工农银行纸票的印制与龙岩的"东碧斋"密不可分。"东碧斋"是龙岩少有的较好的印刷作坊。1930 年 7 月,筹备闽西工农银行时,闽西政府直接从"东碧斋"调出了一架石板印刷机和章连富、郑碧山二人。在铜钵巷下井巷原"彩昌"店二楼,"东碧斋"秘密印制闽西政府发行的纸币,此外还承印了闽西工农银行的股金票单据等。[①]

造币业需要优良纸张的支撑,而造纸业在闽西长汀具有重要的地位。如,从宋开始,长汀四堡雾阁用汀纸木刻印刷宋版胶本成为我国四大印书基地之一。史书记载:"长汀四堡乡,皆以书籍为业,家有藏版,岁一刷印,贩行远近……宋时闽版推麻沙,四堡刻本,近始盛行,阅此,知汀版自宋已有。"[②]长汀的毛铭新印刷厂拥有三台石印机、两台圆盘机和四架平台机,是闽西设备最齐全的印刷厂。1931 年,闽西工农银行迁到长汀之后,其发行的苏区纸币改由长汀的印刷厂印刷。当时,因印刷钞票、公债券、邮票的需要,彩色油墨和质地优良的纸张的需求量大增,长汀的印刷工人冒着生命危险去白区购买,解决了原料的问题。毛铭新印刷厂老板毛焕章的胞弟毛钟鸣回忆道:"中华苏维埃国家银行要发行人民自己的钞票,需要筹办专印钞票的印刷所和设计绘制钞票图样,毛泽民同志为此到长汀来找我商量,要求协助解决有关这方面所遇到的一些问题……对印刷钞票所需用的某些材料如彩色油墨钞票纸等,则利用毛铭新印刷所原有的商业渠道,秘密采购协助解决部分困难。"[③]

他们还发挥自己的聪明才智,发明了用墨烟掺和植物油代替油墨的技术,

---

① 翁伟:《龙岩、长汀苏区印刷工人运动概况》,载上海市新四军历史研究会印刷印钞组编:《印刷职工运动资料》(第三辑),1986 年,第 91 页。

② 官鸣:《科学之道:官鸣学术论文选》,厦门大学出版社 2014 年版,第 242 页。

③ 毛钟鸣:《制造精神炮弹的兵工厂》,载上海市新四军历史研究会印刷印钞组编:《印刷职工运动资料》(第三辑),1986 年版,第 105 页。

在一定程度上解决了油墨缺乏的问题。[①]

闽西工农银行改组成福建省分行后,范为民等六七个印刷技术较全面的长汀印刷工人,主动响应中央工农民主政府的号召,几次自觉到瑞金中央财政部印刷厂去,担负技术复杂、精细的印刷钞票和公债券任务。[②]

本章小结:闽西苏区红色金融的产生是思想基础、现实因素和条件综合作用的结果。思想基础——近代以来,合作社思潮涌入中国,先进的中国人积极探索适合本国的合作社发展道路,合作社思想也传入了偏远的闽西山区。与此同时,中国共产党在思想上和实践上的金融探索为之后在闽西实践奠定了基础;现实因素——偏远的闽西地区,农村经济处于溃败局面,金融市场混乱;外部不利资金环境等影响,加剧了农民对金融的需求;在服务战争需要等因素影响下,闽西急需一个稳定的金融市场;条件——割据的中国,为红色金融的产生提供了机会;中国共产党土地革命的展开奠定了群众基础;苏区经济的发展提供了经济基础;局部政权的建设和中共强大的组织能力奠定了政权基础;共产国际支持国家建立低息借款机关等指示为红色金融的发展提供了外部条件;技术条件的改善为红色金融发展提供了现实条件。

-----

① 翁伟:《龙岩、长汀苏区印刷工人运动概况》,载上海市新四军历史研究会印刷印钞组编:《印刷职工运动资料》(第三辑),1986年,第91页。
② 王大同、徐恭生:《长汀印刷工人对土地革命和苏区建设的贡献》,载上海市新四军历史研究会印刷印钞组编:《印刷职工运动资料》(第三辑),1986年,第112页。

第三章　中央苏区时期闽西红色金融困境成因及治理

受内外因素等影响,在战时环境下产生发展起来的闽西红色金融遇到了不少困境,如,通货膨胀、群众使用货币积极性波动、货币防伪性能不高、管理偏差等难题。为此,中国共产党通过控制传染源、阻断传导机制、增强金融机构抗风险能力来降低金融风险,从而避免金融危机的爆发。

第一节　闽西苏区红色金融困境

虽然闽西苏区信用合作社的数量不断增加,但正如吴亮平 1933 年 9 月指出的:"真正的信用合作社可说还是没有一个"①,闽西工农银行在发展中也遇到了不少难题。

一、资本不足

出于政治的考量,中国共产党对群众加入信用合作社做了规定,政策最后决定富农、商人不得加入合作社,这就意味着合作社的人员大部分是贫雇农。受封建剥削、战争等影响,他们的余钱并不多。另外,临时中央政府为了防止有人操纵合作社,规定:"每个社员其入股之数目不能超过十股,每股金额不能

---

① 吴亮平:《经济建设的初步总结(节选)》(1933 年 9 月 30 日),载柯华主编:《中央苏区财政金融史料选编》,中国发展出版社 2016 年版,第 450 页。

超过五元,以防止少数人之操纵。"① 根据已有文献,闽西苏区较大的农村信用合作社及股金为:永定太平区信用合作社股金 3000 元,永定县第三区信用合作社股金 5000 元,永定县第二区信用合作社股金 5000 余元,永定第九区、第十区、第十一区信用合作社股金各 3000 元,总计 22000 元,永定县合溪信用合作社股金 1000 元。② 永定县堂堡区朱罗坑乡成立信用合作社股金 100 元。兆征县信用合作社至少有股金 4000 元。坑口墟消费合作社发行货币折合大洋 110 多元。③

闽西工农银行初步定银行资本为 20 万元,分为 20 万股,每股 1 元。由各级政府、各工会、各部队组织募股委员会,负责募集。银行委员会各委员分头四处检查督促募股工作,这项工作直到 1931 年仍在进行④。1931 年 5 月,闽西苏维埃政府希望能扩大闽西工农银行的股金。

> 银行股金在六月份内扩大一万元,其分配大概如下。
>
> a.在整理粮食调济局中,永定 1500 元,杭武 1500 元,龙岩 200 元,汀连 200 元,直属区 200 元。
>
> 过去大多数合作社及粮食调剂局未照银行定章向银行入股(合作社十分之一,调剂局十分之二),在这登记当中一定要照例一齐入股,不要迟延。
>
> b.向群众募股的永定 1400 元,杭武 200 元,龙岩 700 元,汀连 1500 元。直属区 2100 元。⑤

---

① 《中华苏维埃共和国临时中央政府关于合作社暂行组织条例的决议》(1932 年 4 月 12 日),《红色中华》1932 年第 17 期。

② 姜宏业:《中国金融通史》(第 5 卷),中国金融出版社 2008 年版,第 49 页。

③ 据原坑口墟消费合作社工作人员张占元于 1990 年 5 月 25 日的回忆:"坑口墟消费合作社发行的银毫票……只印一次为 100 张,印完后木刻版就毁掉。"折合净洋 1500 毫或大洋 110 多元,当时消费合作社资金为四五百元,印制纸币数额未超过其资金之半数,与闽西苏维埃政府控制信用合作社发行纸币不得超过其掌握现金之半数的政策相符。

④ 鼓励群众购买苏维埃政府股票,增加银行贵金属。1931 年汀连县大坪乡钟佩瑸购买闽西工农银行股票号 003610,说明当时募集的银行股金达到 3610 元。

⑤ 《闽西苏维埃政府通知第四十九号——解释扩大会决议与工作上的具体决定》(摘录)(1931 年 5 月 23 日),载赣州市财政局、瑞金市财政局编:《中华苏维埃共和国财政史料选编》,2001 年,第 397 页。

查过去工农银行的股金,虽有一小部未收,而被各级募股委员会负责人所用去的,亦不少,尤是有的股金被从前社党所经手收去的。

对于从前社党所经手收去的股金,应由各当地政府及募股委员会负责,向他的家〔属〕追收,如他财产要没收时,于没收须由先除出银行的股金。然后归公。

各级募股委员会负责人所用去的股金务须迅速设法归还。各当地政府亦须负责严追。①

近一个月后,闽西苏维埃政府再次发出扩大银行股金的通知,指出:

对于七月份一万元,仍照六月一样的数目分配各县负责募集,希各县苏接此通知后,必须积极进行,用各种方法向群众募集足数(可向富农商家募股)汇缴银行,以扩大银行股金,实现两个月的经济计划。②

从一系列的政府发文鼓励扩大股金可以看出,闽西红色金融面临资本不足的情况。实际情况也如此,如,闽西工农银行第一期预定募集 12 万元(对外宣布 20 万元),其中各合作社、粮食调剂局 6 万元,向民众募股 6 万元。③ 至银行开业时,实收不足 2 万元。正式纸币由于电版和纸张问题尚未印制,铸造铜板和银圆的计划更无法实施。拟于 6、7 月份扩大银行股金 20000 元的任务也难以落实,银行扩业计划也无法实现。如 6 月份杭武县东一区第十六乡立瑞等 87 人原认募 50 元,时至 23 日仅交 19 元连半数都不到。④ 1934 年 11 月该

---

① 《闽西苏维埃政府通知第五十七号——工农银行股金问题》(1931 年 6 月 9 日),载中共龙岩地委党史资料征集研究委员会、龙岩地区行政公署文物管理委员会编:《闽西革命史文献资料》(第六辑),内部资料,1985 年,第 84 页。

② 《闽西苏维埃政府通知第六十号——关于扩大银行股金问题》(1931 年 6 月 23 日),载中共龙岩地委党史资料征集研究委员会、龙岩地区行政公署文物管理委员会编:《闽西革命史文献资料》(第六辑),内部资料,1985 年,第 86 页。

③ 汤家庆:《闽西工农银行的历史概况及其经验》,《福建党史月刊》1990 年第 11 期。

④ 古田会议纪念馆资料:《杭武东一区第十六乡苏维埃政府"募捐工农银行簿"》(1931 年 6 月 23 日),载蒋九如主编:《福建革命根据地货币史》,中国金融出版社 1994 年版,第 62 页。

行临近结束时,资本金仅 45316 元。[①] 资金不足的直接结果就是无法控制合作社或银行的贷款方向、贷款额度等事项。

二、通货膨胀

闽西苏区时期,通货膨胀主要表现为贵金属准备不足和超发。

（一）贵金属准备不足

货币的本质就是一般等价物,具有价值尺度、流通手段、支付手段、贮藏手段等职能。货币的价值尺度是以一定数量的黄金、白银等贵金属及铸币作为货币发行的保证基金才能体现其价值来。闽西苏区的各种补充性货币是以苏维埃政府信誉作为担保的,但实质在于有一定贵金属的储备。

苏区铸造的银圆中含有约 50％的银和 50％的铜,而同时期市场上流通的银圆大多含有 89％以上的银[②],1928 年通用铜圆与银圆的比例为 280：1。在中央苏区,20 枚 5 分铜币,及 100 分铜币等于银圆 1 元,即 100：1,这种兑换比例意味着面值超过实际价值。由于苏币含金量较低,其保值能力也较弱。曹菊如回忆苏区财政收入最初"主要靠打土豪,后来土豪少了,就靠发票子发公债来填补",苏区货币已经偏离银圆的价值。此外,中央苏区只铸少量贰角银币,却大量铸伍分铜币,这也造成了银辅币与铜辅币比价和结构的失衡,这实际上是间接的通货膨胀。

（二）货币超发

总体上,闽西工农银行和农村信用合作社发行了适量的货币,但伴随着军事斗争不断扩大以及"左"倾政策的影响,国家银行超发货币的影响也传导到闽西。"从 1932 年 7 月到 1933 年初,国家银行先后发行苏维埃国币（纸币）200 万元,1933 年后又发行一定数量的大头洋、小头洋、雕子边的银币,以及老鹰头的银洋⋯⋯到了 1933 年夏,供兑换的现洋已日益缺少,不得不开始停兑,

---

① 福建省地方志编纂委员会:《福建省志·金融志》,新华出版社 1996 年版,第 176 页。

② 国民政府 1933 年以来新铸造银圆含银量为 88％,之前的袁大头、孙逸仙币等民国币含银量为 89％,清末龙洋含银量为 90％或 84％。参见中国人民银行总行参事室:《中华民国货币史资料》（第二辑）（1924—1949）,上海人民出版社 1986 年版,第 102 页。

以致后来完全停兑。"[①]有研究认为至 1933 年 8 月,国家银行纸币发行量累计达 200 万元,超过国家银行资本金的 1 倍。至 1934 年红军长征前夕,发行总数为 800 万元,一度造成苏区物价上涨,货币贬值。

1933 年下半年到 1934 年,苏币的发行和流通受到严重的影响,我们从当时的谣言可管窥一豹。当时"有些奸商造谣说,汀州一块光边能买三元的纸票",闽西上杭县卖豆子的商家也分两种价钱,银币一斗多,纸票四升多。[②] 一些地方甚至出现破坏纸币的行为,如一是纸币价值被压低,卖盐的地方,纸币要 50 余元才能买到银圆 20 余元的数量。[③] 二是破坏纸币与银圆的比价。按中央政府统一规定,1 元纸币兑换 1 元银圆,但民间兑付比价各地从 1.87∶1 至 7.25∶1 不等。我们以毛泽东在才溪乡调查数据为例:"我们店里一元红军票只能买八斤豆干,如果你有大洋的话,一块大洋可以买十二斤豆干","去年(1932 年)每套 21 毛,合大洋 1 元半,今年每套 34 毛,合大洋 2 元 4 角",即 1932 年苏票比价在 1∶5 至 1∶1。到 1934 年长汀县有出现用 58 元国家银行纸币收买 8 元银圆的情况,[④]这已经达到了最高值 7.25∶1 的程度。

1933 年 9 月,国民党调遣百万大军发动对中央苏区的第五次"围剿"。中华苏维埃临时中央政府在"左"倾机会主义控制下,以阵地战代替游击战、运动战,与敌人拼消耗。结果战事节节失利,中央苏区土地面积逐步丧失,以致本已过分膨胀的纸币拥挤在越来越小的流通区域,货币流通量大大超过货币容纳量,纸币币值更加低落。

三、闽西苏区后期,群众使用货币积极性下降

苏区时期除了流通中的货币外,还有充当补充性货币功能的债券、股票及借谷票等,受军事、经济封锁等影响,在苏区后期出现了货币使用积极性不高的现象。

(一)货币使用积极性受到影响

这里的货币,包括闽西工农银行发行的货币、中华苏维埃共和国国家银

---

① 曹菊如回忆,1977 年。

② 余伯流:《中央苏区经济建设》,中央文献出版社 2009 年版,第 175 页。

③ 金诚:《土地革命时期根据地发行货币的一些情况》,《历史教学》1988 年第 8 期。

④ 罗华素、廖平之:《中央革命根据地货币史》,中国金融出版社 1998 年版,第 187 页。

发行的"苏币"。受通货膨胀及军事战斗的影响,苏区使用货币的积极性呈现波动状态。虽然1930年11月政府规定:闽西工农银行发行的一元纸币"与光洋同价……凡缴纳土地税以及一切政府税收和市面交易都当光洋使用"[①],同时规定"最近政府抑低外来纸币市价之结果,流行充塞于闽西之中,因中南两种纸币已不断地向外输去。将〔来〕工农银行纸币一经发行,该纸币定当绝迹矣"[②]。但民众使用纸币积极性并不高,以至于1931年1月闽西苏维埃政府发布布告推动闽西工农银行纸币的使用:"本政府前已布告,凡各政府、各合作社,对于工农银行纸币一律负责兑现,照大洋行使。乃近来有些地方竟不行用。这一影响,实足以破坏工农银行的信用。"[③]1932年中华苏维埃共和国国家银行成立并发行了货币,但货币使用并未达到预期。因此,1932年7月临时中央政府发布了第十七号命令,要求"凡苏区境内,均一律十足通用,无论何人,不得阻碍通行或抑低价格以破坏国币信用"[④]。

(二)补充性货币使用积极性不高

补充性货币的使用和货币的使用一样受到形势的影响,其中影响较大的是公债、股票和借谷票。

1.公债购买积极性不高

在中央苏区后期,由于群众生活困难,加上战争的影响,农民购买公债的积极性逐渐下降。中华苏维埃共和国革命战争短期公债发行时就明确强调"鼓动群众自愿来买公债券,切不能用命令强迫,但对于富农、大中商人可以责令购买"。政府发文的背后往往意味着在各地出现了强行摊派公债的现象。

公债需要偿还,由于苏区经济总体发展欠佳,虽然群众积极购买公债,但

① 《闽西苏维埃政府布告第五号——通行闽西工农银行纸币》(1930年11月25日),载中央档案馆、福建省档案馆编:《福建革命历史文件汇集》(苏维埃政府文件)(一九三〇年),1985年,第280页。

② 《中共闽西特委报告第一号——闽西政治形势与党的任务》(1930年11月29日),载中央档案馆、福建省档案馆编:《福建革命历史文件汇集》(闽西特委文件)(一九二八年——一九三六年),1984年。

③ 《闽西苏维埃政府通告第十三号——关于使用工农银行纸币事》(1931年1月5日),载中央档案馆、福建省档案馆编:《福建革命历史文件汇集》(苏维埃政府文件)(一九三一年——一九三三年),1985年,第3页。

④ 《维护国家银行货币的信用》(1932年7月10日),载中共江西省委党史研究室等编:《中央革命根据地历史资料文库·政权系统6》,中央文献出版社,2013年版,第352页。

是也通过合适的途径将公债代替现金缴纳租税,以第一期革命短期公债为例,"中央政府财政部发行的公债,照规定是一九三□年一月起收回,虽然是可以代现金来缴纳租税,但是这些执有公债券的商人,农民(尤其是富农),就因为这一点,在缴纳商业税土地税的时候,就完全把公债券还给政府。现在虽收回的期限还有两三个月,但据财政部的统计,五十万公债已经差不多回收完了。这实在使中央财政在这两三个月中少了五十万现金的流通"①。在闽西苏区民众将大批的第一期革命战争公债通过以缴纳税收的方式退还给政府:"最严重的就是被群众踊跃购买的大批公债票很快又流回政府手中。如福建汀州直属市缴纳上半年商业税 5000 多元,仅收到现洋 10 元,其余全部是公债票。"②

又如,第二期革命战争短期公债的偿还期是 1933 年 6 月,但实际上到 1933 年 8 月的时候,依然在推销第二期公债。在长汀县博物馆展品中有"兹收到凹下村第二期公债大洋贰拾四圆……一九三三年八月廿日","……兹有收到公债票大洋贰拾四圆(注:图中为苏州码子)……一九三三年八月□日"的公债收据(见图 3-1)。

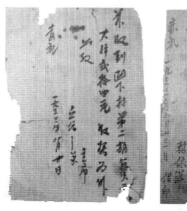

图 3-1 第二期公债

资料来源:长汀县博物馆。

到了中央苏区后期,公债的推行已经非常艰难了,《红色中华》曾报道闽西长汀情况:

---

① 《在新的胜利面前——财政经济问题》,《红色中华》1932 年 10 月 23 日第 37 期。
② 《龙岩群众热烈购买公债与纳税》,《红色中华》1932 年 9 月 6 日第 32 期。

（到了 1934 年 3 月）长汀……现在已推销了公债十四万三千九百九十元零四角,超过了省苏所分配的数目——十三万元。但与他们自己所承认的数目——十六万五千四百,还差二万多……①

建设公债的发行,至今五个多月,到金库的谷款还不及半数,其中最严重的……汀东等县集中谷子,还不及十分之一……长汀等县也还不及百分之卅……②

2.借谷票发行艰难

从 1933 年开始,苏区粮食奇缺,依靠征收土地税、红军公谷、公债谷已经无法满足红军不断扩大和战争费用不断增长的需要。对此,中华苏维埃共和国临时中央政府不得不做出决定,在各根据地开展大规模的借谷运动,发行借谷票,其借谷额度见表 3-1。

表 3-1　三次借谷数量

	时　间	目标/万担	实际/万担	要求完成期限
中央苏区临时借谷③	1933 年 2 月	20	16	2 个月
中央苏区六月借谷④	1933 年 6 月	24	24	1 个月 8 天
中央苏区秋收借谷⑤	1934 年 7 月	60	58.2	

仅以第三次借谷运动中长汀任务为例,1934 年 7 月,中央决定秋收借谷分配给长汀县 2.7 万担,兆征县 1.7 万担,汀东县 1.5 万担。结果长汀完成

---

① 《收集粮食突击运动中长汀县工作的开展(1934.3.6)》,《红色中华》第 158 期,转引自古田会议纪念馆编,傅柒生、曾宪华主编:《闽西革命史文献资料(1933 年 1 月—1934 年 12 月)》(第八辑),2006 年,第 439 页。

② 《关于完成推销公债征收土地税收集粮食 保障红军给养的突击运动的决定》,载柯华主编:《中央苏区财政金融史料选编》中国发展出版社 2016 年版,第 169 页。

③ 《借二十万担谷子给红军》,《红色中华》1933 年 2 月 16 日第 53 期。

④ 《为紧急动员 24 万担谷子供给红军的事》(1934 年 6 月 5 日),载中共江西省委党史研究室等编:《中央革命根据地历史资料文库·政权系统 8》,中央文献出版社,2013 年版,第 1663 页。

⑤ 《关于在今年秋收中借谷六十万担及征收土地税的决定》,《红色中华》1934 年 7 月 26 日第 219 期。

3.095 万担,长汀红坊区被中央誉为"完全取清公债谷子的模范"①。兆征完成 2.050 万担,汀东完成 1.625 万担,累计 6.770 万担。

虽然经过宣传动员,借谷运动可以说几乎完成目标,但是通过当时政府的宣传都规定不可以摊派,但这恰好说明当时出现了摊派的现象。第一次借谷运动的训令中就规定:"借谷运动的完成,一定要靠很好的宣传鼓动工作……一定要禁止不做宣传而用强迫摊派的命令主义方法。"②第二次借谷运动中强调"各级党部与苏维埃必须利用一切可能的宣传鼓动方式……把粮食问题与扩大红军及革命战争的中心任务最密切地联系起来。一切强迫命令的方式都是有害的"③。第三次借谷运动指出"如果抛弃了宣传鼓动,而用摊派的方式借谷,用强迫的办法收土地税,那是完全是不对的"④。

3.股票购买积极性不高

受群众资金不足的影响,合作社股金额并不高。如虽然苏维埃政府通过各种措施吸引群众参加到信用合作社中来,但信用合作社的存款普遍不多,一般只有 2000～3000 元现金,最多的如永定第一区信用合作社也仅有 5000 元现金。⑤ 1931 年 12 月,受王明"左"倾冒险主义错误的影响,以及"肃社党"运动的负面影响,闽西工农银行集资 120000 元股金的计划未完成,8 月闽西工农银行搬迁到长汀涂坊。原先一度颇受群众欢迎的工农银行银圆票,也随之

---

① 福建省长汀县地方志编纂委员会:《长汀县志》,生活·读书·新知三联书店 1993 年版,第 517 页。

② 《中华苏维埃共和国中央执行委员会训令第二十号——为革命群众借谷供给红军》(1933 年 3 月 1 日),载中共江西省委党史研究室、中共赣州市委党史工作办公室、中共龙岩市委党史研究室编:《中央革命根据地历史资料文库·政权系统 7》,中央文献出版社、江西人民出版社 2013 年版,第 623 页。

③ 《中共中央委员会、中央政府人民委员会为紧急动员 24 万担粮食供给红军致各级党部及苏维埃的信》(1934 年 6 月 2 日),载中共江西省委党史研究室、中共赣州市委党史工作办公室、中共龙岩市委党史研究室编:《中央革命根据地历史资料文库·党的系统 5》,中央文献出版社、江西人民出版社 2013 年版,第 3339 页。

④ 《中共中央委员会、中央人民委员会关于在今年秋收中借谷 60 万担及征收土地税的决定》(1934 年 7 月 22 日),载中共江西省委党史研究室、中共赣州市委党史工作办公室、中共龙岩市委党史研究室编:《中央革命根据地历史资料文库·党的系统 5》,中央文献出版社、江西人民出版社 2013 年版,第 3417 页。

⑤ 蒋九如:《福建革命根据地货币史》,中国金融出版社 1994 年版,第 43 页。

发生信任危机,有些商店和群众以种种借口拒绝使用,而国民党统治区的"中国及中南银行纸币尚在市面通行"。

四、货币防伪性能不高

虽然闽西工农银行的印刷得到"东碧斋"的技术支持,以及闽西传统造纸业的支持,但总的来说,造币技术力量有限、残酷的战争环境使苏区用于造币的各种原材料、设备及防伪手段,都难以得到有效满足。从目前已知的农村信用合作社的文物看,这些货币的印刷简单,极易被模仿。在财政不足,依靠国家银行增发纸币来维持战争期间,防伪性能更是下降:中央印刷厂在上级督促下赶印钞票,甚至使用长汀一个私营印刷厂的石印机,由于赶时间,钞票印刷质量明显下降。体现在 1933 年底到 1934 年 10 月的钞票,有些油墨透过纸背,有些图案模糊不清,这也是 1933—1934 年在瑞金、上杭、长汀、连城、汀州等地都曾发生过仿制国家银行纸币和硬币的案件[①]的重要原因了。如,1934年 1 月《红色中华》报道了明光县(现为连城县)反革命造假国家银行纸币的案件:

> 最近在明光县(连城)就有反革命分子假造国家银行所发行的纸币(所假造的与国家银行的国币……纸色不同,号码不同,纸背不明),现已查处了造假国币的反革命二只:林明映、林积记(是明光县林坊区人),已扣留在明光县保卫分局了。[②]

此外,闽西连城林明映根据其堂弟林积记提供的一张壹圆面额的钞票,用其精湛的雕刻技术,在石板上雕刻出正方两面图案,印在一张玉扣纸上,这种假币难以分辨。各地信用合作社发行的纸币也都有人伪造,根据邹斌选的回忆,当时发现塘下有人伪造北四区信用合作社的纸票。[③]

---

① 姜宏业:《中国金融通史》(第 5 卷),中国金融出版社 2008 年版,第 107 页。
② 《明光县反革命假造国家银行纸币》,《红色中华》1934 年 3 月 1 日第 156 期。
③ 蒋九如:《福建革命根据地货币史》,中国金融出版社 1994 年版,第 253 页。

五、管理出现偏差

闽西苏区红色金融的重要业务就是借贷,虽然闽西苏区时期红色金融奠定了中国金融业的制度基础,但受限于各方面影响,在贷款审查及监察贷款使用方向上依然出现问题。

(一)贷款审查及利率

1.贷款审查

在贷款审查上,虽然信用合作社规定"当地政府必要时可认股参加,但政府只有一普通社员资格,无任何特权",作为普通社员,其在信用额度上"每人借款最多不得超过十元或二十元……这种限度要由社员大会规定之"①,但实际工作中的情况与规定并不完全一致。永定县第一区信用社贷款业务除社员外,政府有时急需用款也可借给。永定太平区信用合作社对上洋乡苏维埃政府发放贷款数百元②,支持当地政府购买耕牛,开展春耕活动。虽情有可原,但毕竟政府借款数百元是超出了普通社员的权限。

虽然苏维埃政府要求各县苏及各直属区政府"无论如何困难,都不能擅拿股金乱用,以免群众怀疑及失信仰"③,但是在闽西工农银行也出现类似的情况:"工农银行有股金四万余元,发行股票三万元,但是因政府财政困难,闽西政府已借去二万元,各级政府所借亦不下一二万元,因此最近现金非常缺乏"④。

2.贷款利率

闽西工农银行发放贷款的利率普遍不高,但《红色中华》在 1932 年 4 月 6 日刊文说明其贷款利率过高的情况:

---

① 中国社会科学院经济研究所中国现代经济史组:《革命根据地经济史料选编》(上册),江西人民出版社 1986 年版,第 381 页。

② 蒋九如:《福建革命根据地货币史》,中国金融出版社 1994 年版,第 27 页。

③ 《闽西苏维埃政府通知第六十三号——关于工农银行的人与股金问题》(1931 年 6 月 28 日),载中共龙岩地委党史资料征集研究委员会、龙岩地区行政公署文物管理委员会编:《闽西革命史文献资料》(第六辑),内部资料,1985 年,第 104 页。

④ 《中共闽粤赣省委报告第十四号——七月份的总报告》(1931 年 8 月 20 日),载中央档案馆编:《闽粤赣革命历史文件汇集》(1930—1931),内部资料,1984 年,第 244 页。

临时向闽西工农银行借了二百元应用，内有百元只借得四天即行归还，闽西工农银行就算他一月的利息，后来中央财政部写信去问他，可是闽西工农银行行长、会计科长的答复，很大方巧妙地说："这是银行的惯例"，我们考察这个惯例在工农苏维埃的政权之下，没有方法找到，只有凭脑子的回忆从前土豪资本家用封建高利贷剥削方式的当铺，才有这种成了习惯法的恶例。现在却被我们聪明的"工农"银行行长、会计科长学会了。拿来用工农银行的招牌，去做高利贷剥削的勾当，行长、科长为了赚钱，当然是欢喜得很，可是工农银行的信用和苏维埃法令，要被该行长、科长破坏无余了，这样的工农银行的行长和会计科长，还不赶快将他们驱逐出银行吗？[①]

应该说这种现象较少，也许是在特殊情况下造成的短时间较高的贷款利率，不过，这也从侧面反映了当时红色金融机构管理上的不当。

（二）监察贷款使用

传统的农村放款大多需要借款者请一二个人做担保，主要目的是随时监督其将钱用于正当的途径。[②]《信用合作社标准章程》（1933 年 9 月）规定"社员大会为最高组织"，并且成立"管理委员会""审查委员会"。如果"管理委员会有徇私舞弊违章犯法时，得由审查委员会召集社员大会改组或处分之"，如果管理委员会和审查委员会同时舞弊，"得由三分之一以上之提议召集社员大会改组并处分之"[③]。这些规章制度似乎考虑到了经营管理不善行为，但必须清楚，社员间彼此监督不易开展，我国农民向来不愿干涉邻人的事情，对他人的信息（尤其是经济状况）并不关心，虽说"用教育方法训练社员改去这种习惯是最根本的办法"[④]，但在闽西苏区农民知识水平较低的情况下，这样的教育难度可想而知。传统的借贷要么是抵押物品，要么是依靠长期形成的人际关

① 江钧：《沿用当铺惯例的闽西工农银行》，《红色中华》1932 年 4 月 6 日第 16 期。
② 邹枋：《合作社社员的几个实际问题》，《农行月刊》1937 年第 5 期。
③ 中国社会科学院经济研究所中国现代经济史组：《革命根据地经济史料选编》（上册），江西人民出版社 1986 年版，第 383 页。
④ 宋荣昌：《陕西农村信用合作事业之质的分析》，《中农月刊》1941 年第 11 期。

系①,红色农信的借贷几乎没有抵押品,唯一的关系就是阶级关系,那么借贷就可能出现问题。庐丰区苏维埃政府裁判部在 1933 年 12 月 21 日审判了庐丰官山乡人高腾远向信用合作社借款(10 元)超期未还的案例,永定合溪信用合作社也在借款到期时,信用合作社无法让社员及时还款,只好采用致信乡苏主席的方式,要求协助催缴社员借款(见图 3-2)。

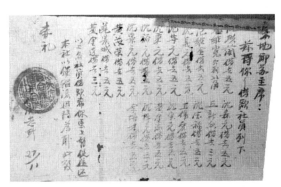

□□乡苏主席:

　　兹将你借款社员列下 洪兰借去五元 沈森元借去五元……维?利 22 角……以上各社员借款,希你马上督促送还,本社以便……

图 3-2　催缴社员借款

资料来源:古田红色农村信用合作社展览馆。

　　由于各县的财政收入很少,大部分县入不敷出,有的因经济困难,甚至把群众缴纳的股金用于财政开支,因此银行的财政存款,不但没有余额,而且有部分县、区、乡还欠了不少应缴的银行股金。据 1934 年 11 月 10 日统计,各县、区、乡苏维埃政府欠银行的款达 6364.524 元(其中饶和埔县 212.96 元,永定县 4920.246 元,汀连县 690.065 元,杭武县 266.212 元,武北区 60.00 元,上杭下甲乡 209.04 元,南阳第三乡 6.00 元)。虽然这些单位未经闽西苏维埃政府同意,便把群众缴纳的股金用于财政开支是错误的,但在当时也是迫不得已,而且对帮助县、区、乡苏维埃政府解决经济困难起到一定作用。

　　(三)缺乏金融管理人才

　　闽西苏区地处山区,受限于经济落后,这里人才缺乏,尤其缺乏金融管理人才,这个问题也是中央苏区存在的共通问题。财政部在 1932 年 11 月的工作报告指出:"因为一般工农同志很多不懂写算,特别没有经济常识,因此创造财政人才,是比其他部门要困难的。自八月以来,中财部开办了商业税、土地

———————————

①　"一旦正确理解,面子就是一把钥匙,可以打开中国人许多重要素质这把号码锁。"——[美]明恩溥:《中国人的素质》,秦悦译,学林出版社 2001 年版,第 8 页。

税、合作社及会计工作人员训练班各一期,在各处实际工作中也创造了一些人,并多方调集店员出身的工人同志。现在中央财政部、银行、两省苏及几个中心县苏已比较找了一些人,但一般说来,人才尚万分缺乏,需要以后在工作中继续创造与提拔。"[1]

第二节 闽西苏区红色金融困境的成因

闽西苏区红色金融发展困难的原因是多方面的。从外部看,受到国民党军事"围剿"和经济封锁。从内部看,直接原因是财政赤字货币化;根本原因是实体经济发展滞后,无法为金融提供物质基础;重要原因是"左"倾政策加剧了金融风险。

一、外部冲击:国民党军事"围剿"和经济封锁

(一)军事"围剿"闽西苏区

1933 年夏秋之际,蒋介石训练和调动了 66 个师又 8 个独立旅共 320 个团的正规部队,合计兵力 60 万人,准备向各个革命根据地发动规模空前的第五次军事"围剿"。其中光是进攻中央苏区的总兵力就达到 53 个师又 8 个旅(不含驻福建的第十九路军所部)及 5 个航空队,总兵力 50 余万人。蒋介石还在南昌、武昌、洛阳、杭州等地设立新兵训练处,拟训练新兵 150～200 个团,以源源不断补充其"进剿"军主力。

在准备和发动第五次对中央苏区的"围剿"时,蒋介石总结了以往失败的教训,改进了战略战术。在前几次"围剿"中,国民党军由于长驱直入和个别部队孤军冒进,结果屡遭红军伏击,使其"围剿"只得以失败告终。蒋介石认为,要断绝红军武器装备的来源"最稳实而不费牺牲的方法,就是勤筑工事,坚壁清野"。这种做法取得了一定成效,国民党主要前线指挥官陈诚在其回忆录中说:"碉堡在当时是最简单可靠的一种防御工事。'剿共'每到一地,即择山川平野具有战略价值的地点构筑碉堡。碉堡筑成可以使用人民配合少数军队驻

---

① 《财政人民委员部一年来工作报告》(1932 年 11 月),《红色中华》1932 年第 93 期。

守之,可作防御共军游击战之据点,可作瞭望台之用,碉堡连贯起来,就成了共军无法突破的防御线。"①

伴随国民党军事战略的改变,而中共反"围剿"军事战略与战术的严重错误。第五次反"围剿"战争开始阶段,李德和博古轻视堡垒主义,以阵地战代替游击战和带游击性的运动战,反对诱敌深入而主张"先发制人",命令没有飞机大炮配合的红军"全线出击""御敌于国门之外",犯了进攻中的冒险主义错误。同时,受"左"倾错误的影响,我们错失与十九路军在原来签订的《反日反蒋的初步协定》的基础上进一步发展反蒋抗日的合作关系的机会。军事失利使得金融安全失去了军事保障。

(二)经济封锁闽西苏区

国民党鉴于对苏区的前四次"围剿"的失利,蒋介石亦认为:"考其原因,交通物质封锁不严,实为军事上最大之影响。"②此后,国民党对中央苏区经济的封锁力度加强,凡粮食、食盐、汽油、洋油、电料、药品、器材、信件、报纸以及可供制造军用品之材料等,严禁往向苏区,必须做到使敌"粒米勺水之接济,无蚍蜉蚁蚁之通报"的程度。

> 公卖委员会及各地分会需将本区人口数量、食用量、存储量、售卖数量分别登记造册。所有食盐必须凭证购买,购买凭证分为护照、许可证和凭单三种。县公卖会必须凭县政府发放的护照采购食盐,公卖分会则要取得购买许可证之后,才能前往县公卖会购买食盐。民众则以户为单位,持县政府发放的购买凭单,往本地区公卖分会购买。对于食盐购买的数量,不允许在最低限度之外有丝毫富余,规定"每人每天,只许购买三钱(皆旧制,一斤为十六两,以下皆同),五口之家,得购一两五钱",经常有红军出没,且没有国民党军队驻扎的地方,县公卖会每次购买的食盐不得超过总人口三日的食用量,对于离苏区较远,且有军队驻扎的地方,县公卖会每次也不得购买超过 15 日的用量,分会和住户不得购买超过 10 日的用量。③

在经济封锁后,"食盐暂由龙岩商会承办,官督商买,按照龙岩人口及附近

---

① 《陈诚先生回忆录——国共战争》,台北"国史馆"2005 年版,第 29 页。

② 《南昌行营通令政字第 11 号》,江西省档案馆,档案号:J016-3-2159。

③ 《"剿匪区"内食盐火油公卖办法》(1933 年 5 月)。

需要,逐日自漳由汽车运往,又华安、漳平、宁洋3县,由华安县政府管理,按照人口分配,每人月有定量,须由华安县府核准盖章购买,使县长负责以昭慎重,而免偷接各'匪'也"①。

1934年7月4日,福建省封锁"匪区"推进办法经行营批准施行。"在水路交通方面,国民党自汀江的峰市、新峰滩,永定的西洋坪,上杭的白砂、旧县,直到广东韩江的大埔一带,成立了埔(大埔)杭(上杭)永(永定)线和汀(长汀)杭(上杭)两个督察处,后来,又把水道封锁扩展到漳江、闽江两河,分别成立漳江、闽江督察处,妄图断绝赤白区水道物资。"②随着福建事变影响逐渐消除,封锁及公卖日益完善、加强,赤白之间的食盐贸易迅速萎缩。

这种做法和军事上碉堡战术一样取得了一定成效,正如陈诚在其回忆录中说:"其在经济方面,共区虽物产丰饶,但仍赖与外间有无相通,始能维持生活。共区没有盐的生产,碉堡完成后,在经济上就又成了共区的经济封锁线,盐源断绝,淡食之苦,是很难忍受的。"③

国民党的封锁使得苏区的农产品无法外销,闽西苏区内部由于是小农经济,生产的产品相似,因此农民无法内部消耗这些农产品。更重要的是,随着社会分工的明细化,农民需要更多的工业品满足生产生活的需要。国民党的封锁使得闽西苏区大量的农产品,如竹制品、纸张无法输出,但同时又急需大量的工业品,这样导致出现工农业产品剪刀差、赤白贸易出现入超,苏区白银外流等现象,这也是苏币贬值的重要原因。

与此同时,苏维埃政府认为"因为革命战争的猛烈发展,动摇了帝国主义国民党的整个反动统治,使他们不得不采取对苏区的绝望的进攻以及经济封锁的政策,更假造银毫混进苏区,来破坏苏维埃货币的信用"④。当时,"国民党指使苏区内豪绅地主残余及商店老板、资本家、富农,直接来做经济反革命的活动……经常挤在国家银行机构门口,持国家银行纸币兑换现洋,如瑞金、博生、汀州;抬高银价,每元换十八毛半至十九毛,纸币只换十八毛,如瑞金;低

---

① 《闽省封锁"匪区"办法》,《申报》1934年6月11日。

② 郑锦华:《第二次国内革命战争时期闽西根据地的反经济封锁斗争》,《福建师范大学学报(哲学社会科学版)》1979年第10期。

③ 《陈诚先生回忆录——国共战争》,台北"国史馆"2005年版,第29页。

④ 中央人民委员会:《发起拥护国币的群众运动,严厉镇压反革命破坏金融》(1932年7月)。

价买卖公债票,每百元公债票作价四十八元,如瑞金、汀州;资本家关店弃商,如汀州"①。

二、直接原因:财政赤字货币化

一般情况下,财政政策归属财政部,财政部根据经济情况调整财政收入和支出。货币政策归属中央银行,中央银行根据经济情况调整利率、货币发行量和存款准备金率等,两者共同作用于经济。但是在战时状态下,闽西苏区出现了财政赤字货币化的现象。所谓的财政赤字货币化是指:当财政部缺钱的时候,央行直接印钱给财政部弥补债务空洞。

(一)服务财政,货币超发

早在闽西工农银行募股筹资过程中就出现了财政紧张制约募股进程的现象。闽西工农银行在向各县区募股时,股金纷纷被财政紧张的地方苏维埃政府截留、挪用,虽然是解决了财政紧张问题,但也制约了银行募股进程,由此可见银行服从服务于财政的作用。

银行是国民经济的综合部门,本应直接归属中央人民委员会领导,中央苏区仿效当时苏联的模式,把国家银行划归中央财政部管理,成为其下属单位(如闽西成立的福建省分行,行长由福建省苏维埃政府财政部部长兼任),因而处处受到需要的制约,发行纸币也就容易出现不受限的情况。据曹菊如回忆,苏维埃银行的业务活动"从(银行)资金分配的比重上看,主要是发行纸币,通过财政以供给革命战争的需要……总之,银行的主要任务是为财政服务"②。

"闽西苏区 1930 年 4—10 月,半年的时间里收入 14 万余元,但是支出却高达 18 万余元,入不敷出 4 万元。"③对此,当时的财政部部长邓子恢也指出"当时的财政收入只有土地税、商业税,向土豪罚款等方法,赤字很大,就用发行钞票来弥补应付"。当时文件也承认:"在长期国内战争的条件之下,增发纸

① 辜水保:《赤国警魂:中华苏维埃政治保卫纪实》,群众出版社 2007 年版,第 213 页。

② 《访问曹菊如记录》,载许毅主编:《中央革命根据地财政经济史长编》(下),人民出版社 1982 年版,第 386 页。

③ 《中共闽西特委报告第一号——闽西政治形势与党的任务》(1930 年 11 月 29 日),载中央档案馆、福建省档案馆编:《福建革命历史文件汇集》(闽西特委文件)(一九二八年—一九三六年),1984 年。

币常常是弥补收支不敷的一个办法。"[1]邓子恢在回忆中提到："苏区人口只 300 万,税收有限,内已无土豪可打,政府收入少、供养多,又不能向外发 展……事实上只有靠发钞票通货膨胀来养军队,我自己亲自掌握印钞票。"[2] 1931 年 4 月,闽西苏维埃政府经济委员会扩大会议上指出："各处合作社多发 出纸币,许多未经政府登记。也有超过基金的,这些现象须很快纠正"[3],由此 可知信用合作社在纸币发行上也出现超发现象。

(二)服务财政,公债超发

金融服务财政的另一种隐性方式就是发放债券和借谷票。虽然政府举债 可以解决经济发展资金不足的问题,但是,债务规模的扩张以及信用利差的扩 大也蕴含着一定的地方债务风险,同时还可能存在集中兑付的隐患,若不及时 化解,极易引发系统性金融风险。从 1932 年 7 月到 1933 年 8 月,总共发行 2 期革命短期公债和 1 期经济建设公债,原计划总计 480 万元(见表 3-2)。但实 际上公债的发行量是远不止于此,"第二期公债原定一百廿万元,现竟发出一 百廿八万余元,比原定数目超过八万余元"[4]。

表 3-2　中央苏区三次公债的发行情况

公债名称	发行时间	发行定额/万元	利率	偿还期限	备注
中华苏维埃共和国革命短期公债	1932-07-01	60	周年 1 分	半年	超额完成
中华苏维埃共和国革命短期公债(二期)	1932-11-01	120	周年 1 分	半年	超额完成
中华苏维埃共和国经济建设公债	1933-08-01	300	周年 5 厘	利息 7 年,本金 5 年	超额完成

资料来源:唐滔默:《中国革命根据地财政史(1927—1937)》,中国财政经济出版社 1987 年版,第 137 页。

---

① 《关于苏维埃经济建设的决议》(1934 年 1 月),《红色中华》1934 年 2 月 16 日第 150 期。

② 《邓老谈后勤工作情况》,转引自张奇秀:《中国人民解放军后勤史资料选编(土地 革命战争时期)》(第 2 册),金盾出版社 1993 年版,第 335 页。

③ 《闽西苏维埃政府经济委员会扩大会议决议案》(1931 年 4 月 25 日),转引自中国 社会科学院经济研究所中国现代经济史组:《革命根据地经济史料选编》(上册),江西人民 出版社 1986 年版。

④ 《第二期公债的胜利动员》,《红色中华》1932 年 11 月 14 日第 40 期。

　　两期革命战争公债的利率年息为1分,即10%,而借贷期只有半年,与当时农村民间的借贷利率尚可持平或稍低。中华苏维埃政府对前两次的公债发行也进行了检讨:"改正以前公债一次偿还,又偿期太短之不合公债原理的办法",经济建设公债采取了"分年偿还"的原则,但借贷期限规定为7年,未免过长,失之偏颇,更加之是在战争环境之中。年息5厘,较之前二次利率又显偏低,与当时农村民间借贷利率相比更低。

　　随着政府债务增加,且用财政赤字货币化的方式解决问题,这实质是增发货币,从而引发通货膨胀,再度引发恶性循环,影响金融市场安全。且480万元公债在12个月内发售,明显超出了人民群众的认购能力。据估计,中央苏区基本控制的稳定人口约300万人,每人要摊到1.6元。而革命前江西农村"一个人的生活费有一元多就可过一个月"[1]。可见每人购买1.6元公债对当时苏区人民来说负担较重。根据相关资料计算,闽西苏区承担了13.3万元[2]第一期革命公债,占第一期60万元革命战争短期公债的22.2%;购买第二期革命公债25.5万元[3],占第二期120万元革命战争公债的21.3%。由于经济建设公债发行条例中没有规定各地是多少,据笔者收集到的数据,以闽西的长汀苏区为例,长汀在1933年8月—1934年2月要求购买经济建设公债73万元,占300万元经济建设公债的24.3%,如果涉及整个闽西苏区,比重将更大。

　　发行公债的本质是通过"借钱"来弥补财政赤字,是必须要在一定期限内还本付息的。银行系统认购公债,通常会扩大信用规模,增加货币供应量;而非银行系统认购公债,则只会导致资金使用权的转移,不会增大货币供应量,但会影响群众收入。

　　此外,面对粮食困境,中华苏维埃共和国曾发动3次大规模地向群众借粮的运动,第一次借谷(1933年3月)20万担,实际借谷16万担;第二次借粮24

---

　　①　万立明:《中央苏区的公债发行论述》,《苏区研究》2017年第3期。

　　②　中共江西省委党史研究室、中共赣州市委党史工作办公室、中共龙岩市委党史研究室:《中央革命根据地历史资料文库·政权系统6》,中央文献出版社、江西人民出版社2013年版,第334页。

　　③　《中华苏维埃共和国财政金融文件中央执行委员会训令第十七号——为发行第二期革命战争公债》,《红色中华》1932年第1~2期。

万担,其中借谷 10.23 万担(1934 年夏天),通过借谷票的形式闽西苏区完成 800 担[①];第三次借谷 60 万担(1934 年夏秋)[②],长汀完成 3.095 万担[③],兆征完成 2.050 万担,汀东完成 1.625 万担,上杭县 5141 担,新泉 3030 担。据不完全统计,仅第五次反"围剿"战争中,闽西苏区为支援红军共收集粮食达 12 万担之多。[④] 公债及借谷运动是政府行为,也是以政府信用作为担保,需要支付一定利息。

(三)多种税收形式,减弱货币回笼

中央苏区时期,临时中央政府(包括闽西苏维埃政府在内)最重要的财政收入方式之一就是税收。税收是进行货币回笼的重要手段,一般情况下,税收政策的制定都会影响货币政策的确立和完善。但苏区的税收根据战争的需要,有时收苏币,有时用粮食,有时用现金(贵金属),这样就一定程度上减弱了通货膨胀下对货币的回笼。

1.以苏币形式缴税

1930 年 11 月 7 日,闽西工农银行成立之后,闽西苏维埃政府为了推行闽西工农银行纸币,于 1930 年 11 月 25 日发布第五号布告:"凡缴纳土地税以及一切政府税收和市面交易都当光洋使用。"[⑤]这种以税收方式回收苏币的方式会在一定程度上中和货币超发的影响,这是正确的措施。

2.以现金为主缴税

到了 1931 年 7 月,土地税不再完全收取谷子,而是改为"以收钱为原则,有特殊情形的,才准纳谷。即是贫农、中农、雇农,最好能完全纳钱,如特别困难的,也至多不能超过总数的一半(如应缴五担土地税的,最多只准纳二担半谷,还有二担半无论如何要纳钱)。富农的一律纳现金(每百斤燥谷作价大洋

①　中国社会科学院经济研究所中国现代经济史组:《革命根据地经济史料选编》(上册),江西人民出版社 1986 年版,第 471 页。

②　《关于在今年秋收中借谷六十万担及征收土地税的决定》,《红色中华》1934 年 7 月 26 日第 219 期。

③　福建省长汀县地方志编纂委员会:《长汀县志》,生活·读书·新知三联书店 1993 年版,第 517 页。

④　闽西革命历史博物馆:《闽西与中国革命》,中共党史出版社 2012 年版,第 71 页。

⑤　《闽西苏维埃政府布告第五号——通行闽西工农银行纸币》(1930 年 11 月 25 日),载中央档案馆、福建省档案馆编:《福建革命历史文件汇集》(苏维埃政府文件)(一九三〇年),1985 年,第 280 页。

三元半)"①。以现金为主的缴税方式,虽然有利于贵金属的回笼,但这部分比例不大,因为群众手中拥有的现金(贵金属)本已不多。

3.以粮食形式缴税

到了中央苏区后期,受战争影响,红军对粮食的需求不断上升,因此 1934 年 2 月 2 日,中央粮食部召开会议决定:"集中土地税一律征收谷子,倘无特别情形不得以现款替代。集中公债款也应以收谷为原则。"②仅 1934 年春,闽西长汀县就交 10 万元(原粮折价)。据 1934 年二三月份的《红色中华》报道:长汀县共收公债谷子 8000 担,土地税谷 2000 担,汀东县收集土地税谷子有上万担。兆征县征收土地税谷子 3221 担。不过,这时候长汀的民众自身所拥有的粮食也不多,所以出现了《红色中华》所批评的一些区收谷子少的现象。

> 洋亨区收的土地税大洋却收了六百多而谷子只有五十余石,完全违反了中央政府的决定,这十足的表现他们机会主义的动摇,必须立刻转变,依照中央政府的决定执行。③

由此可见,闽西苏区的财政政策无法很好地与货币政策结合,财政政策对货币政策的调剂作用并不明显。

当然国共政权的尖锐对立和生死存亡所导致的残酷战争环境,必然决定苏区的各项工作都以服务战争需要为目的,即"动员广大农民群众为着夺取土地与保卫土地而斗争,号召全苏区全中国一切工农劳苦群众以一切牺牲一切努力给予战争"④,这是苏维埃一切政策的出发点。不能用今人和平环境来评价苏区金融工作成效。

---

① 《闽西苏维埃政府通知第七十六号——关于征收土地税问题》(1931 年 7 月 24 日),载中共龙岩地委党史资料征集研究委员会、龙岩地区行政公署文物管理委员会编:《闽西革命史文献资料》(第六辑),内部资料,1985 年,第 135 页。

② 《中央粮食会议纪要》,《红色中华》1934 年 2 月 6 日第 146 期。

③ 陈霆:《长汀情况仍然严重》,《红色中华》1934 年第 152 期。

④ 《第二次全国苏维埃代表大会关于中央执行委员会报告的决议》(1934 年 1 月),载中央档案馆编:《中共中央文件选集》(第 10 册),中共中央党校出版社 1991 年版,第 650 页。

三、根本原因:实体经济发展落后

金融领域发生问题,一定是实体经济发展出现偏差。闽西苏区时期对工商业实行过左的政策、扩红引发的农业生产下降等情况严重阻碍了苏区经济的发展。经济发展迟滞、财政紧张就无法满足战争的需求,因此超发货币就自然发生了。

1.商业发展受困

(1)公营商业发展有限。主要表现在:第一,经营效益一般。由于公营商业的投资主体一般为政府,受战时环境及经营管理不善的影响,这些公营商业出现不同程度的低效行为。如,公营饭店营业范围狭窄,且由于红色饭店的服务对象主要是不付餐费或付费较少的工作人员及红军家属等,因此往往因为"米价昂贵赚不到钱",导致"多数垫本""办理不好",甚至出现"无法维持的问题"。① 1932 年 5 月,福建省苏主席张鼎丞发布《关于红色旅馆伙食及茶亭茶水渡船费用问题》的第 11 号通令,指示上杭、长汀各要道的红色旅馆要增加往来人员的伙食费,因为米价昂贵。第二,公营商业实力不强。虽然长汀中华贸易分公司在一定程度上促进了苏区和白区的贸易往来,但相比广昌贸易分局,实力较弱。广昌贸易分局成立后,"每年平均收购数十万斤粮食,十多万斤烟叶,一万多斤莲子,十多万斤泽泻,送往白区赣州等地出售,然后换回大批的盐、布、煤油等工业品,供应了人民生活上的急需"②。赣县江口对外贸易工作人员有 100 余人,每月出口营业额至少 60 余万元,多则 150 万元以上,进口少时 130 万元,多则 200 万元以上。中央 13 个部,2 个军区的食盐全部由江口分局供给,江口贸易分局高峰时一天"购进四千多斤食盐,出售一万多斤稻谷","每圩都有赣州商人的成百条货船,载着一船一船的盐和布到江口圩来""苏区急需的物资,有百分之七十以上都是通过这里以各种方式向赣州采购"。③

(2)合作商业发展不足。商业合作社本应该是"在经济展现上反对投机商

---

① 《福建省苏维埃政府通令第十一号——关于红色旅馆伙食及茶亭茶水渡船费用问题》(1932 年 5 月 26 日)。

② 许毅:《中央革命根据地财政经济史长编》(下),人民出版社 1982 年版,第 96~118页。

③ 陈毅、肖华等:《回忆中央苏区》,江西人民出版社 1981 年版,第 347 页。

人和富农的剥削,打破敌人封锁的生力军"①,但实际上,当商业合作社取代商人成为农村商品供给的主要来源时,它逐利的投机程度远高于原来的商人。1930年7月,闽西苏维埃政府在《关于发展合作社流通商品问题》的通告中指出:"过去各处对于合作社工作,十二分的不注意……消费合作社更多数像公司性质或商人营业一样的图利,其内部组织也无依照合作社条例便办理,只有一个合作社的名义。"②这就出现了以下情况:"涂坊合作社的货价比私人商店的货价还要更贵"③,"汀南等处一些消费合作社不热心经营群众的日用必需品,为了图利,大办杀猪。卖酒,做豆腐,与小商人争利争市场"④。

(3)私营商业发展不足。受"左"倾错误的影响,闽西苏区对私营工商业实行了一系列"左"的政策,这致使苏区经济萎缩。我们以中央苏区时期"红色小上海"长汀的私营商业为例,从其特点看闽西苏区私营商业发展的特点。第一,规模小。长汀私营商业规模一般较小。根据目前的资料,长汀私营商业规模最大的私营商店王俊丰京果店,资金3000元以上,经营品种多,营业时间长达15小时。⑤ 大部分的私营商业的资本在1000元以下。由于打土豪的筹款金额足够,因此红四军入闽发布的《告商人及知识分子》书中规定低于1000元资本的商人资本不予没收。之所以规定1000元的门槛线,主要是考虑到为了得到民众的支持,红四军选择不剥夺占商业主导的小私营商业者的利益。这也侧面反映了闽西私营商业发展的水平。第二,产品附加价值低。长汀市场的商品输出结构以农产品或初级加工品为主,大部分限于粮食、竹木等初级农副产品的输出。圩场交易多是土特产品,如烟、纸、米、笋干等的集散地和日用品的中转站,交易货物有猪、牛、鸡、鸭、布匹、谷子、农具等。⑥ 1933年冬有关

───────────────

①　亮平:《目前苏维埃合作运动的状况和我们的任务》,《斗争》1934年4月21日第56期。

②　《闽西苏维埃政府通告(经字第一号)——关于发展合作社流通商品问题》(1930年),载中央档案馆、福建省档案馆编:《福建革命历史文件汇集》(苏维埃政府文件)(一九三一年——一九三三年),1985年,第319～321页。

③　寿昌:《关于合作社》,《斗争》1933年7月15日第18期。

④　长汀县博物馆口述资料。

⑤　中国人民政治协商会议福建省长汀县委员会文史资料委员会:《长汀文史资料》(第四十六辑),2015年,第209页。

⑥　中国人民政治协商会议福建省长汀县委员会文史资料委员会:《长汀文史资料》(第二十一辑),1992年,第30页。

资料统计,汀州市共有 367 家私营商店,其中:京果店 117 家、洋货店(百货店) 28 家、布店 20 家、油盐店 20 家、药店 17 家、纸行 32 家、酱果店 9 家、锡纸店 27 家、金银首饰店 14 家、小酒店 46 家、饭店 11 家、客栈 20 家。从这些数字看,以农产品或初级加工品为主的店至少有 215 家(京果店、纸行、酱果店、小酒店、饭店),占比至少为 58.6%。由于长汀苏区工业总体不发达,其输入主要是工业品及日常消费的盐。闽西苏区贸易结构畸形,且在贸易中处于不利地位,总体上属于典型的传统山区交换经济。第三,交易范围以苏区为主,对外贸易(对白区的贸易)少。交易的范围以苏区为主,汀州商业沟通了汀州市与邻近的瑞金、石城、宁都、会昌、宁化、上杭、连城等县的往来,使汀州成为赣南、闽西主要的农副产品集散地。① 其交易范围也扩展到白区,但对白区的贸易较少,在受到国民党封锁后,主要依赖白区商人往来苏区发展贸易。在高额利润的驱使下,白区商人会冒着危险进行贸易,但随着国民党对苏区贸易打击力度的加大,如规定"非有护照及通行证,不准放行""五家连坐法",这导致他们也减少了对苏区的贸易。

虽然 1934 年 1 月第二次全国苏维埃代表大会意识到"……纸币的发行如超过市场所需要的定额之外,必然会使纸币跌价,会使物价腾贵,使工农生活恶化起来,以致影响到工农的联合",为了避免苏币贬值的危险,苏维埃政府必须发展对内、对外贸易,"尽量输入现金与限制现金的输出。使苏维埃金融在经济建设的发展中极大的活泼起来……"②,但是这些建议因为战争的原因无法贯彻。

2.农业经济发展缓慢

扩红和繁重农业税的负担,影响农民生产积极性,农业生产受到严重损失,军需民用严重匮乏,纸币失去了兑换的物资保证。随着闽西革命根据地的不断扩大及受国民党的"围剿"等影响,苏区必须扩红以保卫革命果实,但是到了后期出现了过度的现象。仅仅以几个数据,我们可以看出闽西人民为革命胜利付出的巨大代价:"上才溪乡全乡 554 个 16～55 岁的男劳力中,参加红军和调外工作的达 485 人,留在乡村的仅有 69 人。下才溪乡男子劳动力 765 人中,参加红军和调外工作的 533 人,留在乡村的 232 人。"长汀县博物馆资料

---

① 中国人民政治协商会议福建长汀县委文史资料委员会:《长汀文史资料》(第四十三辑),2012 年,第 54 页。

② 《关于苏维埃经济建设的决议》(1934 年 1 月),《红色中华》1934 年 2 月 16 日第 150 期。

《南阳武装暴动以及土地革命概况》显示:"1932—1934 年南阳参军人数共 2500 人左右,占全区人口 67.7%。"据不完全统计,1929 年至 1934 年,长汀四都这个不到 5000 人的小乡镇,参加红军的有 1200 多人[①],占比为 24%,在册的革命烈士 488 人(《长汀县志》载,1948 年四都全乡人口 4578 人)。劳动力缺乏,尤其是青壮年男性劳动力的缺乏必然影响农业生产。

伴随劳动力缺乏的是,受战争影响,为了支持战争,农业税不断上升。一些研究闽西农业税的学者认为,大部分时间闽西的农业税是在 10% 左右,这个税率一直较江西苏区高(见表 3-3)。从该表可以看出即使是闽西各县中最低的税率依然要比江西苏区的最高税率高。

表 3-3　1930 年赣南、闽西土地税比较

地　　区	每人平均分田产量（谷/市斤）	每人平均缴纳土地税（谷/市斤）	土地税占比/%
赣南:兴国第十区	700	10.5	1.5
兴国十六区:全区	800	20	2.5
赣县:全县	700	10.5	1.5
闽西各县:一般	600～800	60～80	10
最高(龙岩)	1800	270	15
最低	200	20	10

资料来源:中华人民共和国财政部《中国农民负担史》编辑委员会:《中国农民负担史》(第三卷),中国财政经济出版社 1990 年版,第 71 页。

注:1 市斤=0.5 千克,下同。

扩红及战争导致的农业生产力的下降、农业税的增加,对以小农生产为主的闽西构成了较大的损害。秦振夫在 1935 年的《福建省第七区督查行政专员公署兼县工作报告书》中,这样描述各县收获稻谷数目及盈亏情况(见表 3-4)。

表 3-4　福建省第七区 1935 年各县收获稻谷数目及盈亏概况表

单位:市斤

县　　份	收获数量	需要数量	盈余数目	不敷数目
长汀	349178	426344		77166
连城	199039	359925		160886
泰宁	246008	258003		11994

---

①　赖光耀:《长汀四都革命老区的红色基因》,《福建党史月刊》2016 年第 8 期。

续表

县　份	收获数量	需要数量	盈余数目	不敷数目
清流	314182	276592	37590	
宁化	979049	779049	160000	
建宁	300000	200000	100000	
合计	2387456	2299913	47544	

说明:蒋中正文物档案002080101048002,转引自黄道炫:《中央苏区的革命》(1933—1934),社会科学出版社2011年版,第260页。

即使是在1935年收成较好的年景的情况下,长汀生产的粮食依然入不敷出,所以在1932年、1933年这两个灾年及政治变动、战争等影响下,粮食入不敷出的局面可想而知。

粮食总产出的有限,必然也反映在粮食亩产低上。我们从史料中发现,"在闽西根据地,各县每人分得土地数量的最高额是:龙岩18担,上杭13担,永定12担,长汀8担,连城4担"[1]。按1926年的统计,龙岩县人均耕地为2.07亩,永定为2.08亩,上杭1.96亩,长汀1.98亩。[2] 国民政府的统计数字也可以证实20世纪30年代前期闽西粮食产量(见表3-5)。

表3-5　20世纪30年代初赣闽粤边区粮食作物平常之年种植面积结构及亩产量概况

	籼粳稻		糯　稻		大　豆		小　麦	
	结构/%	亩产量/斤	结构/%	亩产量/斤	结构/%	亩产量/斤	结构/%	亩产量/斤
长汀	67	314.6		297	17.8	116.8	15.2	136.7
武平	73.6	313.2		311.1	13.6	121.5	12.7	139
上杭	73.6	314.1		301.9			26.4	136.7
永定	80.5	313.9		301.2	9.1	118.1	10.4	136.4
赣粤省略								

资料来源:国民政府主计处统计局:《统计月报·农业专号》,1932年。

表3-5同时还说明闽西的农业产量低于闽粤赣边的平均值。实际上亩产

---

[1] 闽西土地有肥有瘦,当时分配土地都不以土地面积为标准,而是以田中出产量为标准。每担约合100市斤。李占才:《中国新民主主义经济史》,安徽教育出版社1990年版,第69页。

[2] 福建省政府秘书处统计室:《福建省统计年鉴》(第一回),1935年,第98、647页。

在 200～300 斤的产量无法说明它比封建时代的农业生产率高,或者无法说明共产党对农业政策起到积极作用,因为同时期的浙江、江苏、安徽的亩产分别为 307 斤、278 斤和 284 斤。[①] 这对一个近 80% 的居民务农的农业社会来说是一个严重的问题。

3.工业发展较弱

我们仅以闽西长汀较强的造纸业为例看闽西工业发展水平。第二次国内革命战争时期,据纸业界老人回忆,全县手工纸年产量仅为 1700 吨左右。不过中央苏区时期的几年中,长汀纸业生产没有确切的数据可寻。对于纸产量,虽然有文献显示中华纸业公司缴槽收购外销为年 8500 多担[②],但也有学者认为当时每年产纸仅 1250～1666.67 吨,纸产锐减[③]。1933 年 6 月,中共福建省委报告"长汀纸业生产恢复了三分之二"的判定是比较合理的,也就是说平时是 6 万担左右,中央苏区时期也就大概 4 万担。1934 年 10 月红军开始长征,各方力量支援前线,纸业工人参军参战,纸产量下降,砍青约为 3 万担。

红军撤离长汀后,国民党在当地发展纸业生产运销合作社。1935 年底,长汀县农村合作指导员办事处正式成立。[④] 当年,第七专员公署向省政府请求到纸业救济贷款 10 万元,产纸量达到 1 万余担,恢复到战前的 1/10,纸业稍获转机。1936 年,长汀县又获得 10 万元贷款,纸业产量继续增长,达到 2.5 万余担,恢复到以前的 2/10。[⑤] 根据《长汀县志》记载的《生产运销合作社一览表》(1940 年)可以计算出当时有 49 个村建立了纸业合作社,拥有社员 601人,股金总额 47.8 万元,人均股金 795 元。与国民时期的合作社相比,作为代表性的纸业合作社发展一般,也就可以推测出其他手工业合作社的境况了。

闽西工商农业发展落后。瞿秋白被捕后,宋希濂与之谈话,宋说道:"我所

[①] 孔永松、蒋伯英、马先富:《中央苏区财政经济史》,厦门大学出版社 1999 年版,第 98 页。

[②] 官鸣:《科学之道:官鸣学术论文选》,厦门大学出版社 2014 年版,第 242 页。

[③] 黄马金:《长汀纸史》,中国轻工业出版社 1992 年版,第 53 页。

[④] 黄恺元修、邓光瀛:《长汀县志》,1941 年铅印,长汀县博物馆 1983 年重刊本,第 27页。

[⑤] 《闽纸业衰落》,《江西民国日报》1936 年 11 月 19 日第 10 版;《闽长汀纸业转机县府借款贷与纸槽》,《江西民国日报》1936 年 11 月 2 日第 10 版。

过红军之处,到处土地荒芜,民不聊生。"1934 年 11 月,国民党军队进入长汀,沿途"村落人家,鸡犬全无,炉灶水缸盘碗,无一完备者,物质缺乏,无处可寻买,盐、油、铁钉、火柴、药材,一切日用必需品,皆全靠龙岩陆路运往,昂贵异常"①。实体经济的衰弱,纸币失去了兑换的物资保证,通货膨胀也就出现了。金融无法维持也就可以理解了。受"左"倾错误的影响,中国共产党第五次反"围剿"失败,红军被迫进行战略转移。失去了军事保护的红色金融,又没有政权信誉的担保,红色金融自然停止运行。

四、重要原因:"左"倾政策的放大效应

中央苏区时期的"左"倾政策对红色金融的直接影响是影响红色金融的股本;赤白贸易逆差导致现金(贵金属)外流;取消主力红军筹款,财政压力转嫁给银行,银行超发货币。间接影响是工农商业发展受阻,实体经济发展滞后动摇了红色金融的基础。在此只分析直接影响。

(一)影响红色金融的股本

早期富农和商人是可以加入合作社(当然也包括可以加入信用合作社)的,但很快,1930 年 9 月苏维埃政府规定:"富农分子不准加入合作社,其既加入合作社之富农,即刻取消其股东权,并停止分红,其股金与利息待一年后归还。"1931 年 5 月,《杭武县区经济委员会各区合作社主任联席会议决议案》进一步提出反对富农的政策:"富农不准加入合作社,停止以前已加入的富农的分红及一切权利,其股金则借合作社作基金,按股金作低利偿息或延期归还,已入股的社员要发证章;各合作社在一个月内应将股金缴百分之十到工农银行入股。"②

中共对富农的态度虽然有联合,但在经济效益与争取群众出现矛盾时,中共选择后者,所以会出现 1930 年 6 月《富农问题》决议案,出现查田运动,以及频繁的土地分配。政策的变化影响了富农的权益,导致地富出逃。剩下的中

---

① 《长汀劫后景象》,《申报》1934 年 11 月 15 日。

② 反对富农的"左"倾错误直到 1935 年 12 月中共中央颁布了《关于改变对富农政策的决定》,采纳毛泽东对富农问题的意见才得以纠正,对于富农"苏维埃政府并应保障富农扩大生产(如租佃土地、开垦荒地、雇佣工人等)与发展工商业的自由"。党的富农政策才又回到了保护富农经济、中立富农的轨道上来。

农害怕上升为富农,成为打压对象,因此可能出现消极生产的情况。这同时意味着农民的收入没法提高,那么农民手中就没有多少余钱可以增投信用合作社或闽西工农银行了。

(二)赤白贸易逆差,现金(贵金属)外流严重

中央苏区的主要商品,如大米、纸、木材等因为封锁不能到白区出售。由于害怕国民党暗探假扮白区商人,进入苏区刺探情报,故对进入苏区的白区商人,地方苏维埃机关往往任意没收商人货物。随着中共的政策不断"左"倾,对富农奸商的定义过于随意,从而导致商人多不敢在苏区做生意。物资匮乏,也导致部分士兵及民众逃往白区。"四十岁以上的男人很多都陆续地跑出苏区,到国民党那边去投亲靠友。"[1]为防止苏区民众逃往白区,部分苏区禁止民众出口产品到白区,换回食盐或布匹。许多地方在"加紧赤色戒严""防止群众逃跑"的借口之下,阻止或禁绝进出口。[2] 对此,曹菊如回忆:"由于我们对私营商业政策执行得不恰当,部分商人经营消极,坐吃山空。经济上起了自我封锁的不良后果。对白区的贸易,全靠国营贸易机构组织苏区和白区的群众和行商,在敌人严密封锁下,买进食盐、药品、布匹等必需品,那时的供应是极度困难。"[3]白区物资又进不来,造成内外交困的局面,过多的货币追逐极少的物资,迫使纸币大幅度贬值。《申报》在 1934 年 11 月这样描述长汀的场景:"各圩市商店,垣烂墙颓,门户窗门全无。"[4]根据温仰春回忆:"汀州纸商到上海去做买卖的很多,主明路线采取没收工商业,就没有什么人做买卖,而且采取过高的工资福利政策,资本家就怠工,毛主席称这种政策叫自杀政策……有正确的政策是不怕敌人封锁的,一些这里没有的东西都可以进来的。政策错了,敌人一封锁,什么也没有了,确是自杀政策。"[5]这也导致现金(贵金属)外流,也就引发苏区内部现金不足问题,苏维埃政府则采用增发货币的方式弥补,结果是再次引发通货膨胀,引起恶性循环。这无疑使苏区的赤白贸易雪上加霜,进

① 李一氓:《李一氓回忆录》,人民出版社 2001 年版,第 156 页。

② 亮平:《严厉纠正自己封锁自己的错误》,《红色中华》1934 年第 229 期。

③ 曹菊如:《中华苏维埃共和国国家银行工作的部分情况》,载柯华主编:《中央苏区财政金融史料选编》,中国发展出版社 2016 年版,第 497 页。

④ 《长汀劫后景象》,《申报》1934 年 11 月 15 日。

⑤ 《温仰春回忆》,载许毅主编:《中央革命根据地财政经济史长编》(下),人民出版社1982 年版,第 271 页。

而使得现金外流愈发严重。

（三）取消主力红军筹款，财政压力转嫁给银行

在闽西根据地初创期，苏维埃政府还都能够按照国民经济的发展需要来组织货币的发行，把单纯的财政支出放在次要的地位。例如闽西苏维埃政府规定工农银行资金投向的比例是："存库不动的现金 30％；投入闽西政府及各级政府 10％，投入各种合作社 25％；社会市面流通 13％；投入苏维埃商店和土地生产 15％。"[①]除了作为准备金的 30％之外，一半以上的资金都投向了商品流通和生产领域，而财政性用款只占到 10％。按照这种比例，基本能够保持红色货币的币值，是比较审慎和合理的。然而，以比较低的货币投入来支持比较大的政府和军需供给，显然是不能满足的。

早在毛泽东领导创建井冈山根据地时，就确定把"打土豪筹款子"[②]作为红军的三大任务之一，不但红军的军费主要靠自身筹款来解决，即便是苏维埃政府拨付给军队的钱物，也主要靠打土豪所得。1930 年 10 月至 1931 年 9 月，红一方面军连续取得三次反"围剿"战争的胜利，其中一个重要经验就是战争给养"完全靠红军自己来筹"[③]。但 1932 年 6 月 27 日，苏区中央局认为"红军的主力必须集中，必须最大限度地迅速行动"，所以"要努力做到解除红军主力分散筹款"[④]。1932 年 9 月，中华苏维埃共和国财政人民委员部发出训令，要"转变过去依靠红军筹款的路线，做到政府供给红军战费，使前方部队解除筹款任务，迅速进攻敌人"[⑤]。从这时起"前后方红军给养已经是中央财政部负责支付了"[⑥]。

随着根据地主力红军增加近 6 万人，其他方面的脱产人员增加，财政支出猛增。这一决策完全改变了红军建军以来行之有效的传统，使临时中央政府

① 蒋九如：《福建革命根据地货币史》，中国金融出版社 1994 年版，第 58 页。

② 罗荣桓、谭震林等：《亲历井冈山革命根据地创建》，江西人民出版社 2007 年版，第 16 页。

③ 《革命根据地财政经济史长编：土地革命时期》（内部送审稿）下册，第 1328 页。

④ 《苏区中央局关于争取和完成江西及其邻近省区革命首先胜利的决议——苏区党大会前后工作的检阅及中央苏区党的目前的中心任务》（内部资料），1932 年 6 月 27 日。

⑤ 中国社会科学院经济研究所中国现代经济史组：《革命根据地经济史料选编》（上册），江西人民出版社 1986 年版，第 105 页。

⑥ 中国社会科学院经济研究所中国现代经济史组：《革命根据地经济史料选编》（上册），江西人民出版社 1986 年版，第 112 页。

财政收入的主要来源被切断,同时又将供给红军经费的负担加在财政和货币发行的肩上。据时任国家银行副行长曹菊如的回忆,由于军政费用开支浩大"渐增多地依靠发行纸币",到了 1933 年"纸币发行达到约二百万元"①。超量增发纸币必然引起纸币贬值,导致物价上涨和通货膨胀。这就影响了红色金融货币的信用。

进入 1933 年后,红军总政治部看到了政府财政困难的情况,于该年 1 月发布训令恢复主力红军筹款的任务,但在王明"左"倾机会主义领导下对此并未及时部署执行。这时银行掌握的银圆现金已十分紧张,时常发生挤兑或临时停兑事件。

第三节 闽西苏区红色金融风险传导路径及机制

金融有风险,但并不意味着一定有金融危机的爆发,这需要一定的传导路径和机制。闽西苏区时期红色金融风险不断扩大传导,最终因内外因素导致红金融停止工作。闽西苏区红色金融风险的传导路径是:微观,在苏区金融机构各部门之间传导—中观,在货币(含补充性货币)与债券(公债等)之间传导—宏观,在苏区金融风险与实体经济之间传导。苏区金融风险主要通过贸易溢出、收入溢出和净传染实现。

一、闽西苏区金融风险传导路径

(一)微观:金融风险在苏区金融机构各部门之间传导

闽西苏区时期的金融机构主要是农村信用合作社、闽西工农银行、国家银行福建省分行。每个金融机构在不同时期发挥主导作用,同时也为更高一级的银行机构服务。如果发生金融风险,那么风险就会在金融机构的各部门之间传导。

---

① 曹菊如:《中华苏维埃共和国国家银行工作的部分情况》,转引自柯华主编:《中央苏区财政金融史料选编》中国发展出版社 2016 年版,第 500 页。

信用合作社要入股帮助建立闽西工农银行,宣传和兑现银行纸币,而伴随金融风险(主要是国家银行超发货币,引发通货膨胀,苏币贬值),信用合作社在宣传和兑现银行纸币工作的效果就大打折扣,工作难度加大。

同时,国家银行福建省分行成立后,闽西工农银行的主要业务是支持信用合作社发展,但货币贬值后,支持效果下降,从某个角度看,这也是中央苏区后期信用合作社发展较缓慢的原因。虽然从经济建设公债中拨出20万元用于信用合作社建设,但是否实施还不确定。随着第五次反"围剿"战争的开始,苏维埃政府财政紧张,且经济建设公债大部分收的是粮食,用来供给红军,估计也没有多少钱来支持信用合作社发展。到了1934年,苏币不断贬值,信用合作社也深受其害。

国家银行福建省分行负责代理金库,收税款与从土豪那没收的金银,从资金上支持闽西工农银行。[①] 在苏区后期,由于苏区经济发展不力,工农商业发展不足,即便是通过提高税率也无法提供足够的税款;此外,由于可打的土豪不断减少,只能通过超发货币满足财政的需求,可以推测,国家银行福建省分行想通过收税款和打土豪的方式支持闽西工农银行也是受到限制的。

(二)中观:金融风险在金融市场之间传导

在半封闭环境背景下,闽西苏区的金融市场包括货币市场、债券市场、股票市场等,市场之间的环环相连,不仅使股市、债市紧密地联系在一起,而且互动性也大大加强,有牵一发而动全身的态势。

1.货币市场通过币值波动将风险传导到公债市场

公债虽然归属于财政范畴,但是在近代国家财政变迁中与金融业结下了不解之缘。中央苏区时期公债与金融(货币市场)密切相关。由于中央苏区时期金融市场的不完善及民众无法积极承募债券,因此苏维埃政府采取间接募集法由金融机构来负责公债的承募和买卖发行、兑换等。这实际上是将危机从货币领域向债券领域扩散。

一方面,中央苏区时期战时物价上涨,纸币发行增加,这就使得公债在货币贬值中加大发行数量,以获得应有的购买力。所以可以出现公债发行数量不断攀升的现象:第一期革命战争公债60万元、第二期120万元、经济建设公

---

① 钟建红:《共和国金融摇篮——记闽西工农银行》,http://www.yhcqw.com/33/10393_2.html,下载日期:2021年10月10日。

债为 300 万元。另一方面,自 1932 年 2 月中华苏维埃共和国国家银行成立,并于 1932 年 7 月发行货币以来,中央苏区流通的货币以苏币为主,各地方货币被回收。理论上,苏币作为区域法定货币,群众是可以用苏币来购买公债。这就导致货币市场的苏币贬值传导到公债领域。为了避免苏币贬值导致公债的实际购买力下降,苏维埃政府一般采用收大洋,即贵金属的方式。陈治勋在批评兆征县公债谷收得很少的发文中,兆征县"推销公债十万九千六百八十四元(原定十一万二千元)……收大洋八万三千零七十六元"①,这就意味着 75.7% 的公债是以贵金属的形式缴纳的。这多少证明苏维埃政府认为苏币贬值不值钱。

随着中央苏区不可控地发行苏币导致通货膨胀,政府更希望群众使用现金(贵金属)或粮食购买公债,如中央执行委员会提出"准购买者以粮食或金钱自由支付"②经济建设公债。"在推销经济建设公债中……特许工农群众除米谷以外,还可以把烟叶、纸豆子、花生、莲子、药材等等农产品折成现款购买公债,各种农产品价目……按照当地市价决定之(不能高于市价)。"③面对谷价不断上涨,苏维埃政府严格规定:"公债也须以收谷子为原则……更不得跟着市面上特殊情形的谷价而自由增加……一切认为群众无谷子不能交谷,认为市面谷子涨价、群众不愿意交谷子的机会主义观点,必须给以无情的打击"④。因此,苏维埃政府面对苏币贬值,采取农作物折价购买公债的方式。到了中央苏区后期,面对不断贬值的货币和急迫的军粮需求,中华苏维埃共和国临时中央政府于 1933 年 3 月发起向群众借谷运动、1934 年 6 月中央政府人民委员

---

① 陈治勋:《兆征县大部分完成——公债谷收得很少》,《红色中华》1934 年 3 月 6 日第 158 期。

② 《中央执行委员会关于发行经济建设公债的决议》(1933 年 7 月 22 日),《红色中华》1933 年 7 月 26 日第 96 期。

③ 《中央财政、国民经济人民委员部紧急通知——关于以烟叶纸豆花生等农业品这家购买经济建设公债事》(1933 年 11 月 16 日),载中共江西省委党史研究室、中共赣州市委党史工作办公室、中共龙岩市委党史研究室编:《中央革命根据地历史资料文库·政权系统 8》,中央文献出版社、江西人民出版社 2013 年版,第 1169 页。

④ 《关于完成推销公债征收土地税收集粮食保障红军给养的突击运动的决定》(1934 年 1 月 23 日),载中共江西省委党史研究室、中共赣州市委党史工作办公室、中共龙岩市委党史研究室编:《中央革命根据地历史资料文库·政权系统 8》,中央文献出版社、江西人民出版社 2013 年版,第 1296~1297 页。

会发出临时借谷 24 万担的倡议、1934 年 7 月发出借谷 60 万担的倡议。一般情况下,货币贬值,谷价上涨。1934 年 2 月,"谷价到处高涨……已涨到七八元一担"[①],但"中央规定的谷价是每担 5 元"[②]低价借谷。同时"国民党对苏区实行严密的经济封锁,唯独对苏区粮食出口不加阻拦,其目的即在动摇苏区稳定的基础。"在苏区的一份报告中也承认"米谷是苏区的大宗出产,而且是白区最欢迎的东西。"而借谷运动不考虑苏币贬值的购买力,不考虑苏区的粮食供求关系,这就意味着将货币贬值的结果由群众承担,无异于增加了群众负担。

2.货币市场通过币值波动将风险传导到股票市场

这里的股票市场不是今天的股票概念,而是群众集股建立工农银行和合作社。中央苏区时期货币市场的风险会通过币值波动影响银行和合作社股票的数量。当银行信誉好时,广大工农群众全力支持,纷纷购买股票,"尤其是杭武的青年妇女……在每一次的群众大会中,都有许多青年妇女,自动拿下她身上带的银饰,变价来购买工农银行的股票,龙岩、湖雷等大城市的商家,也很热烈地向银行入股"[③]。但随着战争不断扩大,实体经济发展无法支撑战争消耗及财政政策货币化的情况下,闽西工农银行的股票也难以销售,为此闽西苏维埃政府发布布告"银行股金在六月份内扩大一万元……过去大多数合作社及粮食调剂局未按照银行定章向银行入股"[④]。

苏维埃政府希冀通过发展信用合作社来筹集资金,但是群众对苏币的不信任导致合作社发展迟缓,即便在 1933 年 8 月,中华苏维埃共和国临时中央政府从 300 万元经济建设公债中拨出 20 万元公债用于扶持信用合作社的发展情况下,1933 年 10 月,中共福建省委工作报告也认为"近半年来……信用合作社尚未普遍建立"[⑤],1934 年 1 月毛泽东在第二次全国工农代表大会上作

---

① 《中央粮食会议纪要》,《红色中华》1934 年 2 月 6 日第 146 期。

② 《收集粮食突击运动中的光荣模范》,《红色中华》1934 年 3 月 8 日。

③ 曹菊如:《闽西工农银行一周年》(1931 年 11 月 16 日),载中国人民银行金融研究所财政部财政科学研究所编:《中国革命根据地货币》(下),文物出版社 1982 年版,第 5 页。

④ 《闽西苏维埃政府通知第四十九号——解释扩大会议决议与工作上的具体决定》(1931 年 5 月 23 日),载中央档案馆、福建档案馆编:《福建革命历史文件汇集》(苏维埃政府文件)(一九三一年——一九三三年),1985 年,第 100 页。

⑤ 《中共福建省委工作报告大纲》(1933 年 10 月 26 日),载王其森主编:《福建省苏维埃政府历史文献资料汇编》,鹭江出版社 1992 年版,第 54 页。

的报告再次指出"信用合作社的活动刚才开始"①。由于群众集资的信用合作社发展缓慢,这直接影响了群众资本和私人资本的利用,加重国家财政负担。

(三)宏观：金融风险在实体经济之间传导

一般情况下,金融通过融资功能,把稀缺资金配置到经济收益较高或国民经济急需发展的领域中,提高资金使用效率,促进实体经济发展,但在战时环境下,包括闽西苏区在内的整个中央苏区红色金融运行呈现"脱经向军"的状态。

闽西苏区红色金融机构建立的最初目的是缓解生产发展中资金不足的问题："积极吸收农村中的闲散资金,帮助农民解决生产和生活上某些临时性的资金困难"②,但无法否认这种作用有限："闽西没有机器工业,从前龙岩有些机织厂和机米厂,但都倒闭了,因此闽西无所谓工业资本"③。以长汀被服厂为例,该厂仅有工人60多人和10余台缝纫机。在这种情形下,只能"机器连续运转,工人轮班操作"④的方式生产。有关兵工厂技术方面,根据孔永松等人的研究,他们认为当时的制作工具主要是锉刀、钳子、打铁炉和缴获的很少的破旧的机床。这些从侧面反映了即便是军需工业,由于资金支持不够所导致的技术落后问题。

此外,国家银行不管是贷款给合作社还是个人,都规定"借款期限不得超过六个月",这在一定程度上影响了各企业对资金的使用。这就使得投入实体经济的资金较少。在中央苏区后期通货膨胀影响下,投入实体经济的有限资金也随之贬值,这对经济的发展影响巨大。

二、闽西苏区金融风险传导机制

苏区金融风险主要通过贸易溢出、收入溢出和净传染实现(见图3-3)。

---

① 《我们的经济政策》,载《毛泽东选集》第1卷,人民出版社1991年版,第133页。

② 孔永松、邱松庆：《第二次国内革命战争时期闽西革命根据地的金融战线》,《党史研究与教学》1980年第9期。

③ 《中共闽西特委第二次代表大会情况与各项文件(1930年7月8日—1930年7月20日)》,载中共龙岩地委党史资料征集研究委员会、龙岩地区行政公署文物管理委员会编：《闽西革命史文献资料》(第3辑),内部资料,1982年版,第372页。

④ 余伯流：《中央苏区经济史》,江西人民出版社,1995年版,第160页。

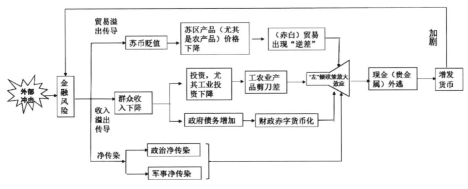

图 3-3 金融风险传导机制

(一)贸易溢出传导

现代经济学概念中的贸易溢出是指一国投机性冲击造成的金融风险加大恶化了另一个(或几个)与其贸易关系密切的国家的经济基础,从而可能导致另一个(或几个)国家遭受投机性冲击压力,金融风险也随之加大。苏区时期赤白贸易出现"逆差"实际就是贸易溢出传导的一种体现。

受到国民党军事"围剿"、经济封锁的影响,以及原本苏币超发、苏币的贵金属含量有限,苏区出现了通货膨胀现象,苏币贬值。伴随苏币贬值的直接影响是苏区农产品价格下降,又由于封锁,赤白贸易出现"逆差",有史料显示:闽西的著名模范乡——才溪乡,"卖'外货'的私人商店,除一家江西人开的药店外,全区绝迹逐渐削弱至此"[1],"煤油暴动前每元能买 7 斤 14 两,1933 年每元仅能买 1 斤 5 两,暴动前 58%的人家点煤油灯照明,暴动后由于煤油价高,除了政府机关办公点煤油外,一般居民只能点松明"。"暴动前棉布每元能买 1 匹,1932 年要 1 元 4 毛买 1 匹,1933 年涨至 2 元 2 毛 1 分。因为布贵,平均每人只能做半套衣服。[2] 外来日用品的价格一再上涨,而农产品的价格却一跌再跌。以谷为例,暴动前每担(100 斤)10 元,1929 年 2 元 5 角,1930 年 5 元,

---

① 毛泽东:《才溪乡调查》,载《毛泽东农村调查文集》,人民出版社 1982 年版,第 346 页。

② 毛泽东:《才溪乡调查》,载《毛泽东农村调查文集》,人民出版社 1982 年版,第 350 页。

1932 年 6 元 2 角,1933 年 5 月 10 元,10 月 5 元。"[1]

（二）收入溢出传导

1.投资下降,尤其是工业投资下降

一方面受战争影响,另一方面受"左"倾经济、政治和军事政策的影响,闽西苏区的经济发展水平下降,群众收入下降,导致群众投资能力下降,尤其是闽西苏区所需的工业投资下降更剧烈。1932 年以后,长汀"不少店铺作坊、工厂因无货（原料）可进,无利可图,再加上过高的合同要求,造成他们乘机停业倒闭和工人失业"[2]。由于苏区内部无法提供足够多的工业必需品,就必须从白区购买,这愈发加剧了工农业产品剪刀差。

2.财政赤字货币化

公债可以在一定程度上弥补财政赤字,是筹集建设资金的有效手段,但是如果公债主要用于非生产性项目,不仅对社会经济无任何好处,还会增加财政负担,挤压民间投资。苏区时期发行的公债几乎全是用于军事的,很明显无法有力推动苏区经济发展,此部分见第三章第二节,在此不赘述。

（三）净传染

1.政治净传染

政治净传染是指苏维埃政府的金融风险会转移到政治上,影响苏区政治信誉。主要体现在:

（1）超发货币,影响苏区政治信誉

人民银行赣州支行的研究成果显示,1931—1934 年,货币的供给量呈现快速增长态势,年均货币供应量为 2487.7 万元,环比增长速度分别为 62.44%、27.64% 及 27.54%。1931—1934 年的货币流动速度分别为 173 天、237 天、224 天及 360 天,除 1931 年外,流通次数不到 2 次,到 1934 年,货币基本上只在市场上流通一次。当时文件也承认:"在长期国内战争的条件之下,增发纸币常常是弥补收支不敷的一个办法。"[3]严重的通货膨胀必然影响苏维

---

[1]　毛泽东:《才溪乡调查》,载《毛泽东农村调查文集》,人民出版社 1982 年版,第 349 页。

[2]　王德铭:《回忆福建省职工联合会的一段历史》,载中央苏区工运史征编协作小组编著:《中央革命根据地工人运动史》,改革出版社 1989 年版,第 169 页。

[3]　《关于苏维埃经济建设的决议》（1934 年 1 月）,《红色中华》1934 年 2 月 16 日第 150 期。

埃政权的信用,尤其是在苏区后期,苏维埃政府发出了《发动广大的拥护国币运动,严格镇压反革命破坏金融》布告。

> 各地党应立即开展拥护苏维埃国币的广大的群众运动,经过各种群众团体会议及采用晚会、组织宣传队、化装演讲等,动员党团员积极领导群众提出"拥护苏维埃纸币银毫""革命群众用革命纸票""反对奸商、富农提高物价""严办破坏国币的反革命分子"等口号,在群众中提高国币的信用与爱护,发动群众举报和要求严办故意破坏国币的分子。要使群众完全了解拥护国币要同拥护苏维埃一样,要做到有钱存的储存国币,国币要完全畅行于苏区市面![①]

挽救性布告的背后多少反映出苏维埃政权信用的下降,也就出现了百姓不愿意持有苏币的现象。

(2)强行的公债摊派及退回,影响政府信誉

为了尽快完成推销任务,个别地区在公债推销中出现了强迫购买或平均摊派的现象,以致引起群众的不满,一定程度上损害了苏区政府的形象,对此,邓子恢郑重告诫各级苏维埃政府:"各级政府以后对于自己阶级群众,无论如何,须任人自由购买,不准再有摊派勒迫行为,违者查出严厉处罚。"[②]我们从这个告诫可以推断,当时苏区发生了比较严重的摊派公债的现象,这就影响了政府信誉。

受制于财政压力,苏维埃政府无法偿还公债。1933年3月6日,《红色中华》发出号召:"立即开始'节省一个铜板,退还公债,减少伙食费'的运动。"[③]3月21日,《红色中华》明确提出"退还八十万元公债,节省三十万元"的运动目

---

① 《发动广大的拥护国币运动 严格镇压反革命破坏金融》(1933年7月10日),载中共江西省委党史研究室、中共赣州市委党史工作办公室、中共龙岩市委党史研究室编:《中央革命根据地历史资料文库·政权系统7》,中央文献出版社、江西人民出版社2013年版,第814页。

② 《中央财政人民委员会第十号训令》,《红色中华》1932年11月28日第42期。

③ 《本报号召立即开始"节省一个铜板,退还公债,减少伙食费"的运动》,《红色中华》1933年3月6日第58期。

标,并且号召苏区工农群众"为红五月底以前达到并且超过这个数目而斗争!"。①截至 11 月 23 日,退还 80 万元公债的奋斗目标已"百分之百地实现了"②,同时再次号召群众"战斗地动员起来,继续过去经济动员的伟绩,热烈退还第二期公债突破一百万"③,1934 年 5 月 14 日,财政人民委员林伯渠发表"关于二期公债的谈话",二期公债已经退还 90 余万元,而且群众退还公债行动仍然"旧有数起"。这就意味着第二期短期革命公债的 120 万元,群众已经退还 90 余万元,虽然说是群众自愿退还,但这个"自愿"包含的宣传因素较多,出现了强行摊派的现象,这场始于 1933 年 3 月持续到 1934 年 9 月红军长征前的运动虽然迫于无奈,一定程度上支持了中华苏维埃政府的财政工作,但客观上对苏区政府的信用产生了负面影响。

　　由于政府信誉下降,之后政府发行的货币、公债在推广的过程中会遇到更大的问题。如在推销 300 万元经济建设公债上,到了 1934 年 3 月"长汀……现在已推销了公债十四万三千九百九十元零四角,超过了省苏所分配的数目——十三万元。但与他们自己所承认的数目——十六万五千四百,还差二万多……④突击运动的时期已经过去了十多天,而长汀对这一工作,还只推销了七八千元公债……至于整个公债的数目,大概还有九万九千多元没有收清,四万多元尚未推销"⑤。

　　2.军事净传染

　　应该说,闽西苏区后期军事失利的原因是多方面的,既有国民党军事"围剿"方式方法的变化,也有中国共产党军事指导思想错误、苏区经济难以支撑战争所需物资、"左"倾思想破坏群众基础等原因,金融风险在一定程度上加速了军事的失利。在这里,军事净传染是指红色金融风险对军事的不利影响。这种净传染是通过经济作用于军事的。金融服务经济,但红色金融出现问题

---

① 《经济动员的统计数字》,《红色中华》1933 年 3 月 21 日第 63 期。
② 《献给第二次全苏大会的赠品·突破一百万》,《红色中华》1933 年 11 月 23 日第 128 期。
③ 《献给第二次全苏大会的赠品·突破一百万》,《红色中华》1933 年 11 月 23 日第 128 期。
④ 《收集粮食突击运动中长汀县工作的开展》(1934 年 3 月 6 日),载古田会议纪念馆编:《闽西革命史文献资料》(第八辑),内部资料,2006 年,第 439 页。
⑤ 陈霆:《长汀情况仍然严重》,《红色中华》1934 年第 152 期。

后,必然反作用于经济,如原本希望用群众性集股行为为工农商业发展提供廉价的贷款,但由于通货膨胀、现金(贵金属)不足、管理出现偏差等影响,红色金融服务经济作用有限,进而影响闽西苏区军事。军事发展需要武器装备、后勤保障物资及红军力量,但这些在闽西苏区时期处于发展阶段,具体体现在:

(1)兵工厂设备简陋。囿于原材料、工人和技术,闽西苏区红色兵工厂的设备大都简陋。这点我们从工人赖扬接和陈进兆的对话中可以感受到。

> 新工人赖扬接和几名青年战士在挂着闽粤赣军区兵工厂牌子的门前,一连打量了好几遍。小赖用疑惑的眼光问陈进兆:"厂长,造枪弹的机器什么时候运来?"陈进兆笑着回答:"你看,那墙角的几把锉子、鎯(造字)头、钳子和那架风箱,就是我们的机器呀!"[①]

在弹药方面,大都因陋就简,土法制造:"用土硝、水、棉花混合加工弹药,用铜和锡加工子弹头,用铜片或铜钱加工子弹壳,用雄精、白药、蛋白混合制成粘剂。"[②]

(2)后勤保障受到影响。随着红军力量的不断扩大,对军粮的需求也随之增加。闽西苏区建立了粮食调剂局和粮食合作社,其中粮食调剂局主要功能是为军队提供粮食,但其在采办过程中遇到农民惜售和资金不足(因为购买粮食需要现款)的困难。为此,苏维埃政府准许购买公债者交付粮食。这就侧面反映了红色金融无法为军需物资提供资金保障。

(3)红军力量供给乏力。随着扩红的不断进行,苏维埃政府在闽西扩红逐渐感受到压力。如,上杭县上才溪全部青壮年男子(16~55岁)出外参加红军、做工作的有485人,占88%。下才溪全部青壮年男子765人,出外参加红军、做工作533人,占70%。[③] 红军总政治部1934年4月统计,红军战士中16岁以下的占1%,40岁以上的占到4%,相当部分人员在30~40岁。[④] 当时,

---

① 吴兆奎、陈树浪、卢来福:《红军兵工厂的建立和发展》,《闽西文丛》1983年第2期。

② 中共长汀县委党史工作委员会:《长汀人民革命史》,厦门大学出版社1990年版,第151页。

③ 毛泽东:《才溪乡调查》,载《毛泽东农村调查文集》,人民出版社1982年版,第341页。

④ 李光:《中国新军队》,出版者不详,1936年版,第279页。

国民党方面在与红军交战时也感觉到,一些红军部队"素质不佳,老弱参半"。[①]

第四节　闽西苏区红色金融治理

本节借鉴生物学"传染源—传播途径—易感人群"理论总结闽西苏区时期红色金融治理措施。

一、控制金融风险的传染源

闽西苏区红色金融风险的外部传染源是国民党的军事"围剿"和经济封锁,为此,中国共产党必须壮大军事力量和发展实体经济,来抵御金融风险的传染源。

(一)壮大军事力量,打破国民党军事"围剿"

壮大军事力量,一方面是完善武器装备、扩大红军力量;另一方面为整顿红军军纪,强化党对军队的绝对领导,以争取军事胜利,为红色金融发展奠定军事基础。

1.充足武器装备和人员

(1)增补武器装备

为了应对国民党军事"围剿",1930年3月,闽西苏维埃政府成立之时就做出筹办修械厂、子弹厂的决定。1930年8月22日,中共闽西特委认为"依据目前的需要,闽西应建立小规模的兵工厂",随后,闽西各地相继创办了一些兵工厂。

革命根据地形成之前闽西建有兵工厂9个,它们是:江山山塘兵工厂(1927年9月)、邹公庙兵工厂(1927年10月)、湖雷兵工厂(1927年冬)、广圣庙兵工厂(1927年冬)、西溪兵工厂(1927年10月)、老虎坑兵工厂(1928年春)、赛智兵工厂(1928年夏)、永定县苏维埃兵工厂(1928年10月)、南阳区苏维埃兵工厂(1929年10月)。[②] 这些兵工厂从修理枪械起步,逐渐发展成以制造为主的兵工厂,具体见表3-6。

---

① 杨伯涛:《蒋军对中央苏区第五次围攻纪要》,《文史资料选辑》第45辑,第191页。

② 陈凤芳:《永定各地兵工厂的组建及其贡献》,《永定党史通讯》1987年第1期。

表 3-6　萌芽初创阶段闽西兵工厂一览表(1927 年 9 月—1930 年 8 月)

序号	单位名称	建立地址	起止时间	领导机关	负责人	鼎盛时人数	产品
1	山塘兵工厂	龙岩江山镇山塘村	1927 年 9 月—1930 年 8 月	江山区委山塘党支部	廖全庆 廖秀考	10 多人	梭镖、大刀、土铳、单响枪
2	邹公庙兵工厂	永定县溪南区金砂乡西田村	1927 年 10 月—1928 年 7 月	溪南区委	赖贺辉	10 多人	梭镖、大刀、单响枪
3	湖雷兵工厂	永定县上南村	1927 年 10 月—1928 年 7 月	永定县委	阮振鹏 熊振声	20 多人	梭镖、大刀、土枪、弹药
4	广圣庙兵工厂	永定县金丰乡	1927 年 10 月—1928 年 7 月	金丰乡党支部①	卢肇西	40 多人	梭镖、大刀、单响枪
5	西溪兵工厂	永定县溪南区西溪罗坑范家祠堂	1927 年 10 月—1928 年 10 月	溪南区委	戴荣兴	10 多人	梭镖、大刀、单响枪
6	老虎坑兵工厂	永定县太平乡	1928 年春—1930 年 12 月	太平乡党支部②	张美全	10 多人	梭镖、大刀、单响枪
7	赛智兵工厂	永定县三堡	1928 年夏—1929 年秋	堂堡特支	关海风	17 人	土枪、刺刀、三角刀、修枪、复装子弹
8	永定县苏维埃兵工厂	永定县	1928 年 10 月—1937 年 7 月	永定县苏维埃政府	赖贺辉	30 多人	修枪、复装子弹

---

　　①　该支部还在石岭头、园山里、蕉坑学堂角、上村的山塘下、高斜的可林小学背荒楼、上屋的"观音厅"和古竹高北石砌楼园寨等地设立制造武器的临时作坊,共 40 余人。参见《福建红军兵工史稿》,第 55 页。
　　②　该支部还在高陂的厦黄、平在、培风的文溪、大排等地设立刺刀生产作坊。参见《福建红军兵工史稿》,第 56 页。

续表

序号	单位名称	建立地址	起止时间	领导机关	负责人	鼎盛时人数	产　品
9	南阳区苏维埃兵工厂	长汀县南阳区罗坊村	1929 年 10 月—1932 年初	南阳区苏维埃政府	刘胜明	40 多人	修造枪

资料来源：《兵工厂（所）一览表（1927—1937）》，载中国兵器工业历史资料编审委员会编：《土地革命战争时期军工史料》，中国兵器工业总公司内部资料，1994 年，第 248～260 页；福建省国防科工办军工史征集办公室：《福建红军兵工史稿》，1987 年，第 54～57 页；中共龙岩市永定区委党史和地方志研究室、龙岩市永定区博物馆：《永定红色兵工厂》，ht-tp://www.fjydnews.com/2021-03/21/content_1088373.htm。

革命根据地形成后（1930 年春闽西苏维埃政府成立到 1935 年 4 月福建军区兵工厂解散），1930 年 3 月 24 日，闽西工农兵第一次代表大会通过《关于军事问题决议案》，指出"闽西政府办修械厂、子弹厂，以增加武器"。1930 年 5 月，中共闽西特委决定筹建闽西兵工厂。随着闽西先后建立了红四军第四纵队、红十二军等主力红军及众多的地方红军和游击队，中共闽西党组织和红军决定将原来分散的小型兵工厂集中起来。1930 年 8 月，闽西特委决定在龙岩湖洋建立闽西红军兵工厂，山塘兵工厂将人员、设备迁入湖洋闽西红军兵工厂。同年 12 月迁往永定虎岗，改称"闽粤赣军区兵工厂"。1931 年夏，闽粤赣军区兵工厂迁往长汀四都，同年冬，改为"福建军区兵工厂"，增设木工股、炸药科。1932 年，福建军区兵工厂迁到汀州，不久又迁往瑞金平头寨。1933 年初，与江西瑞金的官田修械所合并成立中央兵工总厂。至 1934 年下半年，不仅能修理各式枪炮，还能生产地雷、手榴弹、迫击炮弹和多种子弹，具体见表 3-7。

表 3-7　发展壮大阶段闽西兵工厂一览表（1930 年 8 月—1934 年 10 月）

序号	单位名称	建立地址	起止时间	领导机关	负责人	鼎盛时人数	产　品
1	闽西兵工厂筹备处	龙岩县湖洋乡	1930 年 8 月—1930 年 12 月	闽西特委	张金华	10 多人	
2	闽粤赣军区兵工厂	龙岩县虎岗村	1930 年 12 月—1932 年 3 月	闽粤赣军区经理部	毛泽民陈兆进	130 多人	修枪复装子弹

续表

序号	单位名称	建立地址	起止时间	领导机关	负责人	鼎盛时人数	产品
3	福建军区兵工厂	长汀县南阳区茶树下村	1932年3月—1935年4月	福建省军区	祝良臣	140多人	修枪复装子弹造手榴弹
4	福建军区兵工厂	长汀县朱斜村	1932年3月—1935年4月	福建省军区		30多人	修枪复装子弹造手榴弹

资料来源:《兵工厂(所)一览表(1927—1937)》,载中国兵器工业历史资料编审委员会编:《土地革命战争时期军工史料》,中国兵器工业总公司内部资料,1994年,第248~260页;吴兆奎、陈树浪、卢来福:《从闽西红军兵工厂到中央兵工厂》,载张奇秀:《中国人民解放军后勤史资料选编(土地革命战争时期)》第2册,金盾出版社1993年版,第610~616页;中共兴国县委宣传部:《人民兵工的摇篮——兴国官田中央兵工厂》,2011年,第24页。

(2)扩大红军力量

为了保卫土地革命果实,闽西子弟纷纷加入红军。从纵向看,闽西扩红运动表现比较突出的是上杭才溪区。据统计,1929—1933年,才溪有3000多名青壮年参加红军,其中一家2人参加红军的有200户,3人参加红军的有46户,4人参加红军的有7户,5、6人参加红军的各1户,父子参加红军的9户,兄弟参加红军的231户,叔侄参加红军的6户,夫妻参加红军的9户。[①] 被临时中央政府授予全区扩大红军的"第一模范区"的称号。此外,长汀参加红军人数也较多,根据《红色中华》报道,从1931年到1934年,长汀县共有17200余人参加红军。从横向看,闽西扩红在中央苏区的占比较高,本书仅仅以闽西长汀县为例,从1934年1月至4月,就增加红军3214名,超过中革军委计划864名;在1934年5月扩红运动中,长汀13天内加入红军的有800余人。1934年9月26日,《红色中华》刊出:"长汀正向着超计划的道路迈进,送到补充团的新战士已达1292名。"长汀扩红的数量在中央苏区县中首屈一指(见图3-4)。

2.强化党对军队的绝对领导

取得战斗胜利除了必要的武器装备和战斗人员外,我们还要建立一支与国民党的军队、与历朝历代的军队不一样的军队,即建立一支听党指挥的军

---

① 古田会议纪念馆展出。

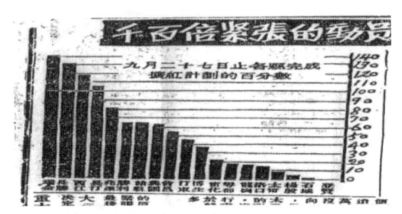

图3-4 各县完成扩红计划百分数(1934年9月)①

注:图中反映瑞金、长胜、西江、长汀、兆征、胜利、赣县、兴国、会昌、汀东、博生、宁化、于都、龙岗、洛口、太雷、杨殷、石城、登贤等19县扩红完成情况。

队。1929年12月28—29日,彪炳史册的古田会议在闽西上杭古田召开。古田会议批判红四军内部存在的各种非无产阶级思想和错误倾向,提出纠正和解决的原则、制度和办法,从而实现红四军的"彻底改造",以担负起中国革命所赋予的任务。

(1)确立党对军队绝对领导的政治原则和制度

在政治原则方面,首先,指明红军的性质。古田会议决议指出:中国的红军是一个执行革命的政治任务的武装集团。革命的政治任务是党确定的,这就清楚地表明了红军是中国共产党领导下的无产阶级的人民军队,科学回答了"红军为谁当兵、为谁扛枪、为谁打仗"的根本问题。其次,清楚地指明红军的任务。决议鲜明指出,"红军除了打仗消灭敌人军事力量之外,还要负担宣传群众、组织群众、武装群众、帮助群众建立革命政权以至于建立共产党的组织等重大的任务"。

在政治制度方面,强调党对军队绝对领导的政治制度。首先,实行党委制。必须强化红军中党的组织建设,实行党委制,团营建党委、连建支部、排建小组。其次,坚持民主集中制原则。红军中的党组织要"厉行集中指导下的民主生活"。再次,坚持实行"少数服从多数"原则。这些原则规定,解决了党从

---

① 《九月二十七日止各县完成扩红计划的百分数》,《红色中华》1934年9月29日第3版。

组织上掌握军队的问题。

（2）区分前委与军委的关系

古田会议决议在关于"红军军事系统与政治系统关系问题"中规定："在高级地方政权机关没有建设以前，红军的军事机关与政治机关，在前委指导之下，平行地执行国内工作。"[①]

3.军事战略调整

闽西苏区时期，国共两党军事力量悬殊，在武器装备等不如国民党的情况下，我们的军事战略就显得很重要。中国共产党通过统一军事指挥权、以游击战的方式保卫闽西革命根据地，进而为红色金融的发展提供良好的外部环境。

（1）统一军事指挥权

1929年底古田会议之后，中央苏区红军的权力结构趋向集中，政治委员的权威明显上升，但还没有最后决定权，重大决策需要集体讨论决定。1930年，苏区和红军都获得重大发展，国民党在中原大战结束后，开始调集重兵准备进攻苏区，红一方面军和中央苏区面临空前严重的威胁。毛泽东提出"诱敌深入"的方针，艰难说服了红军中持不同意见的人，集中统一指挥中央苏区红军主力，取得了第一次反"围剿"的胜利。紧接着于1931年又取得了第二、三次反"围剿"的胜利。三次反"围剿"的胜利，也为红色金融的发展提供了良好的外部环境，减少了军事冲击的影响。

虽然，中共建立起高度集中统一的强大组织体系，但随着中共中央逐渐迁入中央苏区，此时执掌军事指挥权的是博古、李德等人，他们经验不足，才能有限，给红军和苏区的命运带来不利影响。在第五次反"围剿"战争中，由于力量对比悬殊，加上领导不力，红军无法打破国民党的"围剿"，不得不在1934年10月突出重围，开始长征。

（2）以游击战应对国民党军事"围剿"

在红四军第三次入闽期间，闽西又受到李立三"左"倾冒险主义错误的影响。他认为妨碍红军发展的两个障碍之一就是"红军狭隘的游击战略""游击战术是不适合现代的需要"。根据李立三的意见，中共中央致信红四军前委："现在红军的任务，不是隐蔽于农村中作游击战。"为了督促红四军行动，中央派出特使涂振农从上海赶到长汀传达中央决议，毛泽东赶赴长汀，在汀州举行联席会议，

---

①　《中国共产党红军第四军第九次代表大会决议案》（1929年12月），载《毛泽东文集》（第1卷），人民出版社1996年版，第113页。

史称"汀州会议"。汀州会议决定红军开始从游击战转向运动战,将红四军与闽西、赣西南的地方主力红军进行混合整编。但总体上,中国共产党面对国民党的四次"围剿",在作战方式上是采用游击战和带游击性的运动战,战略战术原则是战略上的持久战和战役的速战速决相结合,具体作战方针是"诱敌深入""集中兵力""各个击破""避实就虚"等原则。不过到了1933年9月,随着李德到达中央苏区后,虽然朱德强调第五次反"围剿"不能打阵地战死守,但李德不以为然。1934年8月,周恩来提出从内线作战转到外线作战,"坚决挺进到敌人后方去,利用敌人的空虚,大大地开展游击运动……创造新的苏区,创造新的红军,更多的吸引敌人的部队调回后方,求得整个战略部署的变动"①。可惜为时已晚,随着军事失利,红色金融的安全保障也随之丧失。

(二)发展闽西苏区实体经济,打破国民党经济封锁

1.直接方式:发展实体经济

(1)发展工业生产。工业的发展为根据地提供了相对丰富的生活产品,减少了现金的外流,以保证闽西苏区货币的稳定。1929年红四军入闽后,通过各种措施发展公营工业,鼓励和推动合作社工业和私营工业的发展。以闽西长汀为例,到了1931年12月,当时长汀登记发证的工业企业数计:公营工业14户;手工业生产合作社25户,纸业生产合作社20多个;私营工业9户。② 在工业中,现金流出较大的是购盐,为了减少现金外流,苏区积极开展熬盐运动,发展盐业。1932年建立的设在水东街的长汀熬盐厂,下设6个熬盐厂,分设在天后宫、豆豉坝、东后巷等,有职工60多人,日产硝盐20多斤,硝给兵工厂做弹药,盐供应苏区军民食用。③ 正如吴亮平所言:"如果盐和布二项,能够设法得到某种解决,那么苏区的金融问题,就大部可以得到解决。"④长汀县博物馆整理出中央苏区时期长汀的国营工业、合作社工业的发展情况表(见表3-8)。

① 鲍世修、胡哲峰:《论周恩来的军事实践与战略战术思想》,载《中外学者论周恩来》,南开大学出版社1990年版。

② 中国人民政治协商会议福建省长汀县委员会文史资料委员会:《长汀文史资料》(第二十一辑),1992年,第26页。

③ 中国人民政治协商会议福建省长汀县委员会文史资料委员会:《长汀文史资料》(第七辑),1984年,第34页。

④ 吴亮平:《目前苏区的现金问题》,载《斗争》1933年第20期,转引自许毅主编:《中央革命根据地财政经济史长编》(上),人民出版社1982年版,第590页。

表 3-8 中央苏区时期长汀的国营工业、合作社工业发展情况

厂 名	地 点	成立时间	原有规模	发展概况
红军被服厂（中央被服厂第二分厂）	东门周家祠	1929 年 3 月	工人 60 人，12 台缝纫机	1932 年，工人 300 多名
中华织布厂	三官堂前黄家祠	1930 年夏	工人 60 多人，40 多台织布机	1931 年 9 月，工人 400 多人，织布机、手摇纺纱机 100 多台，月产布匹和医用纱布 18000 多匹
福建军区兵工厂	四都同仁村	1930 年 8 月	工人 40 多人	1932 年职工 140 余人，月产 200 支枪，后以该厂为基础扩充为中央兵工厂
红军斗笠厂	西门张家祠	1931 年冬	工人 100 多人，月产军用斗笠 6000 多顶	1933 年工人 300 多名，年产斗笠 20 万顶
濯田炼铁厂	濯田	1932 年	工人 100 多名，日产生铁 0.8 吨	1933 年工人 200 多名，12 名技工，日产生铁 1.5 吨
水口造船厂	濯田水口		有工人 100 多名，日产木船 1 艘	
中华商业公司造纸厂	长汀			
红军印刷厂（《青年实话》印刷厂）		1931 年底	发行量 5000 多册	1932 年发行量达 25000 册
长汀弹棉厂	长汀城关	1931 年冬	原为个体分散，无组织	工人 20 余人，日弹棉花 400 多斤，日做棉被 30 多床
长汀熬盐厂若干	长汀城关（6 个）	1934 年		60 余名工人，日产盐 20 多斤
长汀熔银厂	福建分行内	1932 年 3 月		
长汀樟脑厂				
砖瓦厂若干	分布城乡			
石灰厂若干	分布城乡			
造纸厂若干	分布城乡			

资料来源：长汀县博物馆。

（2）发展农业生产。发展农业生产是苏区经济建设的首要任务。由于苏区地处偏僻落后的农村，90％以上人口是农民，苏区经济是以农村经济为主体的经济。面对 20 世纪 30 年代初的金融问题，苏区通过发展农业，以期通过农产品贸易或经济作物增加现金或减少现金外流。闽西苏维埃政府通过土地分配、发展农业劳动合作社、加强对农业生产的管理和领导等方式推动农业生产发展。

1930 年夏收时，龙岩早禾每穗平均在 180 粒以上（以往是每穗 150 粒左右[①]）。这年，龙岩、连城等地水稻产量比 1929 年增长 20％，永定、上杭、长汀增长 10％。[②] 1933 年，中央苏区国民经济部和土地部发布《关于发展农业与工业生产的布告》："发展农业生产的要项：第一是谷类，第二是杂粮（即番薯、豆子、花生、麦子、高粱等），第三是蔬菜，第四是棉花，第五是竹木，第六是木梓，第七是烟叶，第八是牲畜（猪、羊、鸡、鸭等），这些生产，一半是人民的粮食，一半是工业原料，都是发展苏区经济的基础。"[③]

我们以闽西苏区的长汀为例，因气候和种植习惯，长汀素来很少种植棉花。但在根据地建设过程中，由于受到国民党经济封锁，购买棉花和布匹困难增大。1933 年，福建省工农民主政府要求每家至少试种 100 株棉花，决定在长汀种棉 2000 担（折 500 亩），由工农民主政府从湖南、湖北采购棉种，免费供给农民种植，取得经验后，1934 年闽西根据地推广种植棉花 10000 担（2500亩）。并规定种棉的土地免收土地税。同时，各级政府希望农民"多种杂粮、菜蔬，如薯子、芋子、番薯、南瓜、黄瓜、角豆。发动群众每家至少比去年多种两种杂粮、菜蔬，各种要有一定数量"[④]。有资料显示，1934 年粮食大大增产，"总计全省麦、菜、豆三项，原种 91000 余担，今年增加 72000 余担，这里面麦子增加最多的是兆征县，计 121271 担，比去年增加六七倍……增种胡豆、雪豆最多的是长汀，计 2300 余担……此外灌田区，每家还比去年多种 2 担的旱地包菜"[⑤]。

---

① 《龙岩早禾丰收》，《闽西红报》1930 年 7 月 22 日。

② 中共福建省委党校、蒋伯英：《福建革命史》（上），福建人民出版社 2019 年版。

③ 中央苏区国民经济部和土地部：《关于发展农业与工业生产的布告》，《红色中华》1933 年 2 月。

④ 中国社会科学院经济研究所中国现代经济史组：《革命根据地经济史料选编》（上册），江西人民出版社 1986 年版，第 233 页。

⑤ 《麦、菜、豆增加百分之八十》（1934 年 5 月 9 日），《红色中华》1934 年第 186 期。

（3）推动商业发展。政府通过各种措施推动商业的发展，在此仅以长汀为例。由于长汀是通往瑞金的门户，是中央苏区的重要城市，又是福建省苏维埃政府所在地，长汀的陆路交通主要有汀州通往清流、宁化、连城；汀州通往江西各地。水路以汀江航运为主，当时汀江流域每日来往船只不下数十条，输入大批食盐以及工业品，其繁荣程度如汀州人民所说，"一年365天有300天繁华"。1932年时汀城大小商店378家，8个公营工厂，50余个生产合作社，日均来往商人千余人，各地农副产品和工业商品云集于此，转销各地。商品交换、经济往来异常活跃，长汀被誉为"红色小上海"。

2.间接方式：修改税率，发展经济

（1）农业税。福建苏维埃政府于1932年8月7日发布关于征收农业税的布告（见表3-9）。

表3-9　福建省1931年4月[①]和1932年8月[②]的税率

贫农、中农税率表			富农税率表		
全年每人平均收获量/担（实谷）	税率/%		全年每人平均收获量/担（实谷）	税率/%	
	修改前	修改后（1932年8月）		修改前	修改后（1932年8月）
1	10	免征	1	20	5
2	10	5	2	20	6
3	10	6	3	20	7
4	10	7	4	20	8.5
5	10	8.5	5	20	10
6	15	10	6	30	11.5
7	15	11	7	30	13
8	15	13	8	30	14.5
9	15	14	9	30	16
10	15	16	10	30	18
11以上	15	不累	11	30	20

①　《修正财政问题决议案》（1930年9月），载财政部农业财务司编：《新中国农业税史料丛编》（第一册），中国财政经济出版社1987年版，第84页。

②　《修正财政问题决议案》（1930年9月），载财政部农业财务司编：《新中国农业税史料丛编》（第一册），中国财政经济出版社1987年版，第156页。

修改后的税率,不管是贫农、中农还是富农都有所降低,这样在一定程度上调动农民农业生产积极性,从而促进了农业生产发展,间接为金融提供了经济基础。

同样,在工业方面,为了发展手工业合作社,苏区政府在税收上给予较大的优惠。1931 年 11 月召开的第一次全苏工农代表大会通过的《经济决议案》中,明确提出:"苏维埃对于合作社应该以财政的帮助与税收豁免",手续上"经县政府批准备案……报告省政府,许可免税"。[①]

(2)商业税。中央苏区时期,闽西的营业税税率在 1930 年左右是较低的,如表 3-10 所示。

表 3-10　营业所得税(商业累进税)

等　　次	闽西税率[②](1930 年 2 月)		闽西税率[③](1930 年 4 月)	
	所得红利/元	税率/%	所得红利/元	税率/%
1	200 以下	0	200 以下	0
2	201～500	5	201～500	3
3	501～1000	10	501～1000	6
4	1001～2000	15	1001～2000	12
5	2001～3000	20	2001～3000	20
6	3001～5000	25	3001～5000	30
7	5000～10000	30		
8	10001 以上	35		

较低的税率有力地推动了私营商业的发展,我们从京果商王克明的口述

---

① 《中华苏维埃共和国暂行税则》(1931 年 11 月 18 日),载中国社会科学院经济研究所中国现代经济史组编:《革命根据地经济史料选编》(上册),江西人民出版社 1986 年版,第 417 页。

② 《龙岩县第二次工农兵代表大会决议案》(1930 年 2 月),载中共龙岩地委党史资料征集研究委员会、龙岩地区行政公署文物管理委员会编:《闽西革命史文献资料》(第三辑),内部资料,1982 年,第 141 页。

③ 《闽西第一次工农兵代表会议宣言》(1930 年 3 月 24 日),载中共龙岩地委党史资料征集研究委员会、龙岩地区行政公署文物管理委员会编:《闽西革命史文献资料》(第三辑),内部资料,1982 年,第 194 页。

中可见私营商业的繁荣及其税收的情况：

> 从潮州到长汀的海味有：鱿鱼、墨鱼、咸味、海带，还有白糖膏……输出：土纸每年有五六万担以上，直接运到广州、佛山、潮州；木材也直接运到广州、潮州；米运到丰稔，每天平均二三十只船（冬季每船载 2000 斤，春季 5000 斤）……缺盐时每元只能买几钱，一元买半斤油，税收很轻，只收千分之一，采取自报形式。

二、阻断金融风险传导机制

金融风险往往通过贸易溢出传导、收入溢出传导、净传染等渠道传导风险，因此我们可以通过发展赤白贸易，处理好财政政策与货币政策关系，多种渠道宣传，增强群众对红色金融机构信心等途径尽力阻断金融风险传导。

（一）发展赤白贸易，保障红色金融所需贵金属

国民党经济封锁，导致赤白贸易受阻，苏区土产销不出去，工业品无法运进来，导致现金（贵金属）外流，为此，苏维埃发挥政府和群众的力量，促进赤白贸易，其主要形式有官办官运和民办民运。

1.官办官运

主要是通过建立"贸易总局＋分局＋采办处＋贸易公司"的对外贸易组织体系。该时期闽西成立了新泉贸易分局、中华贸易分公司。

闽西连城县新泉贸易分局成立于 1933 年 8 月，其下有鱼坝和庙前两个采办处。贸易分局的主要任务就是负责苏区与白区之间的物资交流，管理苏区物资输出和白区物资输入的工作。苏区通过新泉贸易分局输出的主要是农副土特产品，其中包括由赣南运过来的钨砂，从白区输入的主要有油、食盐、布匹、中西药材、香烟、火柴和电池等物资。[①]

中华贸易分公司成立于 1933 年初，是长汀商业资本最雄厚的公司，购销两旺，贸易数额巨大，沟通了汀州市与邻近的瑞金、石城、宁都、会昌、宁化、上杭、连城等县的往来，使汀州成为赣南、闽西主要的农副产品集散地。[②] 该公

---

① 舒龙、谢一彪：《中央苏区贸易史》，中国社会科学出版社 2009 年版，第 150～151 页。

② 中国人民政治协商会议福建省长汀县委员会文史资料委员会：《长汀文史资料》（第四十三辑），2012 年，第 54 页。

司主要收购土特产品,如烟叶、茶叶、香菇、木材、樟脑,将其运输到白区销售,再从白区购买所需的食盐、布匹、煤油、火柴和西药等紧缺物资,销往革命根据地各县,供军需民用。长汀中华贸易分公司的货品通过与白区贸易获得,根据邓士诚口述可知:

> 三三年至三四年间,我们共挑运十多次货物回到长汀。这些货物是这样处理的:食盐、棉布、棉纱卖给中华贸易公司,分配给国营商店和合作社出售;印油、药品直接交毛钟鸣,中成药交国家药店。[①]

1934年1月,苏维埃政府投资成立了中华商业公司,资本额大概10余万元,并在长汀设立供应公司,主要业务以采购为主,采办物品主要是军需品(如灰气氧,造子弹的原料)、药品(奎宁、阿司匹林、碘酒)、生活紧缺品(食盐、布匹、油墨、海味等),仅西药一项,半个月采办一次,金额即达银圆10万余元之多。盐、布匹,一般四五天采办一次。采办的货物,主要供应瑞金及其他苏区。[②]

2.民办民运

福建省苏维埃政府强调:"在经济政策原则之下尽量吸引白区商行来建立通商关系并使他们投资来发展生产。这里须特别指出的就是对工商业者只要他们在不违反苏维埃一切法令,不反革命,不垄断操纵条件之下,应绝对允许其自由业,不得任何没收他们的财产,不得任意封闭商店和工厂。"[③]这就表明,苏维埃政府要充分发挥苏区和白区群众力量,发展赤白贸易。为了调动商人的积极性,中共闽西特委通过专门的商人条例,规定:"第一,商人遵守政府决议和法令,照章缴纳所得税,政府给予保护,不准任何人侵害;第二,允许商人自由贸易,政府不会限制其价格;第三,商家来往账目,政府不予取消;第四,各地船只、货物来往,除非违反苏维埃禁令物品者,否则其输入与输出,政府一律予以保护;第五,所有武装团体不得借口逮捕犯人,骚扰商店;第六,除非经

---

① 中国人民政治协商会议福建省长汀县委员会文史资料委员会:《长汀文史资料》(第五辑),1983年,第55页。

② 苏俊才:《红土溯源》,北京广播学院出版社1999年版,第160页。

③ 《福建省第一次工农兵代表大会决议案》(1932年4月15日),载柯华主编:《中央苏区财政金融史料选编》中国发展出版社2016年版,第385页。

县政府审判商人有罪,并获得闽西政府批准,否则,不得没收其商店。"①

事实上,群众用种种办法,掩敌人耳目把在白区采购的物资运回苏区。每人每次携运的数量虽然有限,但积少成多,在一定程度上解决了根据地工业品短缺的问题。对此,敌人也不得不承认:"天下事,往往不能尽利而无弊。封锁之布置愈严,偷运之诡谋亦愈巧。"

3.借助第三方力量

1933 年冬至 1934 年春,十九路军占领了龙岩,举起"抗日反蒋"旗帜,成立了福建人民政府。临时中央政府与十九路军代表签订协议,双方商定共同抗日,互不侵犯,恢复双方的贸易往来。十九路军需要苏区产的钨砂制造武器,通过内部疏通关系,把钨砂从江西经长汀运到新泉,再经古田运往龙岩出售,途经民团也不敢阻挠,甚至还护送到龙岩。我们从十九路军那儿换取苏区紧缺的食盐、布匹、棉花、药材及其他工业品。

4.实行差别关税,促进贸易发展

关税是苏区与国民党统治区之间的流动税,分为进口税、出口税和通过税三种。根据苏区军民需求来确定税率或免征。1933 年 3 月,汀州税关处成立,主要承担向吉安、南昌方向采购物资的任务,组织出口大宗的粮食、土纸、大豆、杉木、竹、烟叶、香菇、樟脑、红糖等土特产。为了刺激苏区产品出口到白区,换取所需的工业品,1932 年《中华苏维埃共和国临时中央政府人民委员会第二十号命令》提出了为几种商品减税问题:"凡是从苏区输出产品——如……木、烟、纸及一切农产品运往白区发卖者……照其应纳交营业税额,一律减半收税。"同时苏维埃政府决定对"盐、洋油、火柴、棉花、线布、棉布、药品、医药器具、印刷材料、钢铁、兵工厂药料、电话电报材料、手电筒、电池、汽油"②等这些物品减税(见表 3-11、表 3-12)。

---

① 中国社会科学院经济研究所中国现代经济史组:《革命根据地经济史料选编》(上册),江西人民出版社 1986 年版,第 296 页。

② 《中华苏维埃共和国临时中央政府人民委员会第二十号命令——为几种商品减税问题》(1932 年 8 月 26 日),载中国社会科学院经济研究所中国现代经济史组编:《革命根据地经济史料选编》(上),江西人民出版社 1986 年版,第 440 页。

表 3-11　汀州部分出口货物税率

货　　物	税率/%	货　　物	税率/%
纸	3	焙子	3～5
木	3	樟脑	3～5
竹	3	樟油	3～5
黄烟	2	家禽	5
香菇	3	猪	5
茶叶	3～5	煤	30
花生	3～5	钨砂	50
黄豆	3～5	米谷	50

表 3-12　汀州部分进口货物税率

货　　物	税率/%	货　　物	税率/%
中药	3	纸	100
西药	3	木	100
杂布	5	竹	100
洋货	5～10	迷信品	100
海货	10～20	盐	免税
黄烟	50	洋油（煤油）	免税
香烟	50	洋火（火柴）	免税
酒	50	棉布	免税
绸缎	50	米谷	免税
化妆品	50	石灰	免税
洋参	100	铁	免税
香菇	100	油墨蜡纸	免税

　　资料来源：福建省长汀县地方志编纂委员会：《长汀县志》，生活·读书·新知三联书店 1993 年版，第 515 页。

　　通过调节关税，促进赤白贸易发展，在推动经济发展的同时，也使得现金流失较少。

　　5.完善基础设施

　　第一，修建党内机要交通线。1930 年底，中共中央开辟了从上海到闽西的党内机要交通线，其中与汀州有关的是第三条线，即从广州、汕头、潮州、大埔、永定、长汀到瑞金，也就是韩江—汀江一带成为中央苏区与上海党中央联系的主要通道。这条通道虽然主要用于军事信息的传送机护送党的重要干部,但同时也负责将白区采购的食盐、布匹、西药、纸张、无线电器材、印刷器材、军用修械器材等重要物资运输到苏区。如苏区工农银行印钞票的模板是在上海加工好后,派专人通过这条线秘密带进苏区的。印钞票用的纸张是在上海等地采购,派人通过这条线秘密护送到苏区的。[①]

第二,规划修建干路。在陆路方面,1933 年 11 月,临时中央政府规划在中央苏区范围内修建 22 条干路,其中有 4 条经过汀州:

瑞金—古城—汀州—河田—红坊—新泉

汀州—石城—赤水—广昌—甘竹

汀州—童坊—连城

汀州—宁化—安远—建宁

由于经过汀州的都是干路,且是一等干路,所以根据规划路宽不得少于五尺,路基牢靠,路线尽可能呈直线,路面平实。陆路运输主要是以长汀为中心,其中主要干线包括:

省道:

长汀—古城—瑞金

长汀—南阳—永定

县、区道:

长汀—河田—新泉—古田—大池—龙岩

长汀—童坊—连城

长汀—馆前—宁化

长汀—新桥—清流

长汀—宁化—安远—建宁—泰宁

长汀—水口—回龙—千家村—武平

长汀—石城

---

① 中共龙岩地委党史资料征集研究委员会:《闽西革命史论文资料》(第二辑),内部资料,1986 年,第 460 页。

第三,整修道路,清理河道。1932 年 9 月,福建省苏召开会议,研究整修道路,清理汀江河道问题,要求尽快修好长汀经上杭至永定金砂和长汀至瑞金两条省道。1933 年 4 月,福建省苏又决定修好长汀至永定、长汀至瑞金、长汀至清流等主要干线。于是加快对汀江河道的清理,向每个船主和商人募捐大洋 2 元,在两个月内筹款 4 万元整修汀江航道。打算先对长汀城至策田、策田至河田、河田至水口三段进行整修,任务分给沿河各区、乡苏维埃政府组织实施。汀州市苏维埃政府,还发动各单位、各个商人及老板募捐,整修了水东桥、五通桥、车子关等处的卸货码头。[①] 同时发动群众疏河炸滩,维修崩塌河岸,汀江航道得以较好疏通,大大提高了运输量。

这些基础设施的完善为赤白贸易奠定了基础。

(二)多种渠道宣传,增强群众对红色金融的信心

除了通过发展实体经济增强群众对苏币的信心外,中国共产党通过多种渠道宣传,引导群众认识到红色金融的重要性。因为不同于现代社会中央银行是货币政策的制定者和实施者,中央苏区时期是中共局部执政时期,对未来是否获得全国政权尚不明晰,因此,红色金融政策实施更离不开政府的宣传引导。中国共产党通过展览会宣传、报刊宣传及漫画宣传等方式引导农民支持红色金融的发展。

1.展览会宣传

20 世纪 30 年代中央苏区受"左"倾错误影响,金融秩序混乱,货币贬值。加之国民党治安维持会发行了 1 元、5 角、2 角、1 角纸钞,以及民间对传统货币白银、银圆的认可等多重因素,群众对闽西工农银行发行的纸币采取观望的态度。毛泽民发现银行营业了半天,只有一部分群众持苏区纸币兑换银圆,存款的人极少,用银圆、首饰兑换苏区纸币的根本没有。于是,在闽西工农银行成立一周年之际(1931 年 11 月 7 日),在汀州举办为期一周的金塔银塔展览会。金条堆成一个金塔,银圆堆成一个银塔,以金银首饰玛瑙为衬托,点缀成各式图案。参观者络绎不绝,都称赞说:没有见过这么多的金银财宝,苏区的银行确实有雄厚的资本。举办展览会的目的,就是让大家知道,银行完全有承

---

① 中共长汀县委党史工作委员会:《长汀人民革命史》,厦门大学出版社 1990 年版,第 140 页。

担社会的贷款、存放款、储蓄和保存现金的能力。① 1932 年 3 月,毛泽民再次来到长汀。为了进一步提高苏区货币的信誉,稳定金融市场,同时借着毛泽东、周恩来攻克漳州,缴获大批军需民用物资和金银财宝,毛泽民在长汀县城关再次举办了别具一格的"金山银山"展览。展览会设计者将金子、银子摆设成金山银山一下子轰动了全苏区,从而坚定了苏区群众对闽西工农银行的信心,极大地促进了苏区纸币的兑换,掀起了群众积极认购革命战争公债券和经济建设公债券的热潮。

2.刊物宣传

列宁认为报纸的作用并不限于传播思想、进行政治教育和争取政治上的同盟者。报纸不仅是集体的宣传员和集体的鼓动员,而且是集体的组织者。②中共通过官方刊物,刊发典型事例,通过树立典型、批评落后的方式来鼓励推动群众购买信用合作社、闽西工农银行的股票及公债。如 1930 年 8 月 28 日《红旗日报》指出:闽西"更进一步从事经济上的建设……同时又设立信用合作社,打破高利贷的剥削,使工农劳苦群众的利益,仍旧归诸自己"③。

毛泽东调查了福建上杭县才溪乡,充分认可其鼓动群众自愿购买的做法。才溪乡全乡有 2188 户,8782 人,共承销公债 13600 元。其动员方法是:①党团员大会动员。②各团体各自开会动员。③乡苏代表会议动员。④以村为单位开群众大会一次,专门宣传,不销。⑤以乡为单位开群众大会一次,销债,两乡各销了 1500 多元,未完。⑥乡代表、推销委员会(每村三人)、宣传队(乡组织的,每村五人),挨户宣传。⑦选民大会上,上才溪销 600 多元,下才溪销 1600 多元。至此,上才溪销了 2000 多元,尚余 1000 多元,下才溪销了 3000 多元,尚余约 900 元。⑧嗣后由代表、推销委员、宣传队按户鼓动,概销完了,承认了数目,但公债还没有完全领到。完全自动买,没有强迫。④

3.漫画宣传

漫画以幽默和喜闻乐见的方式吸引群众、引导群众。通过漫画宣传引导

---

① 李文生、张鸿祥:《中国历史文化名城——红军的故乡》,中国言实出版社 2000 年版,第 79 页。

② 《列宁全集》(第 5 卷),人民出版社 1986 年版,第 8 页。

③ 《另一个世界的闽西》,《红旗日报》1930 年 8 月 28 日第 4 版。

④ 毛泽东:《才溪乡调查》(1933 年 11 月),载《毛泽东农村调查文集》,人民出版社 1982 年版,第 331 页。

农民认识到农村信用合作社在打破经济封锁、保障苏维埃经济建设的胜利方面的重要性,鼓励农民参与到信用合作社中来,如图 3-5 所示。类似的还有,推销公债(公债在闽西苏区时期也是充当货币政策的功能)的漫画宣传,如图 3-6 所示。

图 3-5　发展信用合作社漫画

资料来源:古田红色农村信用合作社展览馆。

图 3-6　推销公债漫画

资料来源:《红色中华》1933 年 7 月 26 日第 96 期。

这些宣传增强了群众对红色金融的信心,从而减少了政治净传染,提高了政府信用度。

三、增强金融机构的抗风险能力

我们一方面减弱传染源对闽西苏区金融的影响,另一方面通过各种方式阻断金融风险的传播途径。但这并不意味着金融风险就会消失,相反,金融风险是长期存在的,为此,我们还需要"固本"——增强金融机构抗风险能力。

(一)巩固法定货币的垄断地位

毛泽东曾指出:"战争不但是军事的政治的竞赛,还是经济的竞赛。"[1]为了赢得经济竞赛的胜利,就必须建立自己的货币发行体系,服务于苏区经济建设。闽西红色金融机构都发行过局部区域流通的纸币,并且都规定了纸币的垄断地位。

1.农村信用合作社纸币的垄断地位

在闽西工农银行及国家银行还未建立起来时,闽西苏区党和政府必须"统

---

[1]　《毛泽东选集》(第 3 卷),人民出版社 1991 年版,第 1024 页。

一度量衡尺币制"。《取缔纸币条例》(1930 年 3 月)明确规定："各地不得自由发行纸币,发行纸币机关,要信用合作社才有资格。"①如果有不符合规定者,要限期收回。

2.闽西工农银行纸币的垄断地位

闽西工农银行成立之前,只有信用合作社才能发行货币,之后发现各信用合作社都发行纸币。1930 年 11 月,闽西工农银行成立后,闽西苏维埃政府认为必须"统一度量衡尺币制",结束市场上各类金属货币和纸币多元化的流通局面。1930 年 11 月颁布的《闽西苏维埃政府布告第五号——通行闽西工农银行纸币》规定,由于闽西工农银行已经成立,已经先印暂行纸币,"凡缴纳土地税以及一切政府税收和市面交易都当光洋使用……各级政府以及合作社一律负责兑现"②。1931 年 1 月,闽西苏维埃政府针对部分地方不使用闽西工农银行纸币,发布通告要求:"以后我们大家应一致拥护工农银行的纸币,维护工农银行的信用。同时,各政府、各合作社切实负责兑现,如有借端不用者,应予以相当的处分。"1931 年 4 月 25 日,闽西苏维埃政府提出"国民党军阀资本家的纸币应排除出苏区去"③。1931 年 4 月 30 日,闽西苏维埃政府发布布告,要求统一金融:"中国银行、中南银行的纸票由工农银行规定价格,工农银行纸币照大洋一样使用,如银价不同的地方互相交易,合作社及各商家在物价上自有伸缩地步。"④邓子恢在回忆到这一段历史时说:"我们便开始设立闽西工农银行,发行纸币,在市场上流通,用银币兑现,而禁止劣币及白区钞票使用,禁止黄金白银外流。经过这种措施,根据地金融得到相对稳定,工农银行并对农民手工业实行低利借贷,城乡经济也有一定发展。"⑤

---

① 蒋九如:《福建革命根据地货币史》,中国金融出版社 1994 年版,第 37 页。

② 《闽西苏维埃政府布告第五号——通行闽西工农银行纸币》(1930 年 11 月 25 日),载中央档案馆、福建省档案馆编:《福建革命历史文件汇集》(苏维埃政府文件)(一九三〇年),1985 年,第 280 页。

③ 《闽西苏维埃政府经济委员会扩大会议决议案》(1931 年 4 月 25 日),载中国社会科学院经济研究所中国现代经济史组编:《革命根据地经济史料选编》(上册),江西人民出版社 1986 年版,第 71 页。

④ 《闽西苏维埃政府布告第十五号——关于统一金融问题》(1931 年 4 月 30 日),载中央档案馆、福建省档案馆编:《福建革命历史文件汇集》(苏维埃政府文件)(一九三一年——一九三三年),1985 年,第 88 页。

⑤ 邓子恢:《龙岩人民革命斗争回忆录》,福建人民出版社 1961 年版,第 34 页。

3.中华苏维埃共和国国家银行货币的垄断地位

1932年2月中华苏维埃共和国国家银行成立,同年7月首批货币正式开印,为了维护苏币权威,财政人民委员会要求:"关于货币之流通……特别是国家银行所发行的钞票和银币,必须鼓动群众使用,禁止奸商破坏,使它在市面上迅速建立巩固的信用基础,这样使银行货币逐渐代替旧时货币,把旧时不统一的货币,驱逐出去,使苏区货币在国家银行货币之下统一起来,到处流通。"①1934年1月,第二次全国苏维埃代表大会通过的《关于苏维埃经济建设的决议》指出:伪造国币,拒用、压低国家银行纸币价值的活动危害性极大,将其视为反革命行为,对于"这种反革命行为,必须做最坚决的斗争,从罚款、苦工、禁闭、没收,一直到枪决"。临时中央政府中央执行委员会颁布的《中华苏维埃共和国惩治反革命条例》规定,"以破坏中华苏维埃共和国经济为目的,制造或输入假的苏维埃货币,公债票,及信用券者,或煽动居民拒绝使用苏维埃的各种货币或抑低苏维埃各种货币的价格引起市面恐慌者,或煽动居民向苏维埃银行挤兑现金或藏匿大批现金,或偷运大批现金出口,故意扰乱苏维埃金融者,均处于死刑。其情形较轻者,处六个月以上的监禁"。1934年,汀州市(长汀县)、明光县(今连城县)等地就曾关押、处决了一批这样的反革命分子。

(二)规范金融管理制度

1.规范金融机构职权

(1)政府规范信用合作社

苏维埃政府颁布章程规定信用合作社的管理权归属社员大会,合作社构成人员、合作社经营效果等方面必须向政府登记或报告。同时政府在宣传和税收上给予合作社支持。

A.合作社应将下列事项向政府登记。

(1)社员人数。

(2)每股股金,及总数多少,收到股金多少。

(3)管理员及审查员姓名。

(4)合作社性质。

(5)办理细则。

① 《目前各级财政部的中心工作——财政人民委员部训令财字第六号》,《红色中华》1932年9月13日第33期。

B.合作社每月终要将下列情形向政府报告。

(1)现在股金多少,社员多少。

(2)营业额多少。

(3)盈亏如何。

(4)消费社所售何物。

C.政府应保护合作社,如帮助合作社收账,保护物品流通等。

D.政府应在宣传上经济上帮助合作社之进行,但不宜干涉合作社财政。且不可强迫入股,强人消货等。

E.财政对于侵吞合作社公款者,须加倍处分。

F.政府征收所得税,合作社不必缴纳,以资奖励。[①]

在具体管理上,1931 年 4 月闽西苏维埃政府规定:"信用合作社借款,须按群众的需要与用途,不好随便乱借(过去许多地方要借的不借,不必借的则借),借贷时一定订明还期。"[②]又如 1930 年 2 月《合作社讲授大纲》要求"各社股本,政府在可能时,应出股参加……但政府只有一社员资格,不能包办一起","合作社机关最好不要与政府混为一起,免得群众误认是政府部分机关,而阻碍其发展"。[③] "合作社办事人员,由社员公选,政府不予干涉。"[④]1930 年 9 月却提出:"合作社办事人员,由社员公选,必要时政府可以干涉。"[⑤]"政府要

---

① 《合作社讲授大纲》(1930 年 2 月 28 日),载中共龙岩地委党史资料征集研究委员会、龙岩地区行政公署文物管理委员会编:《闽西革命史文献资料》(第三辑),内部资料,1982 年,第 127 页。

② 《闽西苏维埃政府经济委员会扩大会议决议案》(1931 年 4 月 25 日),载中国社会科学院经济研究所中国现代经济史组编:《革命根据地经济史料选编》(上册),江西人民出版社 1986 年版。

③ 《合作社讲授大纲》(1930 年 2 月 28 日),载中共龙岩地委党史资料征集研究委员会、龙岩地区行政公署文物管理委员会编:《闽西革命史文献资料》(第三辑),内部资料,1982 年,第 127 页。

④ 《合作社条例》(1930 年 3 月),载中共龙岩地委党史资料征集研究委员会、龙岩地区行政公署文物管理委员会编:《闽西革命史文献资料》(第三辑),内部资料,1982 年,第 215 页。

⑤ 闽西第二次工农兵代表大会法案之《修正合作社条例》(1930 年 9 月),载中共龙岩地委党史资料征集研究委员会、龙岩地区行政公署文物管理委员会编:《闽西革命史文献资料》(第四辑),内部资料,1983 年,第 176 页。

经常召集合作社办事人员开会讨论合作社进行方法"①,要求"合作社须按期召集各种会议,报告营业情形,讨论合作社进行事项,并向政府做月终报告"②。尽管如此,闽西苏维埃政府认为"过去各级政府对合作社工作,十二分的不注意"③。

(2)规范闽西工农银行职权

在闽西工农银行运行及管理上,1930年9月,《闽西苏维埃政府设立闽西工农银行的布告》规定闽西工农银行的管理结构、红利分配、贷款存款利息等,其中银行委员会人选是由闽西政府选派的。

(1)由闽西政府选派七人组织银行委员会,执行下列任务:①计划一切〔银〕行事宜。②任免并监督银行主任及各科科长。③审查银钱账目〔及〕各预算决算。

(2)由委员会选派主任一人,统管银行一切事务,直接对委员会负责。

(3)由委员会选派秘书一人,会计科长一人,司库一人,分别管理各科事宜,直接对主任负责,间接对委员〔会〕负〔责〕。④

1931年6月28日,闽西苏维埃政府发布第63号通知,强调:

我们要扩大银行,便要精选相当的人来负责改组与健全各级募股委员会,进行募股,并要募集多量股金,以充实银行资本。因此,本政府决定由各县苏及各直属区政府,在最短期间,设法每县及每个直属区各选一个忠实可靠而有普遍商业常识能力的人前来政府,再由政府遴选三人至五

① 《中共上杭县委扩大会议决议案》(1930年12月20日),载中共龙岩地委党史资料征集研究委员会、龙岩地区行政公署文物管理委员会编:《闽西革命史文献资料》(第四辑),内部资料,1983年,第456页。

② 《闽西苏维埃政府经济委员会扩大会议决议案》(1931年4月25日),载黄克富主编:《中央苏区调查统计史》,中央统计出版社2005年版,第165页。

③ 《闽西苏维埃政府通告(经字第一号)——关于发展合作社流通商品问题》(1930年),载中共龙岩地委党史资料征集研究委员会、龙岩地区行政公署文物管理委员会编:《闽西革命史文献资料》(第四辑),内部资料,1983年,第417页。

④ 柯华:《中央苏区财政金融史料选编》,中国发展出版社2016年版,第319页。

人,出发各县及直属区负责银行的工作。[①]

国家银行成立时,要求闽西工农银行将纸币发行权上缴国家银行,不再发行纸币。同时闽西工农银行还必须积极推广国家银行发行的货币。

2.规范存款准备金制度

现代金融学认为存款准备金是指金融机构为保证客户提取存款和资金清算需要而准备的。在中央银行的存款,中央银行要求的存款准备金占其存款总额的比例就是存款准备金率。存款准备金率的规定是为了保障货币的信用。闽西苏区时期不管是信用合作社还是闽西工农银行,为了维护货币信用,都有准备金率的要求。

1930 年 3 月 25 日,闽西第一次工农兵代表大会通过的《取缔纸币条例》明确规定:"地方发行纸币必须满足拥有 5000 银圆现金作为准备金,不允许缺少准备金的信用合作社发行纸币,满足发行纸币条件的信用合作社,在纸币发行数量上只能发行准备金数量的一半。"[②]

1930 年 9 月,闽西工农银行规定,"存库不动的现金百分之三十"[③](这也和之后 1932 年 5 月《中华苏维埃共和国国家银行暂行章程》的第十条中规定"发行纸币,至少须有十分之三之现金,或贵重金属,或外国货币为现金准备,其余应以易于变售之货物或短期汇票,或他种证券为保证准备"[④]是相同的)。

1931 年 4 月 25 日通过的《闽西苏维埃政府经济委员会扩大会议决议案》规定:"合作社已发出纸票的,应立即向经委会登记(表册由经济部制定)。以后合作社不得再发纸票,过去发的纸票如超过限制的,应收回(譬如只有基金

---

① 《闽西苏维埃政府通知第六十三号——关于工农银行的人与股金问题》(1931 年 6 月 28 日),载中共龙岩地委党史资料征集研究委员会、龙岩地区行政公署文物管理委员会编:《闽西革命史文献资料》(第六辑),内部资料,1985 年,第 104 页。

② 《商人条例》(闽西第一次工农兵代表大会通过,1930 年 3 月 25 日)。

③ 《闽西苏维埃政府经济、财政、土地委员会联席会议决议案》(1930 年 9 月 25 日),载中共龙岩地委党史资料征集研究委员会、龙岩地区行政公署文物管理委员会编:《闽西革命史文献资料》(第四辑),内部资料,1983 年,第 153 页。

④ 《中华苏维埃共和国国家银行暂行章程》(1932 年 5 月),载柯华主编:《中央苏区财政金融史料选编》,中国发展出版社 2016 年版,第 38 页。

五百元,而发了三百元纸票,便应至少收回五十元去。"①随后,1931年6月《杭武县区经济委员各区合作社主任联席会议决议案》提出"譬如只有基金五百元,而开了三百元纸票,便应至少收回五十元来"②。

从上文分析可知,中央苏区时期存款准备金率的最低值是30%。值得注意的是,之后国家银行现金准备占纸币发行量的59.35%(比规定的30%的存款准备金率高29.35%),同期国民政府要求60%的存款准备金率。

3.调控货币流通

金融机构需要通过调控货币量实现对经济的调控,主要方式有控制货币发行量及回笼货币。

(1)控制货币发行量。调控货币量的主要途径是控制货币发行量。1934年1月中旬,临时中央政府在瑞金召开了六届五中全会,提出了四个极左主张,"把以王明为代表的'左'倾冒险主义发展到了顶点"。随后,在中华苏维埃第二次全国代表大会(1934年1月22日至2月1日)上,毛泽东强调了"货币发行必须适应市场需要"的原则:"纸币的发行如超过市场所需要的定额外,必然会使纸币跌价,会使物价腾贵,使工农生活恶化起来,以致影响工农的联合",要求"苏维埃政府对于纸币的发行,应该极端的审慎",必须"更有计划地发行纸币,发展维护国币的运动等",以在"相当限度内维护纸币的信用"。③但由于"左"倾机会主义把持了党中央的领导,"二苏大"的各个决议案都未能得到贯彻执行,持正确观点的毛泽东等人也被排挤出领导层。

(2)大力组织商品供应回笼货币。不管是信用合作社还是闽西工农银行,在其金融机构保存贵金属的同时,其所隶属的苏维埃政权均建立了相应的消费合作社,这些合作社经营群众生活必需的油、盐、布匹等百货。如,在闽西苏区时期,面对工农业商品剪刀差,闽西苏维埃政府在做出开办农民银行或借贷所的提议后,"帮助奖励群众创造合作社,如生产合作社、消费合作社、信用合作社

① 《闽西苏维埃政府经济委员会扩大会议决议案》(1931年4月25日),载中国社会科学院经济研究所中国现代经济史组编:《革命根据地经济史料选编》(上册),江西人民出版社1986年版,第71页。

② 柯华:《中央苏区财政金融史料选编》,中国发展出版社2016年版,第343页。

③ 罗华素、廖平之:《中央革命根据地货币史》,中国金融出版社1998年版,第168页。

等,使农民卖米买货不为商人所剥削,而农村贮藏资本得以收集,使金融流通"①。这样不仅使当地的私人商店难以拒用信用合作社的纸币,而且还便于信用合作社的纸币占领市场,通过商品供应组织货币回笼,有利于稳定通货。

4.加强现金管理

(1)减少不必要的现金流失。1930 年 10 月,闽西工农民主政府发出第 3 号布告,禁止私人收买金银首饰,该布告规定:"以后如有私人在赤色区域收买首饰,一经查出,处以十倍以上之罚金。其将首饰运到白色区域贩卖或在赤区私铸银币,则处以死刑。"1930 年 12 月,中共上杭县委在《保持现金,维持市面之流通》的决议案中提出:"设法使土产出口,使商人买货不须运出现金。"②

1933 年 4 月,邓子恢签署发布《现金出口登记条例》防止豪绅地主资本家私运现金出口,破坏苏区金融。第一,规定最高现金出口额。该条例规定:"凡苏区群众往白区办货,或白区商人运货来苏区贩卖,须带现洋(大洋及毫子)出口,在二十元以上者(未与中央苏区联系之苏区由当地省政府酌定数量)须向当地区政府或市政府登记(现洋出口在一千元以上者,须到县政府登记。汀州商人带一千元以上出口者,则须到省政府登记)。登记后取得现金出口证,才准通过出口检查机关,但不满二十元者不在此例。"③第二,设立出口证。该条例规定:"凡商人或合作社运现洋出口向政府登记,须由该业店员支部或当地店员工会介绍证明……凡运现洋往白区,须向银行及兑换所兑换大洋者须带有现金出口证为凭……无出口证为凭者,一律兑换国币及毫洋……各关税处,国家政治保卫队,以及边区之乡政府……须将该出口证收回,每十天汇集寄回原发给出口证机关,以便审查。凡满二十元无出口证者,将该出口现金没收。"④苏区中央政府税务局在 14 个边界县和汀州市的水陆交通要冲,设立了 24 个

---

① 《闽西特委通知(第七号)——关于剪刀差问题》(1929 年 9 月 3 日),载中共龙岩地委党史资料征集研究委员会、龙岩地区行政公署文物管理委员会编:《闽西革命史文献资料》(第二辑),内部资料,1982 年,第 210 页。

② 赵效民:《中国革命根据地经济史(1927—1937)》,广东人民出版社 1983 年版,第 224 页。

③ 《现金出口登记条例》(1933 年 4 月 28 日),载中国人民银行金融研究所、财政部财政科学研究所编:《中国革命根据地货币》(下册),文物出版社 1982 年版,第 10 页。

④ 《现金出口登记条例》,载中国人民银行金融研究所、财政部财政科学研究所编:《中国革命根据地货币》(下册),文物出版社 1982 年版,第 11 页。

关税处,并分别配备一定的稽查力量,严厉打击金银走私和非法现金出口。

(2)增加现金(贵金属)。通过现金缴税的方式增加现金(贵金属)也是一个重要渠道。到了1931年7月,土地税不再完全收取谷子,而是改为"以收钱为原则,有特殊情形的,才准纳谷。即是贫农、中农、雇农,最好能完全纳钱,如特别困难的,也至多不能超过总数的一半(如应缴五担土地税的,最多只准纳二担半谷,还有二担半无论如何要纳钱)。富农的一律纳现金(每百斤燥谷作价大洋三元半)"[①]。

1932年9月6日,《福建省苏维埃政府训令财字第二号征收农业税》规定:中华苏维埃共和国国家银行纸币与闽西工农银行纸币在市面可以同时流通使用。"为便利及避免损失起见,农业税一律按照税额折成银款(例如某乡每人分实谷二石,照百分之五的税率应纳税额一斗。规定谷价每石三元,那么该一斗的税额应折成大洋三角,其余类推),照国币计算征收;但收款时应收国家银行及工农银行的纸票,提高银行信用,公债票亦好,但不计息,其谷物不收。"[②]

(3)节流。首先,发起节省运动。闽西苏维埃政府早在1931年9月规定:"各级政府办公的费用,在现在财政困难情形之下,须尽量节省,工作人员须规定额数,不得随便安插闲员,所有群众团体,除少先队儿童团以外,一概不得在政府预算内开支。"[③]那时所讲的节省,还只是财政工作本身要求贯彻的方针,还未形成群众性的节省运动。群众性的节省运动,是"一苏大"以后才逐步开展的。

1933年,临时中央政府号召开展"节省一个铜板,退回公债,减少伙食费的运动"[④]。1933年11月,经费预算总数为3303145元,次月降为2415057元,节省888088元[⑤]。根据1934年4月3日中央财政部的一份统计资料,交

---

① 《闽西苏维埃政府通知第七十六号——关于征收土地税问题》(1931年7月24日),载中共龙岩地委党史资料征集研究委员会、龙岩地区行政公署文物管理委员会编:《闽西革命史文献资料》(第六辑),内部资料,1985年,第135页。

② 蒋九如:《福建革命根据地货币史》,中国金融出版社1994年版,第56页。

③ 《闽西苏维埃政府通知第九十五号》(1931年9月3日),载中共龙岩地委党史资料征集研究委员会、龙岩地区行政公署文物管理委员会编:《闽西革命史文献资料》(第六辑),内部资料,1985年,第163页。

④ 周以栗、瞿秋白:《努力节省经济!一切帮助给予战争》,《红色中华》1933年3月6日,第58期。

⑤ 周以栗、瞿秋白:《深入反贪污浪费斗争来开展节省运动》,《红色中华》1934年1月7日,第141期。

到金库向中央财政部转账的节省款项中，长汀 260.4 元，上杭县 3.5 元，上杭合作社 19.8 元，闽西工农银行 552.038 元。

尽管节省运动如火如荼地展开，但中央当局认为农民对节省经济活动参与积极性不高，"要求无产阶级的领导深入到农村中去领导农人同志踊跃参加经济动员，把退还公债节省经济的运动深入的发展到农村中去"[1]。

其次，开展反贪污、反浪费斗争。节省运动是与反贪污反浪费斗争结合一起的。反贪污斗争不仅仅是中国共产党廉政建设的重要内容，而且直接影响脆弱的苏区经济及苏区红色金融。早在 1930 年 3 月，闽西苏维埃政府在第一次工农兵代表大会上就指出："侵吞公款有据者""受贿有据者""侵吞公款三百元以上者""借公报私为害他人者"撤职并剥夺选举权和被选举权；"受贿至五十元以上者"执行枪决。[2] 1932 年七八月，汀州市总组织部长郭占先负责纸行支部工作后，接受纸行老板每月 10 元大洋的贿赂。工会执委会发现此事后，立即召集纸行工人开会，将其受贿所得的 40 元大洋用于优待红军家属，同时，将他的错误行为报告苏维埃政府，对他进行严肃处理。[3]

视野扩展到整个中央苏区，最为典型的就是 1933 年 12 月中央苏区颁布的第二十六号训令《关于惩治贪污浪费行为》，这是中国共产党历史上首次明文将"浪费"列入腐败犯罪的正式文件。该训令明确规定：

> 凡苏维埃机关，国营企业及公共团体的工作人员利用自己地位贪没公款以图私利者，依下列各项办理之：
>
> （甲）贪污公款在五百元以上者，处以死刑。
>
> （乙）贪污公款在三百元以上五百元以下者，处以两年以上五年以下的监禁。
>
> （丙）贪污公款在一百元以上三百元以下者，处以半年以上两年以下的监禁。

---

[1]　《各方经济动员的比较数字》，《红色中华》1933 年 3 月 27 日第 64 期。

[2]　中共龙岩地委党史资料征集研究委员会、龙岩地区行政公署文物管理委员会：《闽西革命史文献资料》（第三辑），内部资料，1982 年，第 217 页。

[3]　中国人民政治协商会议福建省长汀县委员会文史资料委员会：《长汀文史资料》（第十三辑），1987 年，第 33 页。

（丁）贪污公款在一百元以下者，处以半年以下的强迫劳动。①

节省运动也是与反浪费斗争结合在一起的，1932年初，项英在《红色中华》刊文指出，在节省运动中，谁要是浪费一文钱，都是罪恶。若是随意浪费，那实际是破坏革命战争。② 第二十六号训令中将"浪费入罪"，该训令规定：

苏维埃机关，国营企业及公共团体的工作人员，因玩忽职务而浪费公款，致使国家受到损失者，依其浪费程度处以警告，撤销职务以至一个月以上三年以下的监禁。③

图3-7和图3-8为当时反贪污反浪费的宣传画。

图3-7　节省运动漫画

资料来源：《红色中华》1934年3月13日第161期。

图3-8　反对贪污浪费漫画

资料来源：《红色中华》1933年12月5日第132期。

---

①　《中华苏维埃共和国临时中央政府执行委员会训令第二十六号——关于惩治贪污浪费行为》（1933年12月25日），载江西省税务局、福建省税务局，江西省档案馆、福建省档案馆编：《中央革命根据地工商税收史料选编（1929.1—1934.2）》，福建人民出版社1985年版，第243页。

②　项英：《反对浪费严惩贪污》，《红色中华》1932年3月2日第6期。

③　《中华苏维埃共和国临时中央政府执行委员会训令第二十六号——关于惩治贪污浪费行为》（1933年12月25日），载江西省税务局、福建省税务局，江西省档案馆、福建省档案馆编：《中央革命根据地工商税收史料选编（1929.1—1934.2）》，福建人民出版社1985年版，第243～244页。

　　反贪污反浪费活动的开展,给中央苏区财政在"节流"上带来了十分积极的效果。已有资料表明,第二十六号训令出台后,各项经费预算均有所下降,如表 3-13 所示。

表 3-13　1933 年 11—12 月中央苏区经费预算比较表

项　　别	11 月份预算	12 月份预算
行政费	1793797	1240373
教育费	120053	127423
财务费	51210	75126
内务费	120000	115500
政工费	370575	383192
津贴费	464393	270168
临时费	383117	203275
总　　计	3303145	2415057

　　资料来源:《深入反贪污浪费斗争来开展节省运动》,《红色中华》1934 年 1 月 7 日第 141 期。

　　注:本表数字单位暂不公布。

　　1934 年 4 月,中央审计委员会发布报告称"三月份实支综述与二月份比较,节省二千九百六十六元六角六,达到了百分之四十"[①]。1933 年 4 月至 7 月,节省经费 130 万元,超过原节约计划的 70%。[②]

　　通过节省及反贪污反浪费运动,节省财政开支,减少财政性发行负担,缓解了财政压力,间接为红色金融保持现金提供了条件。

　　(三)正确应对旧币、杂币

　　马克思和恩格斯认为,革命人民在推翻旧政权和建立新政权之后,必须"通过拥有国家资本和独享垄断权的国家银行,把信贷集中在国家手里"[③]。根据马克思主义的这一观点,同时也根据中国农村地区的实际情况,中国共产党在创建农村革命根据地的过程中,提出了清查旧货币、通行新货币的思想。

---

　　①　《中央审计委员会检查中央各部三月份节省成绩的总结》,《红色中华》1934 年 4 月 14 日第 175 期。

　　②　王彬、刘日华:《中央革命根据地的反贪污反浪费斗争》,《江西社会科学》1982 年第 3 期。

　　③　《马克思恩格斯选集》(第 1 卷),人民出版社 1995 年版,第 293 页。

闽西苏区时期,闽西苏维埃政府虽然在局部区域统一了货币,但在短期内,依然有各种旧币的存在,如果不考虑流通的迟滞性,也必然会影响贫苦农民的利益,所以闽西苏维埃政府采取各种措施,妥善处理旧币。

1.监督

苏维埃政府采取一系列措施限制扰乱金融市场的行为:"对各土著及大私人银行与钱庄,苏维埃机关应派代表监督其行动,禁止这些银行发行任何货币,苏维埃应严禁银行家利用本地银行,实行反革命活动的一切企图。"[1]

2.缓冲

允许有实际价值的旧币特别是银洋继续流通。质地较好的旧银洋、铜板、铜(银)毫子等是用一定重量和面额价值的金、银、铜等贵金属铸成的,因此允许其在苏区继续流通使用,以发挥其在赤白贸易中的作用。如 1930 年 6 月,闽西苏维埃政府提出:"查近来(龙)岩城市面……如袁头毫、广东毫、福建官局毫以及各种杂版旧毫,俱不能行使,以致市面金融壅滞,本政府为流通金融起见,特规定袁头毫、广东毫、福建官局毫以及各种杂版旧毫,凡是银质的……各商店应一律使用。"[2]为了促进旧货币在苏区的顺利流通,闽西苏维埃政府还一度开展统一旧币币值的工作。1931 年 3 月,闽西苏维埃政府又决定:对旧纸币"照大洋价减低四分"使用,"唯工农银行纸币(与)大洋同价使用"[3]。在多项政策之下,各种杂币逐渐退出流通市场。

3.取消

为了强化闽西工农银行货币发行权的主导地位,1931 年 4 月闽西苏维埃政府提出废除旧币:"纸币由合作社及银行须限期换起来,有计划的运送出口,价格由银行规定。"[4]1931 年 4 月 25 日通过的《闽西苏维埃政府经济委员会扩

---

① 《中华苏维埃共和国关于经济政策的决议案》,载中共中央文献研究室、中央档案馆编:《建党以来重要文献选编(1921—1949)》(第八册),中央文献出版社 2011 年版,第718 页。

② 《闽西苏维埃政府布告第十六号——关于金融流通问题》(1930 年 6 月 28 日)。

③ 《闽西苏维埃政府通知(第 83 号)——建立村苏政府等六个问题》(1931 年 8 月 4 日),载柯华主编:《中央苏区财政金融史料选编》,中国发展出版社 2016 年版,第 361~362 页。

④ 《闽西苏维埃政府经济委员会扩大会议决议案》(1931 年 4 月 25 日),载中国社会科学院经济研究所中国现代经济史组编:《革命根据地经济史料选编》(上册),江西人民出版社 1986 年版,第 71 页。

大会议决议案》指出"大洋兑净毛一拾三毛半；大洋兑时洋拾捌毛；净毛兑铜片，铜片一拾捌板；时洋七五折，每时洋双毛兑二十七片……工农银行纸币照大洋一样使用"[1]。1931 年 4 月，闽西苏维埃政府发布了《关于统一时洋价格问题》的布告，提出将"这种毫价统一起来，全闽西苏区内每大洋一元，换时洋一拾八毫"。同年 8 月，闽西苏维埃政府再次规定，旧大洋与工农银行的纸币同价使用，以便把"银色好的杂洋集中至赤色区域的市面来"[2]。

通过上述措施，加上根据地逐步巩固和扩大，工农银行的信用很快树立起来，持纸币兑换银圆者日渐减少。[3]

本章小结：作为调节经济重要手段的红色金融在实际运行中发生了资本不足、通货膨胀、群众使用货币的积极性波动、货币防伪性不高、管理出现偏差等问题。产生的原因有来自外部的国民党军事"围剿"和经济封锁、中国所处的国际环境恶化；有来自内部的财政赤字货币化、实体经济发展滞后、"左"倾政策放大金融风险。金融风险主要通过贸易溢出传导、收入溢出传导及政治净传染产生的。为了解决红色金融困境，闽西苏维埃政府通过控制金融风险传染源（壮大军事力量、发展实体经济）、阻断金融风险传导机制（发展赤白贸易、处理好财政政策和货币政策关系、增强群众对红色金融的信心）和增强金融机构的抗风险能力（巩固法定货币的垄断地位，规范货币发行，正确应对旧币、杂币）等三个途径解决。

---

① 《闽西苏维埃政府布告第十五号——关于统一金融问题》(1931 年 4 月 30 日)，载中央档案馆、福建省档案馆编：《福建革命历史文件汇集》(苏维埃政府文件)(一九三一年——一九三三年)，1985 年，第 88 页。
② 《邓老谈后勤工作情况》，转引自张奇秀：《中国人民解放军后勤史资料选编(土地革命战争时期)》(第 2 册)，金盾出版社 1993 年版，第 335 页。
③ 福建省地方志编纂委员会：《福建省志·金融志》，新华出版社 1996 年版，第 176 页。

第四章　中央苏区时期闽西红色金融下的社会关系

　　金融历来都不仅仅是体现经济关系,而是体现一定时期一定区域内的社会关系。战时环境下,闽西红色金融体现了复杂的社会关系,本章将探讨:红色金融机构之间的关系、红色金融与民间金融的关系、红色金融与政府的关系、红色金融下政府与群众的关系、红色金融的货币政策与财政政策的关系。

第一节　闽西工农银行与农村信用合作社的关系

　　中央苏区时期,在闽西设立农村信用合作社和闽西工农银行是闽西红色金融的里程碑事件,对闽西苏区金融的发展起到了积极的作用。但闽西农村信用合作社在轰轰烈烈实施1年左右,就由政府推行的另一个群众性集股的金融机构——闽西工农银行所替代。在本节我们将分析同是群众性的金融机构的共通点,并从交易费用角度探讨闽西工农银行取代农村信用合作社的原因,以及两者是如何共同推动红色金融发展的历程。

一、两者共通点

（一）性质相同

　　从性质定位来看,两者都是群众性的经济组织。闽西苏区的合作社(包括信用合作社在内)在成立之初就定位为"为群众所组织的经济团体,不是政府所办的便利或救济人民的机构"①,闽西工农银行"是工农群众自己集资创办,为自己谋利益的银行"②。不过之后,信用合作社和闽西工农银行都成为政府资金融通的工具,政府在其中的作用也越来越明显。

（二）业务类似

1.发行货币

闽西苏区各个信用合作社最初都发行了在本区域流通的货币,在闽西苏维埃政府做出只有满足5000元股本才能发行货币规定后,依然有符合条件的信用合作社发行货币（详见第一章第一节）。闽西工农银行发行的是大洋票,该行前后发行的纸币有一元面值的暂用银圆票和一角、二角的银圆辅币券等（详见第一章第二节）。③ 但最后两者的货币发行权都转移给更高级别的金融机构。如信用合作社货币发行权转移给闽西工农银行,在国家银行成立之后,闽西工农银行将货币发行权上交给中华苏维埃共和国国家银行。

2.吸收存款,低利贷款

两者由于都是群众性集股建立的金融机构,以阶级关系为纽带筹资和发放贷款。在吸收存款方面,信用合作社开办有定期、活期、零存整取3种储蓄业务且"不论多少,可随时存入",存款利息为每月二分,贷款利率较低。闽西工农银行利用银行的信用担保,吸收群众暂时闲置的资金。储蓄形式有定期、活期、零存整取,并做出了相应的规定。总体上,闽西工农银行存款利率,活期月息千分之三,定期半年以上月息千分之四点五。

在贷款方面,如1930年2月《合作社讲授大纲》规定:信用合作社利息每借大洋一元者,每十天付铜圆一片……但最多不得超过全资本十分之一。④ 闽西工农银行贷款利息,"利息——放款月利百分之零点六,定期存款半年以

---

① 《合作社讲授大纲》(1930年2月28日),载中共龙岩地委党史资料征集研究委员会、龙岩地区行政公署文物管理委员会编:《闽西革命史文献资料》(第三辑),内部资料,1982年,第126页。

② 曹菊如:《闽西工农银行》,载柯华主编:《中央苏区财政金融史料选编》,中国发展出版社2016年版,第491页。

③ 福建省钱币学会:《福建货币史略》,中华书局2001年版,第370页。

④ 《合作社讲授大纲》(1930年2月28日),载中共龙岩地委党史资料征集研究委员会、龙岩地区行政公署文物管理委员会编:《闽西革命史文献资料》(第三辑),内部资料,1982年,第127页。

上者,月利百分之零点四五,活期存款百分之零点三,每一周年复利一次"①。

　　3.支持农业发展

　　由于两者的诞生地都是农村,且能够入股的一般都是贫雇农,因此这些金融机构的主要任务是通过贷款给农民购买种子、改善生产工具、兴修水利等发展农业生产。信用合作社"在目前春耕时候,群众无资本下种的,应集中股金借给他们买肥料。如在四五月时,应特别借钱给穷人买米谷"。② 闽西工农银行也有此要求:"为了帮助农民解决谷贱伤农和摆脱高利贷的剥削,闽西工农银行帮助各县建立合作社。"③

　　(三)管理类似

　　虽然闽西苏区时期缺乏相应的金融管理知识和人才,但闽西人民在中国共产党的领导下,发挥主观能动性,实现了对红色金融的民主管理和信用管理。

　　1.民主管理

　　信用合作社在发展中,始终坚持民主管理的原则。在其相关合作社条例中,都强调信用合作社是"群众所组织的经济团体"④,在管理上,在信用合作社内部通过社员大会、管理委员会和审查委员会进行管理,同时对分配、公积金、股本利息等都有明确规定(详见第一章)。

　　同样,《闽西工农银行章程》也对管理进行了相应的规定:由闽西工农民主政府选派 7 人组成银行管理委员会,负责"计划一切银行事宜,任免并监督银行主任及各科科长,审查银钱账目及预决算,由委员会选派主任 1 人统管银行

---

　　① 《闽西苏维埃政府设立闽西工农银行的布告》(1930 年 9 月),载柯华主编:《中央苏区财政金融史料选编》,中国发展出版社 2016 年版,第 319 页。

　　② 《闽西苏维埃政府经济工作委员会扩大会议决议案》(1931 年 4 月 25 日),载杨寿德主编:《中国供销合作社史料选编》(第 2 辑),中国财政经济社会出版社,1990 年版,第 13 页。

　　③ 曹菊如:《闽西工农银行》,载张天洲、黄庆辉主编:《福建中央苏区纵横》(新罗卷),中共党史出版社 2009 年版,第 72 页。

　　④ 《合作社讲授大纲》(1930 年 2 月 28 日),载中共龙岩地委党史资料征集研究委员会、龙岩地区行政公署文物管理委员会编:《闽西革命史文献资料》(第三辑),内部资料,1982 年,第 125 页。

一切事务,直接对委员会负责"①。银行管理委员会是最高权力机关,由此产生出主任及其相应的机构(详见第一章)。银行管理委员会每年要召开一次股员(即股东)代表大会,审查银行账目及财务收支情况,检查银行工作情况。革命根据地银行这种组织管理的民主性,与旧中国的银行为少数大股东所操纵的现象形成了鲜明的对照。

2.信用管理

金融业的立身之本是信用,中共闽西党组织坚定地维护国家银行和苏区货币的信誉。根据相关政策,闽西苏区信用合作社发行的货币量不得超过其股本的一半,以避免货币超发,引起通货膨胀。同时在闽西工农银行成立之后,其只能发行小额辅币,如1角、2角、5角三种,不得发到10角以上。在借贷方面,规定了贷款额度和期限(详见第一章)。

闽西工农银行信用好,1931年1月闽西工农银行撤退到闽西上杭大洋坝犁头山黄氏祠堂里,并在坑口设立兑换处。犁头山闽西工农银行和坑口兑换处坚持"来者不拒,随来随换,兑换比价不变",从而安定了民心,持纸币换银圆的人日渐减少。有的人因银圆携带不方便,愿收纸币不收银圆,甚至用银圆兑换纸币。犁头山闽西工农银行纸币信用之高、币值之稳定,创造了苏区发行纸币的奇迹。② 这就提高了纸币的信用。1933年,闽西工农银行一度出现了挤兑现象,此时闽西苏维埃政府坚持闽西工农银行要足额兑换,且是纸币与银圆1∶1兑换,禁止任何人抬高现洋比价。

(四)困境类似

详见第三章第一节,在此不赘述。

二、从农村信用合作社发展到闽西工农银行的原因

虽然两者都是以阶级关系为纽带建立的新的金融关系,但信用合作社还基于地域的考虑。这种结合地域和阶级关系、自愿性、互助性、民主管理性和

---

① 《闽西苏维埃政府布告第七号——关于设立闽西工农银行》(1930年9月),载中共龙岩地委党史资料征集研究委员会、龙岩地区行政公署文物管理委员会编:《闽西革命史文献资料》(第四辑),内部资料,1983年,第195页。

② 政协福建省上杭县委员会文史资料与学习宣传委员会:《上杭文史资料》(第三十五辑),内部资料,2012年,第13页。

非营利性的金融组织能够减少信息的搜寻成本、监管成本,在局部区域内发挥了一定的作用,但随着环境的变化,信用合作社面临的交易费用也在提高,不断提高的交易费用影响交易绩效。

制度经济学的交易费用理论解释了企业存在的原因和企业的边界。威廉姆森把交易费用分为事前费用和事后费用,其中事前费用包括协议的起草、谈判成本和保障协议被执行所需的成本。事后费用包括错误应变成本、争吵成本、建立和运转成本、为了使承诺完全兑现而引起的约束成本等四部分。交易环境的改变会影响事前事后费用,交易环境的变化往往意味着交易人员的变化,那么之前起草的协议、谈判等均要求改变;交易环境改变也意味着事后费用变化,错误应对成本、争吵成本、建立和运转成本、约束成本均可能发生变化。

(一)交易费用的增加

1929 年到 1930 年,闽西苏区革命根据地的区域发生变化。中共闽西党组织的政策目标当时仅仅是经济目标和军事目标,随着革命形势的发展,其政治目标越来越清晰,且希望通过金融手段打破原有的宗族关系,建立以阶级关系为纽带的农村社会关系。这样,在金融领域,若继续维系信用合作社的发展模式,可能会导致以下成本增加,因此,中共闽西党组织希望建立新的金融机构减少成本。

1.信息搜寻成本增加

信用合作社大部分是以区为单位,且一般在商业比较发达的区域出现。所以我们可以发现闽西苏区的信用合作社以永定最为发达。虽然信用合作社建立是以阶级关系为基础的,剥削阶级无法参加,但是在贫雇农之间除了新的阶级关系外,依然保留宗亲关系,信用合作社在局部区域能够很好发展起来也在一定程度上说明"差序格局"依然影响农民。如永定县太平区信用合作社货币流通使用的范围大部分在太平区管辖地区。因为信息不完全,彼此对对方的信息掌握不全,无法判断其信用程度,各个地区货币的转换较难。因此,用闽西工农银行发行的货币取代各信用合作社发行的货币,有利于该区域内的商品流通。

2.流通成本增加

各个信用合作社最初能够自行发行货币在本区域流通,但明显的是即便是同一个区不同信用合作社发行的货币在不同区域可接受的程度不一样。这就导致一个问题,原本发行货币是为了减少流通的交易成本,结果各个信用合作社都发行货币,等于是在原来多样货币的基础上,又增加新的货币。也就是说货币流通范围受信用合作社业务活动区域的限制,依然无法做到区域统一货币。这些问题在根据地区域扩大后而放大。1929年3月红四军入闽,1929年闽西革命根据地仅仅包括永定、龙岩、上杭等地,到1930年时已经增加了长汀、武平、漳平、连城。随着根据地的扩大,局部区域流通的货币很难在其他区域流通,这就导致交易费用的增加。

面对日益扩大的根据地、面对严峻的经济形势,闽西苏维埃政府考虑组建银行,并授权其发行在闽西革命根据地境内可流通使用的货币,治理货币流通市场的混乱,维护流通秩序。[①]

3.约束成本增加

虽然闽西,尤其是永定建立了数量较多、规模也较大的信用合作社,但直到1933年才颁布了《信用合作社标准章程》,之前有关约束信用合作社的章程都统一在生产合作社、消费合作社中,没有考虑信用合作社的特殊性。这说明信用合作社内部是靠"人治",人与人之间的信任是前提。所以就出现一个现象:即便在同一个闽西苏区,县级的一些决议会与闽西苏维埃政府的决议有些许的差异。如在合作社社员分红上,1930年9月《闽西第二次工农兵代表大会决议案》规定"百分之三十照社员付与合作社之利益比例分配"[②]。但上杭在1930年9月通过的《上杭县第二届工农兵代表大会决议案》中就规定"百分之四十,照社员付与合作社之利益比例分配"[③]。不同区域管理的不一致性,为将来合作社的进一步扩大埋下了隐患。

成本的增加必然影响各自的收益。信用合作社成员之间的互助合作是一种"利他"与"利己"相互融合的行为,微观主体之间的互助合作是一个重复博弈的过程,在这过程中会形成最优的均衡解,合作的各方都将获得最大收益。为了更好体现苏维埃政府建立信用合作社、农民加入信用合作社的净收益,我们构建一个综合考虑农民与苏维埃政府的净收益的函数:

$$\pi = \varphi R' - (1 - \varphi)C$$

① 福建省钱币学会:《福建货币史略》,中华书局2001年版,第369页。

② 中共龙岩地委党史资料征集研究委员会、龙岩地区行政公署文物管理委员会:《闽西革命史文献资料》(第三辑),内部资料,1982年,第126页。

③ 《中共上杭县委扩大会议决议案》(1930年12月),载中共龙岩地委党史资料征集研究委员会、龙岩地区行政公署文物管理委员会编:《闽西革命史文献资料》(第三辑),内部资料,1982年,第126页。

其中 π 为农民及闽西苏维埃政府入社的净收益；R' 是加入信用合作社的收益；C 为所付出成本的贴现值。φ 为启发偏向程度的权重，$\varphi \rightarrow 1$，入社成本为 $(1-\varphi)C$。从农民角度看：加入信用合作社的收益 R'（农民通过低息贷款发展生产，获得较高的收益）较高；在苏维埃政府的宣传鼓励之下，农民对信用合作社有一个较大的认知权重，即 φ 值较高 ；民众入社的成本是较低的（一般考虑出身的成分及付出极低的利息）。农民最后获得的净收益 π 较高，因此入社成为农民的必然选择。从苏维埃政府角度看：R' 源自信用合作社组建后的经济秩序的恢复；政府对信用合作社寄予较高希望，φ 值较高 ；政府付出的成本主要是宣传、鼓动及利息成本。综合考虑，政府的净收益 π 较高。

值得注意的是，受交易环境变化的影响，中共与农民之间有关信用合作社的交易也在变化。由于信用合作社比较零星，覆盖面不广，无法很好满足苏区民众的需求，农民的入社收益 R' 减弱，认知权重 φ 减少，成本 C 上升，净利润 π 不断减少。苏维埃政府对其管理也较薄弱，政府净收益也不断减少，因此，闽西第二次工农兵代表大会提出"目前为要调节金融，保存现金，发展社会经济，以争取社会主义胜利的前途，唯一的办法是设立闽西工农银行、各县分行"[①]。闽西苏区信用合作社大部分归闽西工农银行管理。

(二)闽西工农银行影响高于信用合作社

银行股本高，更能满足农民资金需求。闽西苏区组建信用合作社的区域较少，同一个区会建立多个大小规模不等的信用合作社，这些信用合作社规模大的如永定第二区、第三区信用合作社，股金达到 5000 元，其余或 3000 元或 1000 元，甚至有些股金仅为 100 元。具有发行纸币能力的信用合作社只有几个规模较大的。之后又规定只有具有 5000 元以上股金的信用合作社才能发行其股金一半的纸币，这样就难以保障其发行的纸币能随时兑现。如此少的货币出现在区域内，可能无法满足区域内对货币这种一般等价物的需求，闽西工农银行的募股达到 20 万（实际 12 万），总体上比信用合作社高，服务对象范围也扩大。因此，虽然信用合作社能在一定区域一定程度上统一货币，促进商品流通，但当区域进一步扩大时，信用合作社的功能就无法满足统一的市场的需求了，更重要的是，中共希望建立一个统一闽西苏区的金融权，从而更好地组织和动员群众。因此，从信用合作社发展到闽西工农银行是必然的趋势。

---

① 姜宏业：《中国地方银行史》，湖南出版社 1991 年版，第 660 页。

　　闽西工农银行成立之后,并不意味着完全取消农村信用合作社,而是两个机构联合工作。闽西工农银行贷款通过合作社发放,保证了贷款用途和对象的正确,加速了资金周转,提高了贷款扶植生产的使用效率。贷款通过合作社发放,普遍开展合作社的信用业务。这样,把银行贷款、合作社资金和民众游资三者紧密结合在一起,使分散的资本作用加大,减少农村金融的盲目性,增加活跃性,扩大生产,大大发挥了贷款扶植民众生产的作用。

　　农村信用合作社在业务上、性质上与闽西工农银行高度相似,服务于工农银行,帮助工农银行推行货币、公债等。同时,闽西工农银行又服务于国家银行,帮助国家银行推行货币、公债。国家银行又服务于中央政府,由中央政府根据财政需求而制定货币政策。三者呈现出以下关系,如图 4-1 所示。

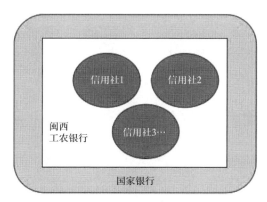

图 4-1　信用合作社(信用社)、闽西工农银行、国家银行三者的关系
资料来源:作者绘制。

（三）其他原因

1.信用合作社纸币币值不高

　　1930 年以前闽西苏区下属的一些县都普遍建立了信用合作社,信用合作社在满足一定条件下可以发行纸币[①],闽西苏区的上杭北四区、永定第一区和永定太平区就是少数能发行纸币的信用合作社。这些信用合作社发行的纸币又限制于一元以下的辅币券(一般只允许一毫、二毫、五毫三种),在数量上不

────────────

　　① "信用合作社要有五千元以上的现金,请得闽西政府批准者,才准发行纸币,但不得超过现金之半数","纸币数量限一角、二角、五角三种,不得发到十角以上"。《取缔纸币条例》(闽西第一次工农兵代表大会通过,1930 年 3 月 25 日)。

能超过其掌握现金的一半。^①这就意味着在抵制劣质银币和对敌区经济斗争上,仍然难以发挥作用。

2.信用合作社资金依赖银行

政府和银行的扶持超过了必要的限度,弱化了信用合作社的自身独立发展的力量。信用合作社基本上是建立在民众资本之上,银行的低利贷款是补助私人资本的不足。早期的合作社,资金来源主要依靠政府贷款,如前文所述,由于群众生活困苦,资金有限,且存款利息并不诱人,所以信用合作社的存款普遍不高,一般只有 2000~3000 元现金,最多的如永定第一区信用合作社也仅有 5000 元现金。^②

中央苏区时期,在闽西设立信用合作社和闽西工农银行是闽西红色金融的重要里程碑事件。两者都是群众性集股的金融机构,业务相似、管理相似、困境相似。由于信息搜寻成本、流通成本和约束成本的提高,闽西农村信用合作社在实施 1 年左右,就由闽西工农银行替代。

第二节　闽西苏区红色金融与民间金融的关系

中央苏区时期,中国共产党在闽西局部执政期间发展红色金融,虽然以政府的力量强力推进闽西红色金融建设,但不可否认的是,民间金融依然在一定程度发挥作用。本节将分析闽西红色金融与民间金融之间的关系,希冀说明,在红色金融并不强大的情况下单纯地否定或消除民间金融,一定程度上造成该区域民间融资不足的问题。

一、闽西红色金融与民间金融关系的演变

在闽西农村,债是民间金融的重要组成部分,债往往意味着民间借贷。在实际运作过程中,红色金融也不完全是依靠国家力量,完全否定民间金融的,其间也经历了修正的过程。

---

① 蒋九如:《福建革命根据地货币史》,中国金融出版社 1994 年版,第 43 页。

② 蒋九如:《福建革命根据地货币史》,中国金融出版社 1994 年版,第 43 页。

（一）废除一切债务

中国共产党早在 1926 年就意识到"减租减息等目前的争斗，在农民群众中，比解决土地问题更是迫切的要求"①，"赞助并领导农民群众的部分要求，抗税抗租抗债以至于减租等等，以组织广大的农民群众"②。早在 1927 年底和 1928 年初，中共永定县委领导了永定部分乡村"五抗"（抗租、抗捐、抗税、抗粮、抗债）斗争，在此基础上动员大量群众，进而引发了永定武装暴动。闽西根据地建立之初的三个任务是缴枪、杀土豪、烧契，对群众而言，田契债券的废除，"岩、永粮册子也烧尽了，这是很痛快的一件事"③。1929 年 5 月，永定县革命委员会发布取消一切债务的决议："所欠土豪绅士地主以及有利债务一概取消，所有借约限令交由农民协会焚毁。"④

（二）纠正"废除一切债务"的做法

1929 年 6 月，红四军在颁布的《红军第四军司令部政治部布告》中规定："工人农民该欠田东债务，一律废止，不要归还（但商人及工人农人相互间的债务不在此列）。"⑤但 1929 年 7 月中共闽西一大对债和高利贷做出了约定："工农穷人欠款土豪、地主之债不还，债券借约，限期缴交苏维埃政府或农会焚毁。"⑥在当时的闭幕式上总结其成绩之一就是"纠正过去取消一切债务的错

---

① 《在中共中央特别会议上的政治报告》（1926 年 12 月 13 日），载中共中央文献研究室、中央档案馆编：《建党以来重要文献选编（1921—1949）》（第三册），中央文献出版社 2011 年版，第 497 页。

② 《政治议决案》（1928 年 7 月 9 日），载中共中央文献研究室、中央档案馆编：《建党以来重要文献选编（1921—1949）》（第五册），中央文献出版社 2011 年版，第 397 页。

③ 《闽西斗争形势和组织状况》（1929 年 8 月 28 日），载蒋伯英主编：《邓子恢闽西文稿（1916—1956）》，中共党史出版社 2016 年版，第 119 页。

④ 《永定县革命委员会布告——工农群众大会关于取消一切债务的决议》（1929 年 5 月），载中共龙岩地委党史资料征集研究委员会、龙岩地区行政公署文物管理委员会编：《闽西革命史文献资料》（第二辑），内部资料，1982 年，第 99 页。

⑤ 江西省档案馆、中共江西省委党校党史教研室：《中央革命根据地史料选编》（中），江西人民出版社 1982 年版，第 434 页。

⑥ 《中共闽西第一次代表大会关于土地问题决议案》（1929 年 7 月 27 日），载中共龙岩地委党史资料征集研究委员会、龙岩地区行政公署文物管理委员会编：《闽西革命史文献资料》（第二辑），内部资料，1982 年，第 135 页。

误的观念"①。对于高利债务,则提出"凡超过各地普遍利息以上的高利债务,本利不还,其超过新定利率,而未超过以前普遍利率者还本不还利"②。

1930 年 3 月《借贷条例》规定:"商家关于商品赊出之账仍旧要还。"要付利息的统一称为"债",如果月息在 2 分以上,则称为高利贷,则政府需要取缔。月息在 1 分 5 厘的债只"还本不还利"。1930 年 3 月的《借贷条例》规定"以后往来利息,最高不得超过一分五厘以上"③。对于"会",1929 年闽西苏维埃政府认为"银会为农民经济互助组织,各县须调查实际情况,审慎处理之",要允许其在一定时期和范围内存在。④ 不过,对于典当,1930 年 3 月的《借贷条例》和 1930 年 9 月《修正借贷条例》都规定:"典当债券取消,当物无价收回。"⑤

(三)继续实施"废除一切债务"的政策

受"左"倾错误的影响,1930 年 6 月的"南阳会议"又把"废除一切债务"的错误口号提出来,南阳会议通过的《富农问题》决议案认为那种为了"流通金融"而阻碍贫农对富农彻底废债斗争的做法是不对的,提出要"没收一切土地,废除一切债务"⑥。对于"账",1930 年 9 月《修正借贷条例》规定"暴动前工农

---

① 《中共闽西第一次代表会议情形》(1929 年 7 月),载中共龙岩地委党史资料征集研究委员会、龙岩地区行政公署文物管理委员会编:《闽西革命史文献资料》(第二辑),内部资料,1982 年,第 159 页。

② 《中共闽西第一次代表大会关于土地问题决议案》(1929 年 7 月),载中共龙岩地委党史资料征集研究委员会、龙岩地区行政公署文物管理委员会编:《闽西革命史文献资料》(第二辑),内部资料,1982 年,第 135 页。

③ 中国社会科学院经济研究所中国现代经济史组:《革命根据地经济史料选编》(上册),江西人民出版社 1986 年版,第 357 页。

④ 《中共闽西第一次代表大会关于土地问题决议案》(1929 年 7 月),载中共龙岩地委党史资料征集研究委员会、龙岩地区行政公署文物管理委员会编:《闽西革命史文献资料》(第二辑),内部资料,1982 年,第 135 页。

⑤ 《修正借贷条例》(1930 年 9 月),载中共龙岩地委党史资料征集研究委员会、龙岩地区行政公署文物管理委员会编:《闽西革命史文献资料》(第四辑),内部资料,1983 年,第 193 页。

⑥ 《富农问题》(1930 年 6 月),载中共龙岩地委党史资料征集研究委员会、龙岩地区行政公署文物管理委员会编:《闽西革命史文献资料》(第三辑),内部资料,1982 年,第 331 页。

兵贫民欠商家账目一律取消,但已还者不退回"①。对于"会"则全盘否定:"各地民众债务及来往钱款,如有利借贷、无利借贷、赌账、票款、银会、谷会、孝子会、牛会、婚姻票款及所欠公款,自暴动日起一律取消,但工钱例外。"②

随着对"高利贷"认识的不断提高,毛泽东在《中华苏维埃共和国临时中央政府关于土地斗争中一些问题的决定》(1933 年 10 月)中划分了三类高利贷人群,并明确提出对于账和债不能一刀切。

(一)有高利贷剥削(一切过去及现在的国民党统治区域,不论城市乡村,债务中最大多数,都是高利贷剥削),但不是依靠高利贷为其全家主要生活来源的,不能叫做高利贷者而采取完全没收的政策,应各依其成份处理。以为凡有高利贷剥削的都是"高利贷者",这是不对的。(二)一面放债一面欠债的,应将其"欠人"、"人欠"互相抵销,看其剩余部分的性质与程度,再与本人其他剥削关系总合起来,决定其成份。(三)店铺货账必须归还的理由,是为了不使商业受到损害,并且货账一般不能算入高利债务范围之内。

不过要注意,在中央苏区时期,也并非完全取缔民间金融。1932 年《中华苏维埃共和国临时中央政府关于借贷暂行条例的决议》的相关规定允许合理的私人借贷:凡国家银行信用合作社或私人借贷之非高利贷性质的周转和为帮助某种生产事业而举行的各种借贷,不违背本条例之规定者,苏维埃政府不加以干涉。③

二、推动红色金融,削弱民间金融的原因

1929 年 3 月红四军入闽后,在经济上除了大力发展农业和工商业外,也

____

① 《修正借贷条例》(1930 年 9 月),载中共龙岩地委党史资料征集研究委员会、龙岩地区行政公署文物管理委员会编:《闽西革命史文献资料》(第四辑),内部资料,1983 年,第193 页。

② 《修正借贷条例》(1930 年 9 月),载中共龙岩地委党史资料征集研究委员会、龙岩地区行政公署文物管理委员会编:《闽西革命史文献资料》(第四辑),内部资料,1983 年,第193 页。

③ 柯华:《中央苏区财政金融史料选编》,中国发展出版社 2016 年版,第 28 页。

整顿闽西的财政金融政策,并通过"平田废债"的方式取消了民间借贷。中共对闽西传统借贷关系的革命,不仅仅是要用红色金融取代民间金融,更重要的是取代民间金融下的社会、宗族关系,建立以阶级为基础的社会关系。

(一)民间金融削弱了苏维埃政权的金融控制权

民间金融依据地缘、血缘和宗族关系,形成不同形式的民间融资方式,满足农户不同特征的金融需求,在一定程度上缓解了正规金融资金不足的问题,促进农村经济的发展,这也是民间融资能够长期存在的原因。不过这种融资经常游离于正规金融之外,为了保证闽西革命根据地区域的不断扩大,推动闽西农村经济发展,解决农民资金不足和战争资金不足的问题,必然要掌握金融大权。而民间融资的畸形发展必然分割正规金融的资金来源,影响正规金融的功能。

(二)高利贷引发社会动乱

闽西苏区时期民间融资最大的危险在于过高的利息,对农民而言是饮鸩止渴。闽西"农民穷了必举行借贷,地主乘此机会放高利贷以榨取农民"[1]。闽西主要的借贷形式是货币借贷和粮食借贷。根据俞如先的研究,地处汀江流域的客家县域粮食借贷年利率一般介于30%~50%。在这种环境下,农民的生产和生活必然受到严重的冲击,甚至卖儿卖女。

(三)民间融资成本增加

民间融资在局部区域能在一定程度发挥作用的重要因素之一是借贷双方基于地缘和血缘关系,可以以较低的成本了解彼此的信誉,加之操作简单,因此融资成本较低。不过超过一定区域后,民间融资的优势就无法体现出来。

以图4-2为例,纵轴表示金融交易的交易成本,横轴表示金融交易空间(或地域范围),FF'为农村正规金融融资成本曲线,II'为非正规金融交易的交易成本曲线。在交易区域(O,E)内时,农村非正规金融的融资成本优于正规金融,但随着规模不断扩大,交易的成本不断增加,非正规金融的优势逐步失去。此时,正规金融的交易成本反而因为规模经济和范围经济不断下降。

闽西苏区建立后,随着执掌的区域不断扩大,单纯的民间融资对于中国共产党希冀解决的经济困境是杯水车薪,战时环境下,更需要政府出手,统一金融,以便资金、商品流通,促进农村经济发展。

---

[1]　中共龙岩地委党史资料征集研究委员会、龙岩地区行政公署文物管理委员会:《闽西革命史文献资料》(第二辑),内部资料,1982年,第132页。

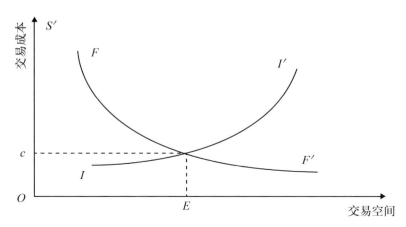

图 4-2　交易成本与交易空间的关系

(四)中共希冀借助红色金融组织农民

中国是一个农业大国,农民在革命中具有重要地位,中国革命的发生、发展都离不开农民。中共一方面用土地革命方式解决农民土地问题,另一方面也希冀通过破除旧的金融体系和建立新的金融体系组织农民。

废债之后,一方面农民是减少了或取消了债务,但出现了资金借贷无门的情况,富户避借或携款逃离到城市,但农业经济要发展,不能没有资金。于是在中共的领导下,闽西在 1929 年就成立了群众性的农村信用合作社、1930 年11 月成立闽西工农银行以解决民间融资的困境。农民必须参加这两个金融机构才能获得资金贷款,这就在一定程度上瓦解了以地缘、血缘和宗族为纽带的借贷关系,中共建立了以阶级为基础的借贷关系,这无形中就为中共动员群众、组织群众提供了一个途径。

三、单一红色金融的影响

"废债"运动在闽西苏区不断扩大,同时构建中共领导的红色金融,闽西红色金融对当地经济产生积极影响,如贷款购买种子、生产工具、兴修水利等发展农业生产,贷款给生产合作社发展生产等,但取消民间金融也带来一定程度不利影响。

(一)出现金融抑制:农村资金借贷不足

我们构建这样的经济学模型:假设政府贷款方为正规金融部门,民间借贷方为民间金融部门。如图 4-3 所示,DD'代表可贷资金需求曲线,可贷资金需求与利率呈反向关系;SS'为可贷资金供给曲线,该曲线意味着群众自愿流入到正规金融部门的数量与利率呈正相关关系。这样供给曲线 SS' 和需求曲线 DD' 相交点为 P,则此时决定市场上均衡利率为 i_e,均衡可贷资金数量为 OB。

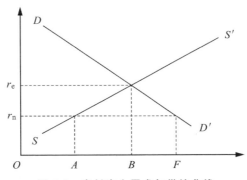

图 4-3   农村资金需求与供给曲线

在闽西苏区,政府强力推行低利贷款,即利率为 r_0,它显然低于均衡利率水平 r_e,可以预测,农民从贷款者角度希望获得低利率贷款,但若其作为借出者,则这个利率是无法吸引他的,如果没有政府的强力阻止民间融资,那么流入到正规部门的资金将从 OB 减少到 OA。从资金需求方看,由于低利率贷款,使得资金使用成本下降,因此会扩大投资(如增加农业生产工具、完善水利设施及其他工商业贷款),投资需求从 OB 增加到 OF。不过这样的结构就产生了借贷资金缺口 AF,这就形成了金融抑制的现象。所以就出现了"多数拥有货财的地主土豪又杀的杀,跑的跑,资本藏匿不出"[①]的情况。实际上,虽然闽西苏维埃政府意识到抑制民间融资可能带来的影响,从而发动群众建立信用合作社和闽西工农银行,但政府主导的正规融资依然无法满足群众的资金需求。

(二)资金不足影响苏区社会经济的发展

政府应一分为二地看待民间金融,一方面确实是高利贷影响了农民的收益,但一刀切地废债也阻碍了民间正常融资,影响了工商业的发展。因为我们

---

①   中共福建省委党校党史研究室:《红四军入闽和古田会议文献资料》,福建省人民出版社 1979 年版,第 99～100 页。

需要考虑的不仅仅是使用资金的成本,也要考虑使用资金的收益。[①] 当正规融资无法解决,民间融资短缺,又遇到"左"倾错误影响及其他因素的影响时,闽西苏区经济发展就停滞了。据原福建省职工联合会委员长王德铭回忆:"1932 年冬……不少厂店和作坊的老板、雇主也乘机怠工而关厂关店,甚至逃跑……"[②],到了后期,由于资金不足及其他因素的影响,闽西汀州商业颓败,"各圩市商店,垣烂墙颓,门户窗门全无"。同时由于没有有效利用民间融资,以至于苏区"生产与消费合作社的资本的一大部分还是由于国家的直接帮助"而解决,从而加重了苏维埃政府的财政经济负担。

(三)与新民主主义革命性质偏离

中国共产党所领导的土地革命战争的性质是资产阶级民主革命,不是无产阶级社会主义革命,其斗争对象是反帝反封建而不是反对民族资产阶级。尽管 1931 年 11 月的《中华苏维埃共和国关于经济政策的决定》规定:"城市与乡村贫民被典当的一切物品,完全无代价的归还原主,当铺应交给苏维埃","对各土著及大私人银行与钱庄,苏维埃机关应派代表监督其行动"[③],但在实际执行中,却变成了"革命以前的债一概不还"。可以预见的是,废债后,贫苦农民之间借贷会消失,"乡村中一般的停止借贷,金融流通完全停滞",农民在"收获时节,无钱发给工资,只有贱卖粮食以资救济"[④]。

受主观认识和客观环境的影响,中国共产党在苏区未正确认识到民间融资的合理性,苏维埃政府将民间传统的"会"、群众性互助的借贷等同于高利贷,禁止和打击这些群众性的互助行为。实际上,对民间借贷放任自流和简单取消,都是不可取的政策选择。我们必须通过规制和调控民间借贷,以期更好地服务于经济发展。

---

① 长汀县四堡乡严屋村的村民严荣启于 1930 年 3 月 11 日从毗邻的雾阁村邹维往处借贷大洋 125 元,月息 1.8 分。严荣启特此银办货回来后卖与马子妹、马仰求,二人共出小洋 2670 毛,值大洋 190.71 元(以大洋每元值小洋 14 元计算),商业利润为 52.57%,利润可观。即使所借银钱利息加三(36%)也有利可图。

② 苏俊才:《红土溯源》,北京广播学院出版社 1999 年版,第 23 页。

③ 中共中央文献研究室、中央档案馆:《建党以来重要文献选编(1921—1949)》(第八册),中央文献出版社 2011 年版,第 718 页。

④ 《中共闽西特委通告(第七号)——关于剪刀差问题》(1929 年 9 月 3 日),载中共龙岩地委党史资料征集研究委员会、龙岩地区行政公署文物管理委员会编:《闽西革命史文献资料》(第二辑),内部资料,1982 年,第 209 页。

第三节　闽西苏区红色金融与政府的关系

闽西苏维埃政府认为"工农银行是斗争的武器。有健全巩固的工农银行才能扩大合作社的基金,才能解决群众生活的困难,保存现金这些问题的解决是给敌人有力的进攻,使政权更巩固起来……如果工农银行有什么损失决不是银行本身的损失,而是苏维埃政权受到极大的损失"[1]。从巩固政权的角度出发,闽西苏维埃政府鼓励、规范红色金融的发展;红色金融也在业务和管理上服务于苏维埃政府、服务于战争。

一、政府积极引导红色金融的发展

闽西苏区时期,政府积极引导红色金融的发展表现在两个方面:鼓励与规范。

(一)鼓励

1.鼓励金融机构扩大规模

(1)鼓励闽西红色农村信用合作社扩大股金规模

闽西红色农村信用合作社虽然早在 1929 年就由群众自发组织,但在这个过程中,闽西苏维埃政府也在积极引导扩大其规模。1930 年 3 月,闽西第一次工农兵代表大会通过决议案,要求"普遍发展信用合作社组织,以吸收乡村存款"[2]。上杭北四区信用合作社"动员妇女把零钱存到信用合作社"[3],以此来增加信用合作社的存款规模。1933 年,临时中央政府发行 300 万元经济建

---

[1]　《杭武县区经济委员各区合作社主任联席会议决议案》(1931 年 5 月 11 日),载中共龙岩地委党史资料征集研究委员会、龙岩地区行政公署文物管理委员会编:《闽西革命史文献资料》(第六辑),内部资料,1985 年,第 20 页。

[2]　《闽西第一次工农兵代表大会决议案(节选)》(1930 年 3 月 24 日),载柯华主编:《中央苏区财政金融史料选编》,中国发展出版社 2016 年版,第 289 页。

[3]　华玉秀:《回忆上杭县北四区信用合作社纸票》,载蒋九如主编:《福建革命根据地货币史》,中国金融出版社 1994 年版,第 252 页。

设公债,其中以"一百万元帮助合作社的发展","分配与信用合作社和生产合作社的各二十万元"。①

(2)鼓励闽西工农银行扩大股金规模

早在1930年9月,闽西第二次工农兵代表大会就提出:"为要调节金融,保存现金,发展社会经济,以争取社会主义的前途,唯一的办法是建立闽西工农银行,各县设分行。"在随后颁布的《闽西工农银行章程》中,苏维埃政府就要求:各级政府、各工会、各部队组织募股委员会,县委会5人,区委员会3人,各工会、各部队3人至5人。② 在资金方面,第三次反"围剿"胜利之后,闽西苏维埃政府继续募集基金。1931年3月,杭武县召开了各区募股工作联席会,提出了加紧调查与清算各区募股委员会的经济情况,健全各区募股委员会的要求。③ 1931年5—6月,闽西苏维埃政府总共发布4个通知,要求扩大银行金融规模:1931年5月23日闽西苏维埃政府发布第49号通知,要求"合作社及粮食调剂局未照银行定章向银行入股(合作社十分之一,调剂局十分之二),在这登记当中一定要照例一齐入股,不要迟延"④。1931年6月9日,闽西苏维埃政府发布第57号通知,要求"对于从前社党所经手收去的股金,应由各当地政府及募股委员会负责,向他的家追收。如他财产要没收时,于没收项内先除出所欠银行的股金,然后归公……希各级苏维埃政府,必须遵照此通知切实执行,以扩大工农银行,冲破敌人的经济封锁"⑤。1931年6月23日,闽西苏维埃政府发布第60号通知:"由各乡再募股二万元之决定,此二万元数目,分六月份与七月份每月募足一万元。"⑥1931年6月28日,闽西苏维埃政府发布第63号通知,强调:

---

① 余伯流:《中央苏区经济史》,江西人民出版社1995年版,第446页。

② 柯华:《中央苏区财政金融史料选编》,中国发展出版社2016年版,第318页。

③ 《杭武县各区工农银行募股委员会联席会》(1931年3月),载许毅主编:《中央革命根据地财政经济史长编》(下),人民出版社1982年版,第302页。

④ 《闽西苏维埃政府通知第四十九号——解释扩大会决议与工作上的具体决定》(摘录)(1931年5月23日),载赣州市财政局、瑞金市财政局编:《中华苏维埃共和国财政史料选编》,2001年,第397页。

⑤ 中央档案馆、福建省档案馆:《福建革命历史文件汇集》(苏维埃政府文件)(一九三一年——一九三三年),1985年;第117～118页。

⑥ 《闽西苏维埃政府通知第六十号——关于扩大银行股金问题》(1931年6月23日),载赣州市财政局、瑞金市财政局编:《中华苏维埃共和国财政史料选编》,2001年,第400页。

本政府为要使银行股金在两个〔月〕中扩大至二万元,除前已把六月份与七月份的股金额数分配并督促各县和各直属区用尽各种方法照数募足外,并要把过去所有未收及被用去的股金收拢前来。①

经过政府的宣传鼓励,闽西工农银行在 1931 年 11 月时其基金已有巨量的扩大。② 由此可见,银行股金规模的扩大离不开政府的积极鼓励。

(3)鼓励推销公债

闽西苏区补充性货币的推销带有浓重的政治力量色彩。在合作社股票推行上,要求"各地尽量宣传合作社作用,普遍发展各种合作社的组织"③,苏维埃政府的宣传无形中就推动了股票的发行,扩大其使用范围。在公债的推销上中共体现了更强大的行政能力,以长汀为例,通过树正面形象,激励落后。如"全县购买公债五万余元,最好的四都、红坊、濯田、水口达到九成的数量,童坊区不过分配少数已达到超过四十余元"④。同时通过批评激励购买公债落后的地区,如"长汀……还只推销了七八千元公债……至于整个公债的数目,大概还有九万九千多元没有收清,四万多元尚未推销"⑤。在退还公债上,陆续出现群众要求公债延期还本、退还政府公债或调换经济建设公债的现象,如长汀红坊区被中央誉为"完全取清公债谷子的模范"⑥。群众"要求"政府不用还债,显然是受到地方政治力量的影响,类似的现象也发生在借谷运动中。这些都体现苏维埃政府强大的动员能力。

在公债的推行中,临时中央政府屡次强调,除了富农、大中商人可以事前派定、责令购买之外,对普通工农群众不能采用强迫的方式。邓子恢认为强行摊派的方法"简直是军阀时代土豪劣绅勒派捐款的办法……这简直等于断送

① 《闽西苏维埃政府通知第六十三号——关于工农银行的人与股金问题》(1931 年 6 月 28 日),载中共龙岩地委党史资料征集研究委员会、龙岩地区行政公署文物管理委员会编:《闽西革命史文献资料》(第六辑),内部资料,1985 年,第 104 页。

② 曹菊如:《闽西工农银行一周年》(1931 年 11 月 6 日),《青年实话》1931 年第 4 期。

③ 柯华:《中央苏区财政金融史料选编》,中国发展出版社 2016 年版,第 289 页。

④ 刘云刚:《红色铁流》,闽西老区建设促进会出版 2007 年版,第 179 页。

⑤ 陈霆:《长汀情况仍然严重》,《红色中华》1934 年 2 月 20 日第 152 期。

⑥ 福建省长汀县地方志编纂委员会:《长汀县志》,生活·读书·新知三联书店 1993 年版,第 517 页。

群众、替反革命造机会的自杀行为"①。一旦出现强行摊派的行为要坚决纠正。

2.鼓励红色金融机构服务国家财政政策

红色金融是为财政服务的,这也是出现财政赤字货币化的重要原因。据曹菊如回忆:"从(银行)资金分配的比重看,主要是发行纸币,通过财政以供给革命战争需要。从日常工作量上看,主要是代理金库帮助与健全财政制度,总之,银行的主要任务是为财政服务。"②

由于闽西苏区地处山区,经济困难,加上国民党军事"围剿"和经济封锁,闽西苏区出现财政困难。1930年4月至10月,闽西苏区入不敷出高达4万元。③ 这种入不敷出的境况不利于革命战争的进展,因此从1932年2月开始,人民委员会倡议开展节俭运动。1933年,临时中央政府号召开展"节省一个铜板、退回公债、减少伙食费的运动"④。政府当然鼓励包括闽西红色金融机构在内的各部门参加节省运动、退回公债运动。

(二)规范

主要规范闽西红色金融机构的职权、存款准备金制度、调控货币流通(贷款利率、公债推销)、现金(贵金属)管理等,详见第三章第四节之"增强金融机构的抗风险能力",在此不赘述。

由此可见,虽然中共在众多决议案中都明确指出合作社原则(包括信用合作社在内)是"为群众所组织的经济团体,不是政府所办的便利或救济人民的机关"⑤,信用合作社是"以便利工农群众经济的周转,帮助发展生产,实行低利借贷,抵制高利贷的剥削"为目的。闽西苏维埃政府提出,闽西工农银行"是

---

① 《中央财政人民委员部第十号训令》,《红色中华》1932年11月28日第42期。

② 《访问曹菊如记录》,载许毅主编:《中央革命根据地财政经济史长编》(下),人民出版社1982年版,第386页。

③ 《中共闽西特委报告第一号》(1930年11月),载中央档案馆、福建省档案馆编:《福建革命历史文件汇编》,1985年,第214页。

④ 周以栗、瞿秋白:《节省一个铜板退回公债减少伙食费运动》,《红色中华》1933年3月6日第58期。

⑤ 《合作社讲授大纲》(1930年2月28日),载中共龙岩地委党史资料征集研究委员会、龙岩地区行政公署文物管理委员会编:《闽西革命史文献资料》(第三辑),内部资料,1982年,第126页。

工农群众自己集资创办,为自己谋利益的银行"①,但实际运行中,闽西苏区时期政府与红色金融的关系是政府主导的。

(三)助力国家金库制度的形成

中国共产党在统一财政的过程中建立了国家金库制度。随着革命战争的发展,根据地财政各自为政的混乱状况极其需要改善,为了保障革命成果并取得革命斗争的胜利,整理财政、充盈国库成为首要任务。为了加强财政管理、统一财政,政府多次下发通告。

1931年12月1日,中央苏区政府颁布《暂行财政条例》,要求"各级财政机关应随时把一切款项收入,转送或直送中央财政部及其所指定的银行"②。1932年9月13日,中央苏区政府财政部颁布财字第六号训令,强调"财政是国家的命脉",无论任何机关,如果不按照财政系统,不依照财政手续,都不准给一个钱。12月27日,苏维埃中央人民委员会正式颁布《国库暂行条例》,规定:

第一条　国库掌握国家所有现金项目之收入、保管及支出等项业务。

第二条　国库之一切,均由财政人民委员部国库管理局来管理。其金库则委托国家银行来代理。总金库(中央金库)设于总行(国家银行),分金库设于分行,支金库设于支行来代理。尚未设立支行的省、县,则由总金库所指定的专人组织国库的分金库、支金库,而附设于省、县的财政部内。但是,它不受省、县财政部的支配。

……

第九条　银行不得任意自行挪用金库之在库金。如有剩余现金时,可由财政人民委员斟酌情况,将在库金存入银行。在此场合,可以生利息。③

---

①　曹菊如:《闽西工农银行》,载柯华主编:《中央苏区财政金融史料选编》,中国发展出版社2016年版,第491页。

②　《中华苏维埃共和国暂行财政条例》(1931年12月1日),载柯华主编:《中央苏区财政金融史料选编》中国发展出版社2016年版,第23页。

③　厦门大学历史系、福建省档案馆:《中华苏维埃共和国法律文件选编》,江西人民出版社1984年出版,第313～314页。

《国库暂行条例》要求从1933年1月1日起,中央苏区政府的一切现金收入全部送交各级金库,任何收款机关不得截留占用,违者以贪污舞弊论罪。

"筹款中所收金子、银子、现洋、纸票,概由各级没委收集解送中财部统筹支配",而没收或抵缴罚款的"布匹、食盐、西药等军用品,除留出相当数目自给外,亦须送来中央财政部统筹支配"。同时,在可能条件下,"有计划的派游击队向白区筹款,帮助主力红军战费"①。

曹菊如回忆:"国家银行把此项工作(指建立金库)列入银行的首要任务。总行开张后头一个工作,是接受财政部的全部库存。库房和管库的人,也同时接收过来。从日常工作量上看,主要是代理国库帮助建立与健全财政制度。"②出于代理金库的需要,国家银行普遍建立了各省县分支行,从而也促进了银行体系的建立。

二、闽西红色金融服务于政府管理

虽然闽西的农村信用合作社、闽西工农银行是群众自发性的组织,但其后的发展是在中国共产党领导下,并在苏维埃政府推行下大力发展起来的。因此闽西红色金融必然服务于政府的管理。

(一)借款给苏维埃政府

闽西苏区各级苏维埃政府在财政遇到困难的时候,会向闽西工农银行贷款,以支持政府正常运转。根据闽西工农银行日计表(1934年11月10日)第1号记载,闽西工农银行贷款给饶和埔县苏212.96元、永定县苏4920.246元、汀连县苏690.065元、武北苏区60元、上杭下甲乡苏20.904元、南阳第三乡苏6元。

(二)积极参与政府倡导的节省运动

闽西工农银行员工参加节省运动,为国家减少财政支出。在此之前,闽西工农银行在1932年底统计赚纯利1.3万余元,按照隐含规定工作人员可以获

---

① 《中革军委、中央财政人民委员部关于加紧筹款集中现金保证红军战时物资给养的联合命令》(1934年5月19日),载中国人民解放军历史资料丛书编审委员会编:《后勤工作·文献(1)》,解放军出版社1997年版,第331~332页。

② 许毅:《中央革命根据地财政经济史长编》(下册),人民出版社1982年版,第266页。

得百分之十,计1300余元作为酬劳,"但他们认为拥护革命战争,争取战争的完全胜利,是苏维埃政权下每个公民应负的责任,因此,他们自己决定,只分最小部分(二百元)为维持暂时生活外,其余的一千一百一十四元四角三分六厘,全体自愿捐助为革命战争经费"①。从1934年4月《中央财政部收入节省款项初步统计》②(见图4-4)可以看出,闽西工农银行的节省款项在所列的部门中处于第三位,仅次于总供给部和全总执行局。足以见得闽西工农银行对政府政策的积极响应。

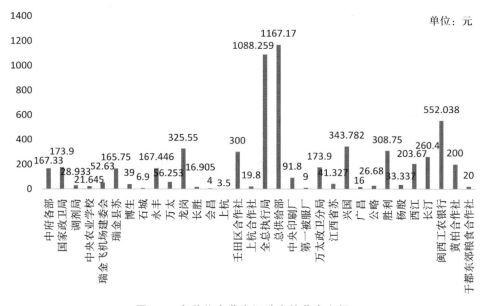

图4-4　各单位在节省运动中的节省金额

(三)服从财政要求,超发货币

(详见第三章第一节)

(四)服从管理

主要体现在参与人员的阶级成分要求、资金结构、组织结构、民主管理和信用管理等方面服从于苏维埃政府要求。(详见第一章中闽西红色农信及闽西工农银行的结构)

---

① 《闽西工农银行工作人员捐助巨款给红军》,《红色中华》1933年2月22日第55期。

② 《中央财政部收入节省款项初步统计》,《红色中华》1934年4月3日第170期。

三、"引导—服从"行为原因分析

(一)政府引导红色金融发展原因分析

1.政府鼓励红色金融的原因

政府鼓励红色金融发展主要是解决闽西严峻的经济问题,希望借助红色金融发展经济。(详见第二章第二节,即红色金融产生的现实因素)

2.政府规范红色金融的原因

中国共产党领导农民进行金融建设,不仅仅是为了实现经济目标,在战时还包括政治目标、军事目标和社会目标(详见第五章),只有将红色金融置于苏维埃政府的掌控之下,才能实现这些目标,因此苏维埃政府必然要鼓励、规范红色金融的发展。

(二)红色金融服从于政府管理原因分析

闽西的红色农村信用合作社和闽西工农银行,虽然在相关章程中都明确说明这些机构是群众性集体组织,是群众参股入股建立的机构。但是,在战时环境下,农民本身贫困,没有多余的现金入股,以至于需要借助政府力量发动群众,如,闽西苏维埃政府多次发文鼓励群众入股信用合作社。1930 年 5 月 18 日,《闽西出席全国苏代会代表的报告》指出:"闽西各种合作社尚未普遍组建,群众对于合作社组织的意义与作用尚未十分了解,而开始组建的各种合作社,因经验少,资历微,没有十分成绩(稍一处理不善,农民就不高兴了)。"这里的合作社也是包含信用合作社在内的。同时该报告提出"在闽西中以永定各地合作社的工作较好……由苏维埃政府商店和农民共同组建信用合作社……流通永定各处"。而闽西工农银行原本想募股 20 万(宣传 20 万,实际 12 万),至银行开业时,实收不足 2 万元,1934 年 11 月该行临近结束时,资本金仅45316 元。[①]

但红色金融机构发生困难时,政府宣传和处理旧币等政府行为就有利地保障了红色金融的顺畅运行(详见第三章第四节)。应该说,没有苏维埃政府的引导支持,闽西信用合作社、工农银行及补充性货币的发行无法有效实施。

---

① 福建省地方志编纂委员会:《福建省志·金融志》,新华出版社 1996 年版,第 176页。

第四节　红色金融下政府与群众的关系

领导者—追随者理论在经济学中应用较广泛,领导者(leader)的唯一定义是其后面有追随者,他们通过权力实现组织目标。追随者(follower)指在领导活动中与领导者有相同利益的人员,他们构成社会活动的主体共同改造社会。[①] 成为追随者并不完全靠主观意愿。领导者与追随者之间是相互影响(并不是绝对的领导与服从关系),构成领导活动的基本矛盾运动。本节通过领导者—追随者理论,分析红色金融下政府与群众的关系。

一、领导者(苏维埃政府):"鼓励—规范"

虽然中共在众多决议案中都明确指出合作社原则(包括信用合作社在内)是"为群众所组织的经济团体,不是政府所办的便利或救济人民的机关"[②],信用合作社是以"便利工农群众经济的周转,帮助发展生产,实行低利借贷,抵制高利贷的剥削"为目的。闽西苏维埃政府提出,闽西工农银行"是工农群众自己集资创办,为自己谋利益的银行"[③],但闽西苏区时期,红色金融下的政府与群众是"领导者—追随者"的关系。

（一）鼓励

闽西苏维埃政府鼓励群众集资入股加入红色金融机构,并维护金融机构的权威,以此来维护群众的利益。

---

① 朱立言、雷强:《论领导者与追随者》,《北京科技大学学报(社会科学版)》,2000 年第 4 期。

② 《合作社讲授大纲》(1930 年 2 月 28 日),载中共龙岩地委党史资料征集研究委员会、龙岩地区行政公署文物管理委员会编:《闽西革命史文献资料》(第三辑),内部资料,1982 年,第 126 页。

③ 曹菊如:《闽西工农银行》,载柯华主编:《中央苏区财政金融史料选编》,中国发展出版社 2016 年版,第 491 页。

1.鼓励群众入股红色金融机构

1929年9月,闽西工农政府发布的第七号通告,阐述了创办根据地金融机构的必要性:为了使"农民卖米买货不为商人所剥削,而农村贮藏资本得以收集,使金融流通",号召农民集股募集,创办农民的农村信用合作社。1930年2月发布《合作社讲授大纲》,再次向群众说明建立信用合作社的好处。

> 信用社组织起来,大家可以借贷,虽然不能多借,但目前我们不必做红白好事,也不必多款。在这一层,大家必定怀疑,以为我们都是穷人,那里有钱来出借。其实我们虽然要借钱,但决不会这样凑巧,在人人同一时内,都要钱用,而是有先有后,有还的有借的,如此,我们如果集股两三百元,便可以彼此流通起来。而且乡间金钱,土豪并没有带去,只是现在大家怕人打土豪,又无利息,所以大家把金钱埋藏起来,以致恐慌。如果信用合作社建立起来,大家不怕人欠,借款又有利息,大家埋在地下的款子,便可拿出来流通。[①]

1930年9月,闽西苏维埃政府决定设立闽西工农银行,此时苏维埃政府发布布告,向群众说明建立闽西工农银行的必要性和推销股金。

> 闽西工农银行"之设立……将成为闽西革命群众与敌人斗争的有力工具……目前闽西的金融,因为纸币输入,现金流出……若不把现金集中起来,存储于银行,自己发行纸币……则金融的危机将不可挽救……过去工农群众,受豪绅地主的高利贷剥削,非常痛苦,现在虽然豪绅地主已经打倒,可急用借贷,仍是不可免的……工农银行实行低利借贷,可以根本肃清高利剥削……设立工农银行,集中资本,才能战胜私人资本的发展,才能争取社会主义胜利的前途"[②]。

银行资本定二十万元,分二十万股,股金以大洋为单位,收现金不收

---

① 《合作社讲授大纲》(1930年2月28日),载中共龙岩地委党史资料征集研究委员会、龙岩地区行政公署文物管理委员会编:《闽西革命史文献资料》(第三辑),内部资料,1982年,第126页。

② 《设立闽西工农银行宣传大纲》(1930年9月),载许毅主编:《中央革命根据地财政经济史长编》(下),人民出版社1982年版,第387~389页。

纸币,旧银器每两扣(折)大洋陆角,金器照时价推算,限期九月内募足。募股办法是:各级政府、各工会、各部队组织募股委员会……除向工农群众招募股外,合作社每资本百元至少应买票十元,粮食调剂局每资本百元至少要买票二十元(先交半数,十二月交清),各级政府,各工会及各机关工作人员,每人至少应买股票一元。[①]

2.鼓励群众使用统一货币

在统一使用闽西工农银行货币之前,闽西苏维埃政府首先鼓励群众统一时洋、杂洋,避免杂币在市面上泛滥。《闽西苏维埃政府布告第十六号——关于金融流通问题》(1930年6月28日)开篇指出:"金融为市面流通之物,无论时洋杂洋自应一体流通。"但现实是只有时洋可以通行,这就导致"市面金融壅滞"。为此,苏维埃政府规定,让时洋、杂洋统一流通,以便把"这些银色好的杂洋集中至赤色区域的市面",明确希望"我商人一体遵照为盼"。1930年11月,闽西苏维埃政府发布第五号布告,推行闽西工农银行纸币。

> 凡缴纳土地税以及一切政府税收和市面交易都当光洋使用。在目前为提高信用起见,凡各级政府以及合作社一律负责兑现。这种纸币之发行是保存现金调剂金融的唯一办法,对于闽西社会经济发展前途利益甚大,望全闽西群众一律通用。至正式纸币银币正在印铸中,一俟制就暂行纸币即行换用正式纸币。[②]

《闽西苏维埃政府布告第十三号——关于统一时洋价格问题》(1931年4月27日)聚焦毫币价格的问题,该布告提出:"全闽西苏区内每大洋一元换时洋一十八毫(即每个时洋值足洋七厘半)希全体群众执行为要!"《闽西苏维埃政府布告第十五号——关于统一金融问题》指出:"特此布告周知苏区各市场

---

① 《闽西苏维埃政府布告第七号——关于设立闽西工农银行》(1930年9月),载中共龙岩地委党史资料征集研究委员会、龙岩地区行政公署文物管理委员会编:《闽西革命史文献资料》(第四辑),内部资料,1983年,第194页。

② 《闽西苏维埃政府布告第五号——通行闽西工农银行纸币》(1930年11月25日),载中央档案馆、福建省档案馆编:《福建革命历史文件汇集》(苏维埃政府文件)(一九三○年),1985年,第280页。

全体群众一体照行为要。"①《闽西苏维埃政府布告第二十一号——流通纸币问题》(1931 年 8 月 14 日)再次指出:闽西工农银行"是我们闽西工农群众自己集股来开办的银行","有些人因为向来没有用惯纸票或者尚不明了工农银行的情形,还有喜欢用现洋不喜欢用工农银行的纸票……闽西工农银行纸票无论什么交易都应一律十足通用,缴纳政府的土地税可尽量用工农银行纸票来缴纳"。②

政府的不断发文极力推动了闽西工农银行纸币的使用,保障了红色金融顺畅运行。

3.鼓励群众购买、退回债券

为了解决战争经费不足的问题,中华苏维埃政府发行了 2 次革命公债和 1 次经济建设公债。闽西工农银行和信用合作社都要负责公债的推行。这时主要是通过临时中央政府的训令来鼓励群众购买债券。

如,中华苏维埃政府在第十三号训令规定:各级政府立即向广大群众作宣传鼓励解释公债意义,与工农群众购买的义务,帮助革命战争有力发展的作用,使每个工农群众都踊跃地来买公债,要造成这种"不买公债券是一个革命战士的耻辱"的空气。③ 中华苏维埃政府发布第十七号训令,鼓励工农群众购买公债的同时,避免强行摊派现象发生。

1933 年 8 月 28 日《中华苏维埃共和国临时中央政府布告第二十六号——为发行三百万经济建设公债》号召群众:"凡我苏区民众,都应为了自己的利益,为了革命战争的胜利一致起来购买公债,拥护公债,帮助政府推销公债,使此项公债短期间内推销完毕,迅速达到发展国民经济的目的。如有反革命分子造谣捣乱,破坏公债信誉,阻碍公债发行,工农群众应在政府领导之下,

---

① 《闽西苏维埃政府布告第十五号——关于统一金融问题》(1931 年 4 月 30 日),载中央档案馆、福建省档案馆编:《福建革命历史文件汇集》(苏维埃政府文件)(一九三一年—一九三三年),1985 年,第 88 页。

② 《闽西苏维埃政府布告第二十一号——流通纸币问题》(1931 年 8 月 14 日),载中央档案馆、福建省档案馆编:《福建革命历史文件汇集》(苏维埃政府文件)(一九三一年——一九三三年),1985 年,第 160 页。

③ 《中华苏维埃共和国临时中央政府执行委员会训令第十三号——为发行革命战争短期公债券事》,《红色中华》1932 年 6 月 23 日第 24 期。

采取革命办法,去镇压这些敌人。"①

当政府公债偿付能力受限时,苏维埃政府鼓励群众退回公债,减轻政府偿债压力,支持革命。

长汀县最近来,在号召退还公债的经济动员下,一般群众都很热烈地自动退回,全县已退回来的共计三千六百六十一元(汀东五百元),这里成绩最好的是红坊区洋坊村,他们已退回所买公债全数的十分之九……这些退回公债不要政府还本的无限热情,表示群众拥护红军的热烈,现在长汀党团县委提出,为突破二万元而奋斗。②

(二)规范

规范主要体现在对红色金融机构的人员结构、组织结构、管理权、分配等方面均有相关规定,详见第一章。

二、追随者(群众):"响应—退出"

面对苏维埃政府的积极推动,出于对低利借贷的需求,广大群众积极响应。随着"左"倾错误的不断蔓延,苏区金融出现危机,群众出于自身经济利益的考量选择或明或暗地退出。

(一)积极响应

由于农村信用合作社在借款利率上比较优惠,所以群众自发加入信用合作社。在购买信用合作社股金上,笔者根据相关资料统计,永定县太平区信用合作社股金3000元,永定县第三区信用合作社股金5000元,永定县第二区信用合作社股金5000余元,永定县第九区、第十区、第十一区信用合作社股金各3000元,总计22000元,永定县合溪信用合作社股金1000元。③ 永定县堂堡区朱罗坑乡成立信用合作社股金100元。坑口墟消费合作社发行货币折合大

---

① 中共江西省委党史研究室、中共赣州市委党史工作办公室、中共龙岩市委党史研究室:《中央革命根据地历史资料文库·政权系统7》,中央文献出版社、江西人民出版社2013年版,第931~932页。

② 《为突破二万元而斗争》,《红色中华》1933年5月11日第78期。

③ 姜宏业:《中国金融通史》(第5卷),中国金融出版社2008年版,第49页。

洋110多元。根据兆征县信用合作社李进光贰股股金证（每股壹圆，编号003565），而信用合作社发行股金量一般为整数，因此猜测兆征县信用合作社至少有股金4000元。由此可见闽西苏区群众在购买合作社股金上的积极性。

在购买闽西工农银行股金上，"向群众募股的永定1400元，杭武200元，龙岩700元，汀连1500元。直属区2100元"①。合作社按其股金的10％，粮食调剂局按其股金的20％向闽西工农银行入股。闽西工农银行由于"能够取得全体群众热烈的拥护，而踊跃加入自己的银行。工人农民都尽量拿出他们劳苦血汗的代价来购买工农银行的股票……许多青年妇女，自动拿下身上戴的银饰，变价来买工农银行的股票；龙岩、湖雷……的商家，也很热烈地向银行入股"②。在群众的支持下，"闽西工农银行的纸票除了极小部分乡村外均通行，信用日益提高"③。

（二）退出

闽西农村信用合作社的退出是因为闽西工农银行的成立，因此，无法判定若合作社继续发展，普通民众的态度如何。对于闽西工农银行，其股本筹集是不够的，由于当时处在战争环境以及群众经济能力有限等原因，至银行开业时，实收不足2万元，1934年11月该行临近结束时，资本金仅45316元。④ 尤其是苏币通货膨胀的时候，普通百姓持有苏币的积极性是下降的。

中华苏维埃共和国革命战争短期公债发行时就明确强调"鼓动群众自愿来买公债券，切不能用命令强迫，但对于富农、大中商人可以责令购买"。政府发文的背后往往意味着在各地出现了强行摊派公债的现象。在闽西苏区，民众将大批的第一期革命战争公债以缴纳税收的方式退还给政府："最严重的就是被群众踊跃购买的大批公债票很快又流回政府手中。如福建汀州直属市缴

① 《闽西苏维埃政府通知第四十九号——解释扩大会决议与工作上的具体决定》（摘录）（1931年5月23日），载中共龙岩地委党史资料征集研究委员会、龙岩地区行政公署文物管理委员会编：《闽西革命史文献资料》（第六辑），内部资料，1985年，第35页。

② 曹菊如：《闽西工农银行一周年》（1931年11月6日），《青年实话》1931年第4期。

③ 《闽西苏维埃政府经济委员会扩大会议决议案》（1931年4月25日），载黄克富主编：《中央苏区调查统计史》，中央统计出版社2005年版，第163页。

④ 福建省地方志编纂委员会：《福建省志·金融志》，新华出版社1996年版，第176页。

纳上半年商业税 5000 多元,仅收到现洋 10 元,其余全部是公债票。"①到了中央苏区后期,公债的推行已经非常艰难了,《红色中华》曾报道:

　　（到了 1934 年 3 月）长汀……现在已推销了公债十四万三千九百九十元零四角,超过了省苏所分配的数目——十三万元。但与他们自己所承认的数目——十六万五千四百,还差二万多。②

　　突击运动的时期已经过去了十多天,而长汀对这一工作,还只推销了七八千元公债……至于整个公债的数目,大概还有九万九千多元没有收清,四万多元尚未推销。③

　　建设公债的发行,至今五个多月,到金库的谷款还不及半数,其中最严重的……汀东等县集中谷子,还不及十分之一……长汀等县也还不及百分之卅。④

当中国共产党因为军事失利最终做出长征的战略转移决定之后,随着红色金融机构的消失,群众也就自然退出了。

三、"领导者—追随者"行为原因分析

（一）领导者:"鼓励—规范"的原因

信用合作社和闽西工农银行作为群众性的组织,应该是群众性集体经济,但在战时环境下,这些金融机构中,政府作用明显,政府鼓励和规范农民参与红色金融的主要因素如下。

1.鼓励:希冀获得群众的支持

农民是农村中最大的群体,要在农村建立并巩固革命根据地,必须得到农

---

① 《龙岩群众热烈购买公债与纳税》,《红色中华》1932 年第 6 期。

② 《收集粮食突击运动中长汀县工作的开展（1934.3.6）》,《红色中华》第 158 期,转引自古田会议纪念馆编,傅柒生、曾宪华主编:《闽西革命史文献资料（1933 年 1 月—1934 年 12 月）》(第八辑),2006 年,第 439 页。

③ 陈霆:《长汀情况仍然严重》,《红色中华》1934 年 2 月 20 日第 152 期。

④ 《关于完成推销公债征收土地税收集粮食保障红军给养的突击运动的决定》(1934 年 1 月 23 日),《红色中华》1934 年第 4 期。

民的支持。中国共产党局部执政时期,由于财力有限,单独由政府来创办金融机构势必力量薄弱,因此需要通过各种政策引导群众参与。

2.规范:保持阶级特性

规范群众的入社入股行为主要是从阶级性考虑,毕竟在阶级斗争的年代不能单纯追求经济目标,阶级性是非常明确的。这就能解释为何入社入股规定发展到后期并不允许商人的参与,但允许他们借款。

规范其金融行为一方面是保持金融的正常运转,另一方面也是为了服务战争,当粮食不够、战争军费不足时,群众会以节省运动、购买公债等形式支持战争。

(二)追随者:"响应—退出"的原因

马克思认为,"人的本质并不是单个人固有的抽象物,在其现实性上,它是一切社会关系的总和"[1]。中央苏区时期,群众对政府金融政策的反应均有一定的社会因素。

1.响应原因

(1)获得低利。信用合作社和闽西工农银行都是群众集股建立的金融机构,广大工农群众建立这些机构的根本原因是希望成为体制内的人,从而获得低息贷款,解决资金不足的问题。

闽西苏区农民饱受高利贷和债务的压迫,急需低利贷款发展农业经济。在民间借贷普遍为3分的情况下,闽西苏维埃政府强调信用合作社"应以极低利息贷款借社员"[2],信用社社员的生产性生活性资金都可以向信用社借款,每次可借5元,期限3个月,利息每月2分5厘[3]。因此农民加入信用合作社的初衷是得到低息资金支持,而信用合作社可以满足他们的需求。此外,政府希望信用合作社有盈利,"每期纯利⋯⋯百分之三十照社员所付利息额为标准比例分还社员之借款"[4]。这样也满足了农民加入合作社的目的之一——获得一部分利润,这意味着加入信用合作社的农民收益较高。闽西工农银行实

① 《马克思恩格斯选集》(第1卷),人民出版社1995年版,第18页。

② 中国社会科学院经济研究所中国现代经济史组:《革命根据地经济史料选编》(上册),江西人民出版社1986年版,第382页。

③ 许毅:《中央革命根据地财政经济史长编》(下),人民出版社1982年版,第326页。

④ 中国社会科学院经济研究所中国现代经济史组:《革命根据地经济史料选编》(上册),江西人民出版社1986年版,第383页。

行低利借贷,贷款月利 0.6%,商业借贷月利 1%,贷款对象主要是生产企业和流通行业。[①] 1932 年 1 月 27 日实施的《中华苏维埃共和国临时中央政府关于借贷暂行条例的决议》中规定:"苏区中借贷利率,高者短期每月不得超过一分二厘,长期周年不得超过一分。短期利息以期终付给,长期利率每周年付给一次,或分季付给,一切利息都不得利上加利。"

在贷款使用方向上,闽西苏维埃政府经济委员会确定:"信用合作社借款,须按群众的需要与用途,不好随便乱借,借贷时一定要订明还期,在目前春耕时候,群众无资本下种的,应集中股金借给他们买肥料。如在四五月时,应特别借钱给穷人买米谷。"[②]

(2)保卫土地革命果实,支持革命。广大苏区群众为了保卫土地革命的果实,积极购买公债充实战争经费及发展经济。应该说第四次反"围剿"的胜利与群众积极购买第一期和第二期革命战争短期公债紧密相关,群众为战争提供了资金和粮食支持。

(3)政治因素。加入合作社是一项政治任务,不管是哪个时期,农民都需要找到一个组织,找到归属感。红四军入闽前农民大部分依靠的是宗族,当中共建立了以阶级关系为基础的农村关系时,农民需要依靠的是中共建立的各种组织,其中就包括合作社。在政治上,中国共产党通过自上而下的方式积极推动,"要造成不加入合作社就是革命者的耻辱的空气"[③]。

(4)示范作用。农民加入信用合作社和闽西工农银行除了政治考量外,还有社会因素。当农民加入合作社能获得较大收益时,这种示范效应也是不可忽视的。信用合作社一方面吸收群众存款,并向国家银行取得款项帮助,另一方面借款给需要钱用的工人、农民,并供给他们发展工农业生产与商业流通的资本,"使工农群众不再……因无钱而贱价卖出农产品的困难"[④]。由于已加

---

① 胡国钲:《共和国之根·中华苏维埃共和国中央领导机构概览》(下),中共党史出版社 2009 年版,第 451 页。

② 《闽西苏维埃政府经济委员会扩大会议决议案》(1931 年 4 月 25 日),载黄克富主编:《中央苏区调查统计史》,中央统计出版社 2005 年版,第 165 页。

③ 《人民委员会训令第七号——发展粮食合作社运动问题》,《红色中华》1932 年 8 月 21 日第 31 期。

④ 《为发展信用合作社彻底消灭高利贷而斗争》(1934 年 5 月 1 日),载柯华主编:《中央苏区财政金融史料选编》,中国发展出版社 2016 年版,第 197 页。

入信用合作社的群众享受到了这样的待遇,起到了示范作用,因此,到 1930 年 6 月,闽西苏区不少区政府都开办了信用合作社。

2.退出原因

(1)管理出现偏差。虽然信用合作社和闽西工农银行是群众集股建立的,属于群众性集体组织,是民众自发组织的机构,属于诱致性制度变迁,虽然和政府强制性制度变迁有利益不同之处,但在战时环境下,政府强制性制度变迁的力量太强大,直接结果就是金融机构受政府支配。主要体现在贷款审查和监察贷款使用方向上,详见第三章第一节,在此不赘述。不过要注意,虽然群众有权退出合作社,但出于经济和政治利益的考量,他们是不会退出合作社的,这就意味着合作社内部生产过程的性质变成了一次性博弈。

(2)公债频发,群众压力增大。中华苏维埃共和国临时中央政府在 1932 年 6 月和 10 月先后发行了第一期和第二期革命战争短期公债,公债数目从 60 万元扩大到 120 万元,且间隔日期不到半年,对处于战争环境下的群众来说是一个不可忽视的压力。1933 年 7 月,中华苏维埃共和国临时中央政府又发出 300 万元经济建设公债的任务,虽然主要用于经济建设,但此时的农民经济已经枯竭,已经无力再承担了。此后出现一部分群众积极退回公债的行为,这背后应该是有某种政治力量的影响。

(3)农民可支配收入有限。这点我们可以从 1934 年 5 月,中华苏维埃共和国中央政府国民经济部和财政部联名的一份布告中得到证实:"近半年来消费合作社、粮食合作社等都在蓬勃的发展……但信用合作社尚未普遍建立,这在群众钱款的借贷方面还是非常不便的。"产生的原因是随着第五次反"围剿"战争开始,苏区群众除了纳税、购买公债、借谷给红军,还要节省捐献,在这样的情况下,群众已经无力出钱支持信用合作社的发展。当时有些干部有类似看法,结果被批评为"机会主义观点,如群众生活困难不能扩大合作社"(上杭、代英)[1]。

红色金融下,政府鼓励与规范农民金融行为,农民也根据政府的政策做出相应的调整。这也证明了一点,金融关系不仅仅是经济关系,更是政治关系。

---

[1]　《中共福建省委工作报告大纲》(1933 年 10 月 26 日),载中共福建省龙岩地委党史研究室编:《反对所谓"罗明路线"问题》,鹭江出版社 1993 年版,第 309 页。

第五节 闽西苏区红色金融与军事的关系

马克思主义认为,上层建筑离不开经济基础,经济基础是革命成功的保证。中国共产党在长期的革命斗争中,逐渐认识到:要保障革命顺利进行,就必须创建红色金融体系,独立掌握金融工具和金融政策。

一、军事胜负影响红色金融发展

军事路线的错误,必然会造成经济的衰退,给货币金融事业带来严重的危机。这正如后来遵义会议上《中央关于反对敌人五次"围剿"的总结决议》中指出的:"战争指挥的错误,可以使好的后方工作成绩化为乌有。"军事影响红色金融发展的外部环境及红色货币的信用。苏区红色金融产生于战时状态,因此,其功能主要是服务战争的,正如吴亮平所言:"我们的党已经不止一次地指出,目前苏维埃的经济建设,是服从于我们革命战争的中心任务,只有井底之蛙的机会主义者,才会忘掉目前经济建设对于革命战争的正确关系,而把经济建设当作目前的唯一任务。"[1]

(一)军事策略影响红色货币的信用

中国共产党的军队在中央苏区早期是自己筹款的,减轻金融机构的财政压力。这就为红色金融的发展提供了良好的条件。如,1929 年 3 月红四军党部在汀州发布《告商人及知识分子》,明确宣布:"共产党对城市的政策是:取消苛捐杂税,保护商人贸易。在革命时候对大商人酌量筹款供给军需。但不准派到小商人身上……但普通商人及一般小资产阶级的财物,一概不没收","对汀州筹款工作非常顺利成功,不到 10 天便没收 10 余家反动豪绅财产,罚得光洋 2 万余元"。[2] 因此,该时期红色农村信用合作社发行的纸币信用较好。

---

① 吴亮平:《经济建设的初步总结》,《斗争》1933 年 9 月 30 日第 29 期。

② 中国人民政治协商会议福建省长汀县委员会文史资料委员会:《长汀文史资料》(第四十六辑),2015 年,第 207 页。

（二）军事斗争胜负影响红色货币的信用

只有军事斗争不断取得胜利,民主政权才能得以巩固,红色货币信用才能不断提高。1930 年 8 月,闽西主力红十二军、红二十一军二次出击广东东江失利,闽西革命根据地军事斗争失利,以致国民党主力张贞第四十九师乘机入侵坎市,直逼龙岩。闽西工农银行于 1930 年 12 月 15 日撤离龙岩城,先是迁至小池、大池一带,到月底又转移到永定虎岗。[①] 1931 年春,由于国民党军队的"围剿"和共产党内部"左"倾冒险主义的影响,闽西根据地从 48 个区缩小到22 个区。原先一度受群众欢迎的纸币也发生信任危机,有些商店找借口拒绝使用。

根据曹菊如的回忆:到 1931 年秋,随着对国民党军队第三次反"围剿"的胜利,闽西根据地局势好转。红十二军攻克连城县城和长汀、连城、宁化毗邻的广大地区,9 月攻克长汀县城后,工农银行随闽西政府进城恢复营业。1932年 2 月红军相继攻克武平、上杭县城,闽西根据地局势稳定发展,工农银行纸币的信誉不断提高,越来越多的人为了贸易的方便而持有纸币,甚至有人愿意付百分之几的贴水用银圆兑换纸币。[②]

由此表明,闽西工农银行纸币币值的稳定受军事斗争的影响,军事胜利、根据地巩固发展则币值稳定、信誉高;反之则相反。在中华苏维埃共和国国家银行发行纸币后,闽西工农银行纸币虽停止发行,但仍在市面与国家银行纸币并行流通,直至 1935 年春红军主力北上后,闽西根据地缩小才停止流通。中央苏区后期,受"左"倾错误的影响,军事上,第五次反"围剿"失败,中国共产党做出战略转移的决策。没有了军事支持的信用合作社及银行体系自然解体。

二、红色金融服务军事

毛泽东在《必须注意经济工作》中强调"经济建设必须是环绕着革命战争这个中心任务的。革命战争是当前的中心任务,经济建设事业是为着它的,是环绕着它的,是服从于它的"。苏区经济是为战争服务的,包括金融。

---

① 蒋九如:《福建革命根据地货币史》,中国金融出版社 1994 年版,第 61 页。
② 中国人民银行金融研究所:《曹菊如文稿》,中国金融出版社 1983 年版,第 3 页。

（一）为军队提供资金保障

1.稳定币值，保障购买军事物资的能力

银行服务财政，财政服务军事。通过统一货币发行权、统一币种、鼓励储蓄、发行公债、发行银行股票融资、广泛建立合作社等货币政策来筹集资金，进而来解决红军军费开支和政府财政开支不足问题。如果货币没有统一，那么国库收入的将是各种各样不同的杂币，将给国库的管理和支出带来巨大麻烦，统一货币以后，方便苏区政府对货币的流通和发行领域进行控制。临时中央政府曾规定，各级政府需要将一切收入统一交给中央财政部，按照批准的预算领取各项费用，财政收入由中央财政部统一调配，使支援反"围剿"战争筹集军费变得方便快捷。

2.发行公债，支援战争

中央苏区时期，苏维埃政府外遭国民党的经济封锁和军事"围剿"；内受错误政策的影响，财政收入有限而支出浩大。仅仅从《苏区中央局战争动员与后方工作计划》中就可知，1932年7月"主力红军……每月至少30万元……其他9万多元，合计接近40万元。1932年8月的预算支出约53万元"①。为此中央苏区发行了两期革命战争公债和一期经济建设公债，共筹款480万元。这些公债的推行主要是由国家银行福建省分行（闽西工农银行）代理完成。根据相关资料计算，闽西苏区承担了13.3万元②第一期革命公债，占第一期60万元革命战争短期公债的22.2%；购买第二期革命公债25.5万元③，占第二期120万元革命战争公债中的21.3%；由于经济建设公债发行条例中没有规定各地是多少，据笔者收集到的数据，以闽西的长汀苏区为例，长汀在1933年8月—1934年2月要求购买经济建设公债73万元，占300万元经济建设公债的24.3%，如果涉及整个闽西苏区，比重将更大。闽西苏区群众筹集了必要的

---

① 《苏区中央局战争动员与后方工作计划》（1932年6月22日），载中共江西省委党史研究室等编：《中央革命根据地历史资料文库·党的系统4》，中央文献出版社2013年版，第2248页。

② 中共江西省委党史研究室、中共赣州市委党史工作办公室、中共龙岩市委党史研究室：《中央革命根据地历史资料文库·政权系统6》，中央文献出版社、江西人民出版社2013年版，第334页。

③ 《中华苏维埃共和国财政金融文件中央执行委员会训令第十七号——为发行第二期革命战争公债》，《红色中华》1932年第1～2期。

资金,支援战争。

(二)为军队提供粮食

红色金融为军队提供粮食,这里主要涉及补充性货币——借谷票和临时借谷证的作用,借谷票和临时借谷证的使用直接满足了军队对粮食的需求,可以避免因为通货膨胀引发的购买力下降的问题。

中华苏维埃共和国曾发动 3 次大规模向群众借粮的运动,据不完全统计,仅第五次反"围剿"战争中,闽西苏区为支援红军共收集粮食达 12 万担之多。① 据第二任行长赖祖烈回忆,1932 年 4 月,毛泽东率领红五军团攻打漳州时,所需的军粮都由工农银行筹集供给。

本章小结:闽西苏区时期,红色金融的产生和发展极大地影响了社会关系。(1)红色金融机构之间的关系。红色金融最重要的组成部分是闽西农村信用合作社和闽西工农银行,两者在管理业务及困境上类似,出于减少交易费用、统一货币的考虑,最终闽西工农银行替代了信用合作社。(2)红色金融与民间金融的关系。中央苏区时期政府主导、群众集资的闽西红色金融逐步取代了闽西的民间金融,在规范金融的同时,也因条件不够成熟,出现农村融资不足的情况。(3)红色金融机构与政府的关系。闽西苏维埃政府为了保障红色金融机构的顺畅运行,采用推动金融机构扩大规模、促进红色金融机构服务财政等方式鼓励红色金融发展;从闽西红色金融的机构职权、存款准备金制度、调控货币流通(贷款利率、公债推销)、现金(贵金属)管理等角度规范红色金融。红色金融机构由于资金薄弱等原因从业务和管理上服从于政府的管理。(4)红色金融下政府与群众的关系。通过政府对红色金融的鼓励(低利借贷吸引)、规范(规范加入红色金融的群体及其金融行为),群众做出了积极的响应行为:支持统一货币,踊跃购买红色金融机构发行的股票、政府发行的国债和参与借谷运动,但后来受"左"倾错误及战争失利等影响,群众积极性降低,甚至退出。(5)红色金融的发展与军事斗争胜负的关系。军事斗争的胜负影响红色金融的信用,红色金融为军事提供稳定的货币环节及提供筹集军粮等物资工作。

---

① 闽西革命历史博物馆:《闽西与中国革命》,中共党史出版社 2012 年版,第 71 页。

第五章　中央苏区时期闽西红色金融的作用

闽西苏区红色金融工作是在土地革命中建立和发展起来的,它建立了最初的货币体系和货币制度,它在促进苏区经济发展、支持革命战争、打破传统农村社会关系、巩固苏维埃政权等方面都起到了重要的推动作用。

第一节　闽西红色金融的政治作用

闽西苏区红色金融通过新的借贷形式,重构了以阶级关系为纽带的金融秩序基础,组织群众,强化农民的集体意识,逐步减弱小农意识,强化了中国共产党对意识形态的领导。

一、组织群众

中国共产党要在苏区扎下根,就必须在瓦解宗族统治的同时组建自己的群众组织。一方面,废债毁约运动不但废除了以前的旧债,毁掉了契约……甚至将债主处死,使得农民彻底翻了身。废债毁约运动使得农民更加相信革命,相信共产党。另一方面,建立新的金融关系。信用合作社是苏维埃经济建设中重要的群众经济组织,群众加入信用合作社后享有体制内的利益:"本社应以极低利息贷款借社员……本社应尽先贷款给社员,须至股金充裕时可对非社员放款。"[①]1931 年在闽西永定就有 9 个信用合作社,基金共有 10528 元[②],这一定程度上说明广大农民对刚成立的信用合作社的信任,也间接地实现"把合作社办成为一个发达的群众运动"[③],"吸收广大工农劳苦群众参加革命斗争……巩固工农革命的联盟"[④]的目标。"通过银行,或通过与信贷机构的联系",使得"政府能够确保农民因信贷而进一步依赖和支持政府",而且也是"获得农民长期支持的一种有效手段"。[⑤]

二、强化意识形态领导

任何社会对执政者而言,意识形态是巩固自身执政权的基础,执政者希望通过经济制度强化意识形态的领导。中共建立信用合作社的同时也在维护其意识形态,中共对于公有制的追求是坚持不懈的。

早在 1930 年 9 月闽西第二次工农兵代表大会上通过的《修正财政问题决议案》中就明确指出:"目前为要调节金融,保存现金,发展社会经济,以争取社会主义胜利的前途,唯一办法是设立闽西工农银行。"[⑥]由此可以看出,设立闽西工农银行不仅仅是经济目标,更是意识形态目标。信用合作社通过服务生产与消费合作社实现推动经济发展的目标,因此,苏区内的生产与消费合作社的"小生产者的集体的经济"最终的目标是实现社会主义经济。

1932 年 8 月,邓子恢在《发展粮食合作社运动来巩固苏区经济发展》一文中指出:"合作社在目前确是中农、贫农、雇农阶级抵抗商人、富农等商业资本

---

① 中国社会科学院经济研究所中国现代经济史组:《革命根据地经济史料选编》(上册),江西人民出版社 1986 年版,第 382 页。

② 《闽西苏维埃政府经济委员会扩大会议决议案》(1931 年 4 月 25 日),载中国社会科学院经济研究所中国现代经济史组编:《革命根据地经济史料选编》(上册),江西人民出版社 1986 年版,第 71 页。

③ 王金山:《中华苏维埃共和国消费合作社史料选编》,江西省供销合作社 2001 年版,第 35 页。

④ 王金山:《中华苏维埃共和国消费合作社史料选编》,江西省供销合作社 2001 年版,第 34 页。

⑤ [美]米格代尔:《农民、政治与革命:第三世界政治与社会变革的压力》,李玉琪、袁宁译,中央编译出版社 1996 年版,第 181 页。

⑥ 蒋九如:《福建革命根据地货币史》,中国金融出版社 1994 年版,第 43~44 页。

剥削的经济组织,是土地革命斗争的深入与继续,是巩固与发展苏区的经济动员,在革命发展前途上说,是准备将来革命转变到社会主义革命道路上的一个基础。"

　　毛泽东在 1934 年 1 月"全苏二大"报告中指出"合作社经济……在与私人经济斗争的长期过程中,将逐渐取得领导的与优越的地位,而使苏区的经济造成发展到社会主义经济的条件","合作社的意义是团结劳动群众、举行经济上合作、以抵抗资本主义斗争的武器"[①],是"增进工农利益,巩固工农联盟的一种经济组织,一种有力的武器"[②],也是"工人、中农、贫农、雇农等阶级抵抗富农、商人高利贷,商业资本雇佣劳动等经济剥削的阶级组织,他(它)是一种斗争组织,是中国土地革命的继续与深入"[③]。信用合作社作为三大合作社之一,也必然需要强化中共的意识形态。

　　中国共产党在金融方面强化意识形态建设还体现在纸币的设计上。如闽西工农银行发行的货币就有五角星、群众迎着太阳向插有红旗的城门涌入(见图 5-1)。随着闽西工农银行货币发行权收归国家银行,国家银行发行的纸币有马克思的头像,有些票面还增加英文。这些都起着潜移默化的强化意识形态的作用。

　　毛泽东在审定纸币图样时证实了这一事实:"中国革命是世界无产阶级革命的一部分,中国革命师法苏俄列宁是全世界无产阶级革命的领袖、共产国际的领袖、苏俄的领袖,要用就应当用列宁的头像。"[④]这是中国共产党在民主革命时期运用"列宁符号"来建构自己的政治象征体系、传播政治理念的一种策略,使党的理论符号在无形中进入大众生活之中,成为人们革命认同和信仰的重要标志。[⑤]

---

　　①　《经济问题决议案——莲花经济危机及其救济方法》,载许毅主编:《中央革命根据地财政经济史长编》(下),人民出版社 1982 年版,第 322 页。

　　②　《发展合作社大纲》(1933 年 6 月),载许毅主编:《中央革命根据地财政经济史长编》(下),人民出版社 1982 年版,第 322 页。

　　③　《合作社工作纲要》(1932 年 9 月 19 日),转引自许毅主编:《中央革命地财政经济史长编》(下),人民出版社 1982 年版,第 322 页。

　　④　古向东:《中华苏维埃货币上列宁头像的由来》,《东方收藏》2011 年第 8 期,第 114 页。

　　⑤　胡国胜:《革命与象征:民主革命时期"列宁符号"的建构与传播》,《党史研究与教学》2012 年第 3 期。

图 5-1　闽西工农银行辅币券

资料来源:贾章旺:《新民主主义革命货币图表》,中共党史出版社 2018 年版,第29 页。

三、增强政府对金融的掌控力

(一)减少货币流通混杂现象,增强政府对金融的掌控力

20 世纪 20—30 年代在闽西流通的本国银圆有孙头币、袁头币,外国银圆有墨西哥的鹰洋。[①] 各个地区流通的银圆铸币标准不一,在商品交易中,不同的银圆铸币必须折算成银两货币进行交易。铜圆兑银角,少时 12 枚,多时 22枚兑 1 银角。

当时为了解决货币混乱问题,决定只有信用合作社才能发行货币,之后发现各信用合作社都发行纸币,造成了新的混乱,因此规定只有符合条件的信用合作社才能发行纸币。各地信用合作社依然保留着货币铸造发行权会影响闽西苏维埃政府发行货币的唯一性地位,影响以闽西工农银行为核心的金融货币体系的形成。因此闽西苏区党和政府必须"统一度量衡尺币制",结束市场上各类金属货币和纸币繁乱不堪的流通局面。治理货币流通混杂的现象本身

---

① 当时外国银圆"受到中国人民的欢迎,因银圆不仅制作精美,而且更重要的是计枚核值,使用方便"。石毓符:《中国货币金融史略》,天津人民出版社 1984 年版,第 89 页。

就是在增强政府对金融的掌控。

（二）集中货币发行权，增强政府对金融的掌控力

集中货币发行权有利于政府对金融体系的掌控，缓解日益严峻的财政危机。面对国民党的经济封锁和苏区内部的经济下滑，要取得反"围剿"军事胜利，巨额的资金支持成为重要因素。铸币发行权由闽西苏维埃政府掌握，可以消除地方的铸币权，从而加强中央政府对金融体系的掌控，维护闽西苏维埃政府的权威（见表5-1）。

表 5-1　闽西红色金融机构发行的货币一览表

货币名称	发行机构	币材	面额	版别	流通区域	流通时间	备　注
蛟洋农民银行流通券	蛟洋农民银行	纸	壹角 壹圆	2	闽西蛟洋苏区	1927 年 2 月 — 1928 年 6 月	
永定县太平区信用合作社银毫票	永定县太平区信用合作社	纸	壹圆 伍圆 拾圆	3	闽西永定县太平区	1929 年 10 月 — 1932 年	
永定县第三区信用合作社银毫票	永定县第一区信用合作社	纸	壹毫 贰毫 伍毫	3	闽西湖雷苏区	1930 年 2 月 — 1931 年 3 月	加盖"丰"
永定县第三区信用合作社银毫票	永定县第三区信用合作社	纸	壹毫	1	闽西永定县第三区	1930 年 2 月 — 1931 年	加盖"丰"
上杭县北四区信用合作社流通券	上杭县北四区信用合作社	纸	贰角 伍角	2	闽西上杭县北四区	1929 年 1 月	
闽西工农银行辅币券	闽西工农银行	纸	壹角 贰角 伍角	3	闽西苏区	1930 年 11 月 — 1932 年	
闽西工农银行银圆票（暂用）	闽西工农银行	纸	壹圆 伍圆 拾圆	2	闽西苏区	1930—1932 年	

资料来源：根据蒋九如：《福建革命根据地货币史》，中国金融出版社 1994 年版相关内容整理而成。

第二节　闽西红色金融的经济作用

列宁说:"现代银行同商业(粮食及其他一切商业)和工业如此密不可分地长合在一起,以致不'插手'银行,就绝对不能做出任何重大的、任何'革命民主'的事情来。"①金融直接服务于经济,通过金融政策(货币政策)的调整,满足各行业对资金的需求。闽西苏区时期的红色金融也同样首先服务于实体经济,事实上,闽西红色金融确实推动了闽西苏区经济的发展。

一、促进农业发展

中央苏区时期,闽西农业生产不仅仅关系到苏区群众的生活,也关系到军事斗争的胜利。因此,农业生产是苏区经济工作的重心,金融工作要服务于农业生产。

(一)减少农村中的高利贷

定龙在 1930 年 2 月 22 日写道:"多数区政府开办了信用合作社(即农民银行),苏维埃下的群众,有正当需要(用在农业或工业上),可向政府借贷,至多只取一分的利息,打破了高利贷的剥削。"②曹菊如回忆:"银行帮助各县建立合作社,向粮食调剂局和粮食合作社发放贷款,在收割时以较高价格买进粮食,缺粮时按原价九五扣卖给农民,安定了农民生活,发展了农村经济。"③一定程度上缓解了"谷贱伤农"的问题。

(二)扶持农业生产

闽西工农银行提供贷款给个体农民、合作社等购买肥料、种子,兴修水利,

---

① 《列宁选集》(第 3 卷),人民出版社 1962 年版,第 136 页。

② 定龙:《闽西工农兵政府下的群众生活》,《红旗》1930 年 2 月 22 日第 78 期。

③ 曹菊如:《闽西工农银行》,载柯华主编:《中央苏区财政金融史料选编》,中国发展出版社 2016 年版,第 491 页。

购买生产工具及耕牛(详见第一章,不赘述)。[①] 这些措施的实行,加上政府引导等其他因素,极大地调动了农民的生产积极性。据统计,"1933 年的农产,在赣南闽西区域,比较 1932 年增加了百分之十五(一成半)"[②]。1933 年"杂粮的收成一般都增加二成,有的县份增加三成甚至四成"[③]。1934 年粮食又大大增产,"总计全省麦、菜、豆三项,原种 91000 余担,今年增加 72000 余担,这里面麦子增加最多的是兆征县,计 121271 担,比去年增六七倍……增种胡豆、雪豆最多的是长汀,计 2300 余担……此外濯田区,每家还比去年多种 2 担的旱地包菜,才溪群众每人多种 5 斤旱番薯秧"[④]。农业生产的恢复和发展,一定程度上改善了农民群众的生活,也为打破敌人的经济封锁提供了物质基础。

二、推进商业的繁荣

(一)统一货币,活跃商业

工商业发展的重要条件是货币的统一与稳定。旧社会,各地大大小小的政权都发行了地区货币,一个地区货币的杂乱必然影响商品流通和贸易的发展。闽西苏区时期,先是由符合条件的信用合作社发行货币,局部区域统一货币。之后闽西式苏区统一使用闽西工农银行发行的货币,由于闽西根据地统一发行了货币,这就有利于根据地的货物贸易,推动了贸易发展。加上其他鼓励商业的政策的发行,以"红色小上海"——长汀为代表的闽西商业迅速发展。1932 年时汀城有大小商店 378 家,8 个公营工厂、50 余个生产合作社,日均来往商人千余人,各地农副产品和商品云集于此,转销各地。商品交换,经济往来异常活跃,被誉为"红色小上海"[⑤]。仅仅从 1933 年长汀私营商店的数量就可见一斑(见表 5-2)。

[①] 陈荣华、何友良:《中央苏区史略》,上海社会科学院出版社 1992 年版,第 251～254 页。

[②] 毛泽东:《我们的经济政策》,载《毛泽东选集》(第 1 卷),人民出版社 1991 年版,第 131 页。

[③] 定一:《两个政权 两个收成》,《斗争》1934 年 9 月 23 日第 72 期。

[④] 《麦、菜、豆增加百分之八十》,《红色中华》1934 年 5 月 9 日第 186 期。

[⑤] 福建省长汀县地方志编纂委员会:《长汀县志》,生活·读书·新知三联书店 1993 年版,第 2 页。

表 5-2　1933 年汀州市私人商店统计表

商店名称	店数/间	商店名称	店数/间
京果店	117	小酒店	46
洋货店（百货店）	28	饭店	11
布匹店	20	纸行	32
油盐店	20	药店	17
锡纸店	27	酱果店	9
金银首饰店	14	客栈	26

资料来源：《长汀县志》。

（二）贷款给个体商人

永定第一区信用合作社，对本地烟厂主和纸厂主所持广东潮州、汕头或福建厦门的汇票予以贴现，每百元付 99 元现款；转卖给商人到潮州、汕头、厦门采购货物，商人 20 天开始付款，30 天付清 100 元给信用合作社。[①] 张洪儒回忆，在其 23 岁那年（1930 年）从信用合作社——永定太平区信用合作社借 10 元信用社票子，他用这 10 元去大埔贩盐。[②]

（三）推动赤白贸易发展经济

闽西工农银行在汀州期间的主要业务是发展赤白贸易，为此银行在长汀水东街专设了一个营业部，把根据地的土特产品运送到白区，购买苏区所需的药品、食盐等急需品。据曹菊如回忆，闽西工农银行经营赤白贸易的时间持续到 1934 年 11 月。据闽西工农银行日计表第 5 号记载，尚有结存的纸张、食盐、布匹等价值 6900 余元。[③] 这对打破敌人经济封锁，繁荣苏区经济，保证军需民用，发挥了不少作用。

三、支持工业发展

闽西红色金融，主要是信用合作社和闽西工农银行都把服务合作社作为

---

① 《赖祖烈回忆》，转自许毅主编：《中央革命根据地财政经济史长编》（下），人民出版社 1982 年版，第 327 页。

② 蒋九如：《福建革命根据地货币史》，中国金融出版社 1994 年版，第 27 页。

③ 罗华素、廖平之：《中央革命根据地货币史》，中国金融出版社 1998 年版，第 298 页。

重要业务来扶持。闽西没有真正意义上的现代工业,大部分是手工业。于是,闽西工农银行就"首先给资金困难的手工业予以低息贷款"。当时由于敌人破坏,铁器很少,闽西工农银行就先支持铁器的生产。[1]

合作社是在生产要素短缺的情况下,集中有限资源发展生产的重要途径。闽西红色金融曾贷款给纸业、铁器、药材、木材等生产合作社。1930 年 9 月,闽西苏维埃政府就指示"工农银行须投资一部分到石灰生产合作社里去"[2]。根据闽西苏维埃政府的规定,闽西工农银行"投入各种合作社 25％"[3]。闽西工农银行投过巨额资本到汀连、南阳的铸铁合作社,解决了群众做饭用锅的困难以及部分农具缺乏的问题。[4] "又给造纸业小生产者低利贷款……推动了造纸业的发展","(闽西工农银行)……贷给温必有、丁连标等 37 户纸槽户放款余额达 14786.62 元"。[5] 闽西地区"对手工业争取了积极发展和大力扶持的政策,使长汀奄奄一息的手工业,获得了空前的发展"。根据闽西工农银行日计表第 1 号记载,1934 年 11 月 10 日给予长汀县畲心区石灰合作社贷款余额290 元。[6]

第三节　闽西红色金融的军事作用

毛泽东在《必须注意经济工作》中强调"经济建设必须是环绕着革命战争这个中心任务的。革命战争是当前的中心任务,经济建设事业是为着它的,是环绕着它的,是服从于它的"。包括苏区红色金融在内的各种经济政策都是为战争服务的。

[1] 许毅:《中央革命根据地财政经济史长编》(下),人民出版社 1982 年版,第 351 页。
[2] 余伯流:《中央苏区经济史》,江西人民出版社 1995 年版,第 447 页。
[3] 姜宏业:《中国地方银行史》,湖南出版社 1991 年版,第 664 页。
[4] 曹菊如:《闽西工农银行一周年》(1931 年 11 月 6 日),《青年实话》1931 年第 4 期。
[5] 李文生、张鸿祥:《中国历史文化名城——红军的故乡》,中国言实出版社 2000 年版,第 86 页。
[6] 罗华素、廖平之:《中央革命根据地货币史》,中国金融出版社 1998 年版,第 294页。

一、红色金融为军队提供资金保障

详见第四章第五节,在此不赘述。

二、红色金融为军队提供粮食

详见第四章第五节,在此不赘述。

第四节　闽西红色金融的社会作用

经济对社会有反作用,新的经济关系的产生、发展必然改变旧的社会关系。闽西苏区红色金融的发展打破了旧有的宗族借贷关系,重构了以阶级关系为纽带的金融秩序,进而加剧农村社会结构的变化,推动农村社会权利的转移。

一、加速闽西苏区农村宗族制度的瓦解

闽西是客家人的大本营,以聚族而居为主要居住形态。民国《上杭县志》记载:"吾杭多聚族而居,谱牒世系井然秩然,又各建宗祠,绵亘街衢以百计。"[①]闽西乡村政权一般被豪绅操控,如,长汀的土豪劣绅掌握"一切政权机关",闽西农民知道宗族却无阶级概念。中国共产党要在苏区扎下根,就必须瓦解宗族制度。

（一）打破宗族观念

闽西宗族势力较大,他们一般凭借强大的族产(族产的一个重要来源就是高利贷)支撑。在闽西,农民宗族观念浓厚,很多人是只知道宗族而不知道阶级。虽然闽西苏区时期早有互利合作的传统,但民间资金互利大部分集中在宗族之间,是宗族维护自身势力的重要手段。农民一旦陷入高利贷,就极有可能陷入人身依附型的借贷关系,丧失生产的独立性。

---

① 《上杭县志》(上)卷八,载《氏族志》,1938 年修,第 170 页。

　　随着苏区的"平田废债"运动的不断开展,宗族的这种放高利贷的方式也就渐渐消失,其相关职能被苏维埃政府主导的生产、消费及信用合作社,闽西工农银行取代。由于闽西红色金融是为工农群众提供低利贷款和发展工农业生产服务,它逐步取代了宗族组织的部分借贷和互助救济功能。中国共产党通过宣传让群众意识到:"米价跌落的原因,是土豪不借款而不是共产党不好……明白……共产党借资的正当"[①],打破旧有的人身依附型金融借贷关系。同时重构了以工农群众为基础的金融借贷关系:信用合作社及闽西工农银行都是工农群众集股开办的经济组织,在这个组织中,人与人之间的关系是工农群众的关系,不再依赖于某一宗族和血缘的关系。通过新的金融关系代替原借贷关系中的互助功能,加速了闽西苏区农村宗族制度的瓦解。

　　(二)农民民主、平等、参与意识加强

　　闽西苏区红色金融机构都是劳动群众自愿集股和自愿加入的。信用合作社是为工农群众提供低利贷款和发展工农业生产服务的,是以支援革命战争和改善群众生活为目的的。在闽西红色农村信用合作社里,群众根据自愿互利原则,实行民主管理,兼顾集体利益和社员个人利益。

　　同样,闽西工农银行的管理形式也让农民认识到这种组织管理的民主性,与旧中国的银行为少数大股东所操纵的现象形成了鲜明的对比,详见第二章第二节,在此不赘述。

　　(三)集体主义思想增强

　　农村信用合作社和闽西工农银行都是依靠群众力量你一角我两角集资集股建立起来的,群众通过这些组织,解决生产生活上的困难。在这个过程中增强了群众的集体主义思想,减少了对宗族制度的依赖。

二、加快闽西苏区社会结构的重构

　　伴随着土地革命的开展及包括红色金融在内的一系列经济政策的实施,闽西苏区的社会结构也发生了重构。

---

　　① 《中共闽西特委关于剪刀差问题演讲大纲》(1929 年 12 月 5 日),载中国社会科学院经济研究所中国现代经济史组编:《革命根据地经济史料选编》(上册),江西人民出版社1986 年版,第 45 页。

（一）提高农民，尤其是贫农的社会地位

应该说闽西苏区农村社会阶级结构的变化主要是由土地革命引起的，打土豪、分田地之后提高了农民在社会中的地位，而新的金融关系加剧了这种社会结构的重构。信用合作社和闽西工农银行的入社、入股具有明显的阶级性：对于赤贫人员，相关章程规定，"社员如系赤贫者，由社员大会认可，可以不交股金"①。借款也如此，"信用合作社应站在劳苦群众利益方面，有钱借给贫农雇农，不应借给富农"②。

这期间富农比例逐渐下降到几近无，革命之初，中国共产党出于统一战线的考量，经济上限制削弱富农，在金融方面也如此。如1930年3月《合作社条例》规定："在业商人可以加入，但不能办事。"③不过随着中国共产党对富农的偏"左"认识，富农地位受到影响。1931年，《闽西苏维埃政府答复汀连县苏的信》指出："富农不是富裕的农民，他一面收租放账，或营高利贷生活的才是……富农是农村里半地主或半农村资产阶级。"④到了1933年9月，经济上限制削弱的强度更大："本社社员以工农劳苦群众为限，富农、资本家、商人及其他剥削者不得加入"，"富农不准加入合作社，以前已加入的，停止他的分红及一切权利，其股金展期归还，已入股的社员要发证章"⑤，配合其他经济政策，他们的经济地位急剧下滑。

此外，加上苏区土地分配等影响，闽西苏区内的阶级构成为：农民占80％上下，富人约占5％，地主约占3％，其余是小手工业者、小商人和游民。农民各阶层人口占比为：中农17％～20％，贫农65％～75％，雇农1％～5％。⑥与

---

①　中共龙岩地委党史资料征集研究委员会、龙岩地区行政公署文物管理委员会：《闽西革命史文献资料》（第三辑），内部资料，1982年，第126页。

②　《关于发展合作社流通商品问题》（1930年12月1日），载柯华主编：《中央苏区财政金融史料选编》，中国发展出版社2016年版，第329页。

③　中央档案馆、福建省档案馆：《福建革命历史文件汇集》（苏维埃政府文件）（一九三〇年），1985年第116页。

④　《闽西苏维埃政府答复汀连县苏的信——关于土豪、地主、富农、中农的解释》，载中共龙岩地委党史资料征集研究委员会、龙岩地区行政公署文物管理委员会编：《闽西革命史文献资料》（第六辑），内部资料，1985年，第61页。

⑤　柯华：《中央苏区财政金融史料选编》，中国发展出版社2016年版，第131页。

⑥　李小平：《土地改革与闽西苏区社会结构的变化》，《中国社会经济史研究》2002年第4期。

此对应的是闽西苏区的党员构成,农民占 60%,知识分子和小商人占 10%,其他占 17%,工人只占 13%。[①]

在政治地位上,贫农成为乡村政治舞台的主角,"贫农是农村政权的主干,成了农村中的指导阶级"。《中共闽粤赣省委关于拥护全苏大会运动对闽西目前工作计划决议》(1931 年 6 月 21 日常委会通过)要求"各党应领导此次选举,使积极坚决的工人、雇农、贫农当选为代表"[②]。

(二)减少匪患

近代以来,闽西经济受困,匪患严重。中共闽西一大指出"闽西各县土匪约占当地人口的 25%"[③],"永定的土匪是非常庞大的,在坎市、抚溪两地,人口虽不下三四万,但土匪占其中大半。其中抚溪最为严重,可以说已几乎全部沦为土匪,土地荒芜无人耕种,把抢劫南靖、龙岩一带作为生活来源。永定的男人一半以上是土匪,或起码跟土匪有联系"[④]。

随着军事斗争、土地革命以及包括红色金融在内的各项政策支持,闽西苏区经济得以恢复和发展,闽西匪患有所减弱。

本章小结:闽西苏区红色金融在政治、经济、军事及社会等方面发挥着重要作用。政治方面,闽西苏区红色金融通过新的借贷形式,打破旧的宗族借贷关系、重构了以阶级性为纽带的金融秩序基础,组织群众,强化农民的集体意识,逐步减弱小农意识,强化了中国共产党意识形态的统治。经济方面,推动了闽西苏区农业、工业、商业的发展,通过减少货币流通混杂现象和集中货币发行权增强政府对金融的掌控力。军事方面,为战争提供资金和粮食。社会方面,闽西红色金融打破传统借贷关系束缚下的人身依附关系,加快宗族制度的瓦解和阶级社会的重构。

---

① 柳建辉、曹普:《中国共产党执政历程》(1921—1949)(第 1 卷),人民出版社 2011 年版,第 128 页。

② 中央档案馆:《闽粤赣革命历史文件汇集》(1930—1931)(第 1 卷),1984 年,第 196 页。

③ 《中共闽西第一次代表大会之政治决议案》(1929 年 7 月),载中央档案馆编:《中共中央文件选集》(第五册)(一九二九),中共中央党校出版社 1991 年版,第 703 页。

④ 《关于永定县政治经济状况与群众要求革命情况报告》(1928 年 7 月 29 日)。

第六章　中央苏区时期闽西红色
　　金融的地位及启示

作为闽西红色金融机构的重要代表,闽西信用合作社及闽西工农银行发行的货币虽然发行时间不长,流通区域局限在闽西,甚至是个别县区,但它为中国革命根据地货币、金融的进一步发展奠定了基础,是中国革命根据地货币发展史上的一个重要里程碑。

第一节　闽西红色金融的地位

闽西苏区虽然存在的时间并不长,但是其金融实践在中国金融史上具有重要的历史地位。在这里建立了第一个红色农村信用合作社,建立了第一个股份制银行,是中国人民银行的前身。

一、闽西红色金融历史上的第一

(一)建立第一个红色农村信用合作社

1929年10月成立了闽西第一个信用合作社——永定县太平区信用合作社,这些信用合作社主要集中在商业比较发达且与广东接壤的永定和上杭。这是传统金融向现代金融转变,即从民间金融向正规金融转变的过程,实现了农村从传统高利贷形式向现代农村金融的转变。

(二)建立第一个股份制银行——闽西工农银行

闽西工农银行(1930年11月—1935年春),是第二次国内革命战争时期成立较早、经营时间最长的群众与企事业合资的公有制银行。闽西工农银行是在解决闽西群众借贷问题及红色农信资金不足问题上建立起来的,是群众集股的股份制银行,也是中央苏区首个股份制银行。该行于 1931 年发行股票,堪称红色银行股票之"鼻祖"。

　　闽西工农银行经过发展,与江西工农银行合并,成立国家银行。长征之后成为中华苏维埃共和国国家银行西北分行,最后成长为中国人民银行,也就是说,闽西红色金融催生了国家银行(见图 6-1)。

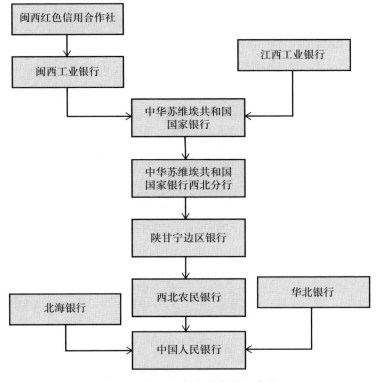

图 6-1　闽西红色金融发展示意图

资料来源:作者根据资料绘制。

二、为国家银行的建立准备条件

　　在中华苏维埃共和国国家银行创建过程中,闽西工农银行对其业务骨干、资金筹措、管理制度、货币体制等方面起到了主要作用。

（一）中华苏维埃共和国国家银行业务骨干的来源

毛泽民筹备国家银行时，面对金融人才缺乏的情况，他第一个想到的是到闽西去调干部。1931 年元旦前夕，毛泽民到福建长汀约闽西工农银行的阮山行长和曹菊如、赖祖烈等座谈，决定调曹菊如参加国家银行的筹备工作。根据毛泽民的指示，曹菊如于 1932 年元旦这一天来到瑞金。为更快开展工作，还带上在闽西工农银行工作的邱冬生和彭天喜，这两个会打算盘、会写洋码子的年青人，一个任记账员，一个负责兑换兼杂务困。由此可见，国家银行最早筹备的 5 个人之中，有 3 个人来自闽西工农银行。

（二）中华苏维埃共和国国家银行开办费用的来源之一

《中华苏维埃共和国国家银行暂行章程》规定："本行开始营业时之资本，定为国币一百万元。"①实际上，其中 80 万元是债款，到位的仅有 20 万元，还是从闽西工农银行转来的。② 1932 年 4 月，中央苏区第三次反"围剿"胜利后，毛泽东率领中央红军入闽作战攻克漳州。从 4 月下旬至 5 月底，红军在漳州分兵活动，筹集到 160 余万大洋及大量物资，为国家银行的开办起到决定性作用。这部分资金最初是由闽西工农银行保管的。

（三）中华苏维埃共和国国家银行货币体制的来源

中华苏维埃共和国国家银行建立之后，碰到的第一个问题就是要发行什么货币。20 世纪 30 年代的闽西与赣南地区，货币体制非常混乱。"市面上流通的货币非常复杂，不但有中国、交通、中南、裕民等银行发行的纸币，而且还有地方军阀发行的不兑现的纸币以及各种地方银行、商会遗留下来的杂钞劣币。"③货币的种类也多种多样，有银圆、铜板、银币券、铜圆券等。各货币品种之间的相互兑换非常复杂。

中华苏维埃共和国国家银行建立之前，红色政权发行的货币也有两种，一种是以闽西工农银行为代表的银行、信用合作社发行的银币券，即以元、角、分为计价单位。一元等同于一个大洋，即一元纸币可以兑换一个银圆，包括"袁大头""孙小头""鹰洋"等。十角为一元，十分为一角。银本位货币体制

①　《中华苏维埃共和国国家银行暂行章程》（1932 年 5 月），载柯华主编：《中央苏区财政金融史料选编》，中国发展出版社 2016 年版，第 37 页。

②　曹宏、周燕：《寻踪毛泽民》，中央文献出版社 1994 年版，第 147 页。

③　孔永松、蒋伯英、马先富：《中央苏区财政经济史》，厦门大学出版社 1999 年版，第206 页。

的好处是"工农政府设银行,纸票通行各地方,到处都有兑换处,随时可以换光洋"①。

另一种是以江西工农银行为代表的银行发行的铜圆券,用枚和文为计价单位。从东固平民银行到东固银行,从东固银行到赣西南工农银行,发行使用的都是拾枚、贰拾枚、伍拾枚、壹百枚面额的铜圆券。铜圆券在使用过程中存在诸多麻烦,尤其是随着时间及地点的变化,换算成银圆存在不少困难。在中央苏区,群众日常生活比较习惯使用银圆和银毫,铜圆券在使用过程中多了一个换算层次,所以铜圆券的货币体制被中华苏维埃共和国国家银行彻底否定。

由此可见,闽西工农银行发行使用银币券是符合历史潮流的,是红色政权最早确立的货币体制,这种货币体制得到中华苏维埃共和国国家银行以及此后所有红色政权银行的充分肯定和应用,开创了红色政权货币体制的先河。

(四)中华苏维埃共和国国家银行规章制度的来源

红色政权在土地革命战争时期正式颁布的银行章程只有《闽西工农银行章程》(1930 年 9 月)、《湘赣省工农银行简章》(1931 年 12 月)和《中华苏维埃共和国国家银行暂行章程》(1932 年 5 月)三个。可见《闽西工农银行章程》是红色政权最早的银行章程,包括建立分行、支行、兑换处,办理抵押、贷款、存款、票据、汇兑,发行钞票,代理国家金库,发行公债等。② 此外,闽西工农银行管理委员会还制定了《闽西工农银行业务运营规则》,明确了会计核算、负债管理、工商(农)信贷、资金汇划、转账结算、金银兑换、货币发行、金库保卫等业务运行制度。

曹菊如参照这些管理制度拟定了《中华苏维埃共和国国家银行暂行章程》《国家银行往来存款暂行规则》《国家银行特别往来存款暂行规则》《国家银行透支暂行规则》等规章制度。并在此后逐步建立起了金库制度、会计制度、预算制度、决算制度、审计制度等一整套银行管理制度。曹菊如在回顾、总结红色金融历史时,非常肯定地说:"制度上和技术上来说,闽西工农银行为国家银行的建立是做了准备工作的。"

---

① 赵效民:《中国革命根据地经济史(1927—1937)》,广东人民出版社 1983 年版,第215 页。

② 钟建红:《共和国金融摇篮——记闽西工农银行》,http://www.yhcqw.com/33/10393_2.html,下载日期:2021 年 10 月 10 日。

三、培养了一批金融人才

闽西苏区红色金融的发展培养了一批本土经济精英,如曹菊如、阮山、赖祖烈、陈海贤等金融人才,本节主要介绍闽西本土经济精英的金融事迹。

(一)邓子恢

邓子恢(1896—1972),福建龙岩人,他在闽西革命根据地创建之初,就十分关注金融战线上这场没有硝烟的斗争。之后,邓子恢由闽西工农银行委员会委员,调任中华苏维埃共和国临时中央政府财政部部长、新中国国务院副总理。闽西苏区时期,其金融思想主要体现如下。

1.废除高利贷

在1927年大革命失败后,邓子恢回到家乡鼓动当地的贫苦农民反对高利贷;1928年,他在领导龙岩后田暴动的过程中,"烧毁田契、账簿、契约";在永定暴动之后展开的土地革命期间,提出了包括"抗债"在内的斗争口号,并且确定了"废租、废债及分田办法"。而对于商业流通领域中的来往债务称之为"账",除了对含有"重利性质"和土豪反动财产存放于商店的款项与股金予以废除或没收以外,其余一般采取了保护的政策。这一政策规定,"商家关于商品赊出之账仍旧要还,但暴动前一年(1928年)元旦以前之账,及非本身所欠之账不还","农民欠商家之账在暴动前一年还账者,应照新账扣除,不得借口收入旧账"。[①]

2.主张建立农民银行和信用合作社

1929年9月,以中共闽西特委的名义签发的闽西特委第七号通告,第一次提出了创办农民银行和信用合作社的主张,以利于革命根据地农民的生活,促进苏区农业的发展和金融的流通。

(二)阮山

阮山(1888—1934),福建永定人,是闽西红色金融史上里程碑的人物,他参与开创了闽西信用合作社和闽西工农银行,为闽西红色金融的发展做出了巨大贡献。

---

① 中央档案馆、福建省档案馆:《福建革命历史文件汇集》(苏维埃政府文件)(一九三○年),1985年,第67页。

　　1.首创红色金融机构

　　第一,创办信用合作社。1929 年 11 月丰田区(第三区)信用合作社成立后,阮山便组织县苏维埃政府财委委员兼丰田区信用合作社主任赖祖烈等同志积极做好发行纸币的工作,他自始至终认真参与纸币的设计、股金筹集、印刷发行等工作。1930 年 2 月 15 日,第三区信用合作社便发行了五毫、二毫、一毫三种纸币,计约 5000 元。与此同时,阮山还组织太平区(五区)信用合作社发行纸币,可在(龙)岩、永(定)边区流通。此外,他还指导溪南、金丰、合溪、堂堡、上丰等地信用合作社有计划调节货币流通,办理群众储蓄,实行低息借贷,扶助工商业发展,从而对促进永定苏区经济建设、巩固红色政权起了重大作用。①

　　第二,创办闽西工农银行。1930 年 9 月,闽西第二次工农兵代表大会做出筹建闽西工农银行的决定,并推选阮山为闽西工农银行委员会主任。他接任后,便与曹菊如、赖祖烈等同志着手准备,安排闽西工农银行调剂金融、发展经济、保存现金、打破封锁、低利贷款、支持农业、代办发行公债等工作,这些工作及一整套制度安排为之后其他革命根据地开办银行提供了许多宝贵的经验,也为后来创办中央苏区国家银行奠定了基础。

　　2.注重红色金融宣传

　　为了宣传闽西工农银行的好处,阮山以群众喜闻乐见的形式创作《设立工农银行歌》,并在闽西工农银行一周年之际创作《工农银行周年纪念歌》,推动了闽西工农银行的影响力和覆盖面。②

设立工农银行歌

　　帝国主义主意深,滥发纸币准现金,设立银行收存款,将钱放利剥削人。目前闽西的地方,市面金融渐恐慌,现金日见流出去,影响工农影响商。现在革命已高潮,帝国主义根本摇,资本银行和企业,不久一概会没收。资本银行一没收,纸票无用命都休,唯有工农银行的纸票,永远通用一样收。全国总暴动时期,纸币变成废纸哩,自己银行快设起,储存现款挽危机。零星金钱大家有,集腋起来可成裘,组织银行力量大,爱借爱贷容易求,工农银行设起来,实行低利的借贷,借款容易利钱少,大家欢喜心就开,

---

① 　陈凤芳:《红土情思》,中国文联出版社 2000 年版,第 65 页。

② 　陈凤芳:《永定党史研究与宣传》2006 年第 1 期,第 20 页。

金钱集中本应该,革命群众认真来,全体动员加入去,快快捷捷拿出来。[①]

工农银行周年纪念歌

银行出世在龙岩,各县工农尽喜欢。现在汀州开纪念,欢迎群众来参观。银行纪念一周年,群众参观几万千。银塔金牌真好看。人人都说是空前。彩红花镜赛琳琅,团体机关赠送忙。希望银行加扩大,社会主义做桥梁。社会主义争前途,经济中心不可无。组织多多合作社,银行帮助各乡区,工农群众有银行,借贷唔愁无地方。低利六厘真正好,工农合作爱分详。赤色闽西廿万家,一家一股不为差,工农踊跃加入股,资本天天只见加。工农自己设银行,纸票通行各地方。到处都有兑换处,随时可以换光洋。阶级银行势力强,推翻封建吃人王。一般剥削悲劳动,最近将来必灭亡。苏联革命十四年,经济发展一天天。创造中华红十月,劳苦工农快动员。银行纪念共三天,庆祝欢呼万万年。拥护全苏开大会,工农群众更争先。[②]

(三)曹菊如

曹菊如(1901—1981),福建龙岩人,在闽西期间有关红色金融的工作主要是筹建、发展闽西工农银行。1932年初,曹菊如被调去筹建国家银行。曹菊如根据已掌握的银行管理知识和闽西工农银行的业务经验,参照闽西工农银行的章程,起草国家银行的章程,制定国家银行的业务范畴,建立银行的各种账簿和单据。

1.筹建闽西工农银行

1930年9月,闽西第二次工农兵代表大会决定筹建闽西工农银行,银行发动群众集资20万元。曹菊如从龙岩东街"东碧斋"印刷厂调出一架石板印刷机以及二位工人,印制闽西工农银行将发行的纸币。他还精心布置开业,在银行办事场所摆着曲尺柜台,上边吊着玻璃板牌,写着"存款""放款""汇兑""问事""收买金银"等项,银行门前四根方柱上用红漆写着银行四项任务"调剂金融,保存现金,发展社会经济,实行低利借贷"20个大字。

2.建章立制

第一,首创银行管理制度。1930年11月7日闽西工农银行建立之初,没有办银行的经验,建章立制无从谈及,当时采用的是中式账簿和旧的记账方

---

① 谢济堂:《中央苏区革命歌谣选集》,鹭江出版社1990年版,第336页。

② 谢济堂:《中央苏区革命歌谣选集》,鹭江出版社1990年版,第337页。

法。后来从土豪家得到一本北京某大学商科的银行簿记讲义,通过钻研一部《银行簿记》初步获得现代银行会计制度、营业、出纳以及其他制度的知识。这种制度之后用于中华苏维埃国家银行的管理中。

第二,注重货币信用。为了保证货币信用,闽西工农银行坚持"来者不拒,随来随换"的方针,坚持稳定的兑换比价,安定民心。同时曹菊如提出:银行发行的纸币不用于财政开支。有时财政收入入不敷出时,银行只给临时周转,这是历史上少有的。[①]

第三,准备充足物资保障币值稳定。曹菊如认为货币发行量的多少要取决于它的物资基础,类似于货币发行需要足够的贵金属准备,这才能保障币值稳定,货币信用才能建立,这一原则为根据地银行的建设奠定了基础。

(四)赖祖烈

赖祖烈(1907—1983),福建永定人,红色金融机构的主要创立者。1928年由阮山介绍加入中国共产党,1929年5月后,历任石城坑党支部书记兼赤卫连指导员、永定县革命委员会和县苏维埃政府财政委员。负责创办了永定太平、丰田等区信用合作社和永定县农民银行。1930年9月,参加筹备闽西工农银行,任闽西工农银行委员会委员。同年11月7日,闽西工农银行在龙岩正式成立,任营业科科长兼秘书。继阮山之后,赖祖烈于1932年任闽西工农银行行长,1932年初,与毛泽民等筹建了中华苏维埃共和国国家银行和福建省分行,任福建省分行行长兼福建金库主任及中华商业总公司经理。

(五)陈海贤

陈海贤(1901—1931),福建永定人,是全国最早红色农信的创办者。由于各种货币充斥市场,早在1929年4月(早于永定县太平区红色农村信用合作社建立时间1929年10月),陈海贤指导签订闽西苏区第一个经济合作合同,规定了用光洋结算、分红与退股等原则。

> 做钱货生意额定资本大洋壹仟伍佰圆分为壹拾伍股,每股大洋壹佰圆计,卢箸生认定叁股,计大洋叁佰……各人认定股金当日……随年两分起息……年终结算除官利外所有盈余作拾陆份分派计公司及与实分……股本分派公立公约捌条。[②]

---

① 郑学秋:《史苑耕耘录》,鹭江出版社1993年版,第115页。

② 福建古田红色农村信用合作社展览馆。

1929 年 10 月,永定县第一次工农兵代表大会选举成立县苏政府,下旬,太平区苏维埃政府宣告成立,陈海贤当选为区苏维埃政府财政委员会主任,同月创办永定太平区信用合作社。[①] 1931 年 4 月中旬,在永定县第五次工农兵代表大会上,陈海贤被选为县苏政府主席。任职期间,他继续发展农业劳动互助社、石灰生产合作社、信用合作社、消费合作社、粮食调剂局、互济会等群众性组织,为巩固发展苏区经济、粉碎国民党反动派的军事"围剿"和经济封锁做出了重要贡献。[②]

(六)黄亚光

黄亚光(1901—1993),福建长汀人,党的金融事业早期领导人之一,国家银行纸币的设计者。黄亚光到银行工作后,根据他会画画的特长,委托他手工绘制有列宁头像的钞票图案,开始设计纸币。苏币上绘有工农集会、镰刀、红旗、五角星等图案,具有鲜明的时代特征及政治色彩,彰显了毛泽东对苏币的设计理念——一定要体现工农政权的特征(见图 6-2)。

图 6-2　黄亚光设计的国家银行纸币

资料来源:网上公开资料。

黄亚光不但设计了中华苏维埃共和国国家银行纸币、银币和铜币,还为此后红色政权设计了 70 余种纸币、债券等有价证券(见表 6-1)。从一个货币设计者,到任中国人民银行副行长,为红色政权货币发行立下汗马功劳。

---

① 中共永定县委党史研究室、永定县民政局:《永定英烈》(第 2 卷),1989 年,第 49 页。

② 逄立左、中共福建省委党史研究室:《福建英烈传略》(上),福建教育出版社 2015 年版,第 81 页。

表 6-1　黄亚光设计的货币及债券

货币/公债券名称	中华苏维埃共和国国家银行银币券	中华苏维埃共和国国家银行西北分行苏票	中华苏维埃共和国国家银行西北分行苏票	延安光华商店代价券	陕甘宁边区银行(边)币	陕甘宁边区贸易公司商业流通券	中华苏维埃共和国革命战争公债券	中华苏维埃共和国经济建设公债券	陕甘宁边区政府建设救国公债
发行年份/年	1932	1935	1936	1938	1941	1944	1932	1934	1941
一分	1	1							
二分				1					
五分	2	1		1					
一角	1	1		1	1				
二角	2	3		1	1				
五角	1	1		2			1	1	
七角五分				1					
一元	2	1	3				1	1	
二元			1				1	1	
三元								1	
五元					2	1		1	1
十元					3	1			1
二十元						2			1
五十元					2	1			
一百元					2	1			
二百元					1	1			
二百五十元						1			
五百元					2	1			
一千元					1	2			
二千元						1			
五千元					1	1			
一万元					1				
五万元					1				

（左侧纵向标注：券别）

资料来源:张建新:《黄亚光同志谈中华苏维埃国家银行货币的设计》,《中国钱币》1986 年第 4 期,第 56～59 页。

此外还有闽西工农银行纸币的设计者——张廷竹,张廷竹(1902—1931),福建龙岩人,1930 年夏任闽西苏维埃政府财政部部长,兼闽西苏维埃政府机关报《闽西红报》美术编辑和闽西列宁师范学校教员。根据赖祖烈的回忆,闽西工农银行发行的 1 元纸币,1 角、2 角辅币都是由龙岩县苏委员、《闽西红报》编辑张廷竹设计。① 他设计的纸币、邮票以红星、镰刀、斧头为象征图案,融政治、艺术为一体,为日后红色货币的设计奠定了基础。

此外还有金库管理员曹根全,1932 年调入中华苏维埃共和国国家银行,在陕北曾任西北银行科长兼银行印刷厂厂长、陕甘工委财政部部长、东北银行嫩江省银行行长、吉林省银行行长,新中国成立后历任中国人民银行黑龙江省分行党组书记、行长,中国农业银行黑龙江省分行行长。②

四、闽西红色金融与江西红色金融比较

(一)江西红色金融发展概况

闽西和江西都是中央苏区的重要组成部分,两块根据地在各自发展过程中都自发形成了适合群众需求的红色金融体系。闽西红色农信和闽西工农银行是中共第一个红色农村信用合作社和第一个股份制银行。在此基础上发展的国家银行机构体系更加完善。江西有井冈山红军造币厂、东固平民银行、国家银行、债券服务机构、信用合作社组织、中央印钞厂、中央造币厂、对外贸易总局等机构。

江西红色金融机构除了具有与闽西红色金融机构相似的业务,如存款、贷款、发行货币、贴现、开展反假币斗争等外,还负责发行铸币、公债,汇兑业务。

中华苏维埃共和国国家银行颁布了《中华苏维埃共和国国家银行暂行章程》《定期放款暂行规定》《定期抵押放款暂行规定》等一系列相关规章制度规范国家银行的管理。根据《国库暂行条例》,"国库之一切,均由财政人民委员

---

① 汤家庆等:《闽西红色画家张廷竹烈士简介》,载林星主编:《中央苏区文艺研究论文集》,长江文艺出版社 2017 年版,第 573 页。

② 钟建红:《共和国金融摇篮——记闽西工农银行》,http://www.yhcqw.com/33/10393_3.html,下载日期:2021 年 10 月 10 日。

部国库管理局来管理,其金库则委托国家银行来代理"[1],即国家银行建立了金库制度。

(二)闽西红色金融与江西红色金融比较

1.规模

(1)级别高。江西红色金融机构中农村信用合作社和银行数量、级别比闽西的高。1932年2月1日,中华苏维埃共和国国家银行(以下简称"国家银行")在江西瑞金叶坪创立,该行统领中央苏区所有银行,是银行的银行,闽西工农银行只是国家银行福建省分行。

(2)数量多。在数量方面,江西比较有影响力的银行有:东固平民银行(之后升级为江西工农银行)。1930年3月成立了兴国造币厂(之后升级为江西造币厂),国家银行成立后即将原东固印刷厂和兴国印刷厂合并,在瑞金成立了中央造币厂。闽西苏区主要的红色金融机构是农村信用合作社和闽西工农银行,从数量上看,较闽西多。

(3)机构体系完整。据曹菊如回忆,国家银行的组织机构是随着业务发展而逐渐增加的。行长之下设业务、总务两处。业务处下设营业科、会计科、出纳科。总务处下设管理科、文书科。还有券务科,管理新印票子的收发、打号码。总金库成立后,1933年1月增设金库会计科[2]。相较而言,彼时赣南的组织机构更完整。

(4)影响大。1932年2月1日,中华苏维埃共和国国家银行在江西瑞金成立,初期资本金20万银圆。1932年4月漳州大捷后,筹得100万大洋,全部转入国家银行资本金。1932年6月和10月间,临时中央政府委托国家银行代理发行了二期180万元"革命战争"短期公债,既为充裕战争经费,又为国币回笼创造条件。到1932年底,国家银行印发纸币65.6175万元,拥有现金准备38.9480万元,占货币发行量的59.36%,比《国家银行暂行章程》规定的"发行纸币,至少须有十分之三的现金"标准,高出了29.36%。吸收各项存款17.5448万元,其中私人存款占2.2787万元。苏维埃政府还委托中央造币厂仿制了"袁大头""孙小头""鹰洋"等银圆以及贰角的银毫子。中央造币厂铸造

---

[1] 《临时中央政府人民委员会关于国库暂行条例》(1933年10月22日),载柯华主编:《中央苏区财政金融史料选编》,中国发展出版社2016年版,第15页。

[2] 曹菊如:《中华苏维埃共和国国家银行工作的部分情况》,载柯华主编:《中央苏区财政金融史料选编》,中国发展出版社2016年版,第497页。

金属货币 10.18226 万元,兑出了 6.45926 万元。[①]

2.闽西、江西红色金融差异原因

(1)政权中心在江西赣南。虽然一直认为赣南是中央苏区的政治中心,闽西是中央苏区的经济中心,但由于中央机关几乎都设在赣南,这就使得赣南的经济机构较为完善,国家银行也设立在赣南。

(2)赣南拥有大型的国营经济。金融发展程度与该地经济发展水平是紧密相关的,不管是战时还是和平年代。从私营商业角度看,虽然闽西苏区有所谓的"红色小上海",但总体上赣南闽西平分秋色,但在大型国营经济方面,赣南略胜一筹。以公营工业为例,长汀公营工业在闽西是首屈一指的,但与赣南比,规模较小。以纺织业为例,纺织工业以赣南中央苏区最具规模,尤以设在瑞金七堡村的中央被服厂规模最大,该厂有 100 多架缝纫机,为红军缝制衣服、帽子、被子、背包、米袋、绑带、子弹袋等,全厂最多时有 700 多名工人。中央被服厂的第一分厂就有固定工人 150 人,临时工 70 人。1933 年 7 月的生产计划是单衣 1.8 万套,帽子 1.7 万顶,毯子 4000 床。[②] 而位于长汀的第二被服厂有工人 60 多人,3～4 架缝纫机。

闽西另一个重要产业是纸业,长汀造纸尤为出名。1935 年 2 月 8 日《申报》报道:"瑞金中央政府之中华公司特组织造纸公司,委一兴国人为经理,资金 20 万,曾将其出口一部……运至潮汕出售,获得甚丰。"赣南凭借钨砂资源,成立中华钨砂公司,虽然其拥有的矿工数及钨砂年产量始终处于变动之中,但其钨砂产量逐年增加,1931 年为 280 吨,1932 年增加到 648 吨,1933 年上涨到 1800 吨,1934 年头 10 个月产量达 3988 吨。在近三年时间里,中央苏区共采出钨砂 7890 吨,价值 620 多万元。[③] 此外,中央苏区还通过收取钨砂出口税获得财政收入。根据 1933 年前后执行的税则,中央苏区的出口税要比进口税重,而钨砂出口税税率高达 50%。有资料显示中央苏区从钨砂交易中贡献

---

① 王卫斌:《中央苏区金融实践》,《云南档案》2013 年第 7 期,第 19～22 页。

② 《七堡被服厂的青年工人怎样为着红军不受冻而努力》,《青年实话》1934 年第 3 卷 17 号。

③ 肖自力:《中央苏区对江西钨矿的开发与钨砂贸易》,《中共党史资料》2006 年第 2 期,第 126～130 页。

了 70%的财政收入。① 相比较钨砂交易,20 万元的资金额确实是小巫见大巫。

第二节　闽西红色金融的特征及启示

　　红色这个词的运用往往是在新民主主义革命时期,红色代表政党属性、阶级属性和革命性,因此闽西的红色金融也代表政党属性和人民性。金融这个词往往指金融机构及其开展的金融服务活动,因此红色金融具有经济性。

一、坚持党的领导

　　中国共产党领导中国革命走的是农村包围城市的道路,在经济薄弱的农村根据地建立多种形式的金融机构,从初步筹集资金、经营自给,到服务生产经营、开展对敌斗争、打破经济封锁,党构建的强有力的金融体系为中国革命的胜利提供了坚实的物质保障。

　　(一)领导主体是中国共产党

　　红色金融的领导主体是中国共产党,创建主体是中国共产党领导的从事红色金融工作的革命群众,主要代表性人物包括毛泽民、曹菊如、阮山、赖祖烈、陈海贤、傅柏翠(创建蛟洋农民银行时,其身份是中共党员)等。红色金融就是在中国共产党的领导下,在党的早期金融工作者的艰苦奋斗中成长和发展起来的。没有党的早期金融工作者的奋斗牺牲,红色金融不会产生,更不会发展壮大。

　　我们从股金证及股金收据角度看,从时间的表述上看,全部红色农信票证都用"公元纪年"的落款时间,而没有用民国某年的时间表述。这一方面体现中国共产党人与国民党反动派发行的股金票证票面上的区别,另一方面体现了无产阶级政权开展经济和金融事业的决心,突出了中国共产党和无产阶级政权的阶级特色。此外,农信股票上方中间标有"地球"和"世界大同"其寓意

---

　　① 肖自力:《中央苏区对江西钨矿的开发与钨砂贸易》,《中共党史资料》2006 年第 2 期,第 126～130 页。

深刻,表明了共产党人的雄心壮志和崇高理想,不仅要解放全人类,而且要在全世界实现共产主义。

（二）党对金融业务的领导

党通过推动立法立规、健全监管职能、强化协调推动等措施,总揽全局,协调各方,统筹谋划,有力地推动了革命根据地金融的稳步健康发展。为了保障苏区红色金融的健康发展,苏维埃政府制定了《合作社条例》《借贷暂行条例》《闽西工农银行章程》等一系列法律法规,通过布告宣传、歌谣宣传、漫画宣传等方式积极开展储蓄、低利借贷、发行债券和纸币等业务。

（三）党对金融秩序的统筹打造

中国共产党的宗旨是全心全意为人民服务,中央苏区时期的红色金融始终植根人民、服务人民。闽西红色金融最初是由群众创建的,是一种自下而上的变革,中国共产党在此基础上,依靠群众,不断完善政策,在金融机构开展的各种业务活动中,以民为本、为民解困、为民理财,支持革命。

在中国共产党的领导下,闽西废除了不合理的借贷关系,废止一切高利贷形式,建立了以低利率为特征、服务于广大贫苦民众的红色金融。从制定苏维埃土地法之第二章《废除债务条例》[①],废除以人身依附为条件的高利贷借贷关系,再到制定《借贷暂行条例》等政策建立正常借贷制度。为了保障红色金融各项政策顺利实行,中国共产党采取统一区域货币、加强现金管理、打击假币、妥善处理旧币等行动。离开了党的坚强领导,整治和打击非法金融活动、净化金融环境将成为一句空话。

战争时期,发挥党在金融领域的领导核心作用,才能更好地促进地方经济发展、提高人民生活水平、服务战争。和平年代,更是要坚持"东西南北中,党是领导一切的"这个理念,使金融更好调节经济、促进发展、提高民众幸福感。

二、坚守以民为本的原则

马克思、恩格斯认为:"过去的一切运动都是少数人的,或者为少数人谋利益的运动。无产阶级的运动是绝大多数人的,为绝大多数人谋利益的独立的

---

①　《苏维埃土地法——中国革命军事委员会颁布》（1930 年）,载财政部农业司主编:《新中国农业税史料丛编》（第一册）,中国财政经济出版社 1987 年版,第 97 页。

运动。"①中国共产党作为马克思主义性质的政党,"没有任何自己的特殊利益……总是以群众的利益为考虑问题的出发点"②。闽西苏区红色金融的发展深刻体现了"人民性"。闽西是首个红色农信的诞生地,首家股份制银行——闽西工农银行的诞生地。闽西红色金融机构从诞生起,就确立了在中国共产党领导下帮助农民发展生产、提高群众生活水平的目标,它体现了中国共产党全心全意为人民服务的宗旨。

　　闽西苏区金融工作的开展离不开人民群众的支持、帮助和保护。中国共产党要吸引农民加入到革命队伍中来,不仅仅要解决农民的土地问题,还要把农民从传统高利借贷关系中解放出来。正是因为闽西苏维埃政府认识到这点,在中共领导下创立了信用合作社和闽西工农银行,推行低利借贷,解决农民生产生活问题。中国共产党坚持全心全意为人民服务,也赢得了民众的支持。

　　(一)红色金融为了人民

　　1.解决群众资金困难

　　闽西苏区的金融实践之所以能在极其恶劣的军事斗争环境中得以发展,是因为中国共产党始终坚持人民立场,把群众利益作为金融工作的出发点和落脚点。1929 年 9 月,中共闽西特委发出第七号通告,要开办农民银行、创办信用合作社"使农民卖米买货不为商人所剥削,而农村贮藏资本得以收集,使金融流通"③,解决农民告贷无门贱卖粮食的问题。闽西工农银行以"为谋工农利益"为宗旨,苏维埃政府强调:"工农银行是斗争的武器,有健全巩固的工农银行,才能扩大合作社基金,解决群众生活困难,保存现金。"④

　　1930 年 12 月,闽西苏维埃政府发布通告,指出"信用合作社应站在劳苦群众利益方面,有钱借给贫农雇农,不应借给富农"⑤。1932 年 4 月颁布的《合

---

　　①　《共产党宣言》,人民出版社 2018 年版,第 39 页。

　　②　中共中央党史和文献研究院、中央"不忘初心、牢记使命"主题教育领导小组办公室:《习近平关于"不忘初心、牢记使命"论述摘编》,党建读物出版社、中央文献出版社 2019 年版,第 161 页。

　　③　蒋伯英:《邓子恢闽西文稿(1916—1956)》,中共党史出版社 2016 年版,第 133 页。

　　④　裘有崇、杨期明:《信用合作社起源与发展》,江西人民出版社 1997 年版,第 176 页。

　　⑤　《闽西苏维埃政府通告(经字第一号)——关于发展合作社流通商品问题》(1930 年),载中央档案馆、福建省档案馆编:《福建革命历史文件汇集》(苏维埃政府文件)(一九三一年——一九三三年),1985 年,第 319～321 页。

作社暂行组织条例》提出建立信用合作社是"为便利工农群众经济周转和借贷,以抵制私人的高利贷剥削"。1934年5月,中央政府规定:信用合作社"是便利于工农群众的借贷机关。它一方面吸收群众存款并向国家银行取得贷款帮助,另一方面借款给需要用钱的工人农民,并供给他们发展工农业生产及商品流通的本,使工农群众不再受到无处借钱、资本缺乏及因无钱用而贱价出卖农产品的困难"[①]。信用合作社的贷款利率为0.6%,由此可见,信用合作社是工农群众抵御高利贷和商业资本剥削的互助组织。

闽西工农银行"盈利后,按照2:2:6的比例,以利润的20%作公积金,20%对工作人员进行奖励,剩下的60%归股东,并且按股份分红。闽西工农银行由于运营比较规范、植根于劳动群众而受到闽西根据地群众的支持"[②]。

2.服务群众生产生活

中央苏区时期,苏维埃政府为了维护人民的根本利益,开展废债斗争,废除农村高利贷,推翻旧的金融体系。同时建立起苏维埃政府自己的银行及信用社对农民实行低利借贷,解决了农民的生活、生产问题。闽西红色金融机构无论是信用合作社还是闽西工农银行,其建立的初衷都是满足苏区生产和农民生活对资金的需求。信用合作社是"为便利工农群众经济的周转和借贷,以抵制高利贷的剥削"的组织,解决了农民告贷无门的困境。

闽西工农银行成立后,以"发展社会经济,实行低利借贷"为己任,将银行总资本的40%用于苏区经济建设的贷款。闽西工农银行将农业贷款作为银行放贷的重点,以帮助农民发展生产;支持合作社的建立和发展,给予合作社借贷优越权;将一部分资金贷给粮食调剂局购粮,以平抑粮价和解决工农业产品"剪刀差"问题,保障广大工农群众的生活给养;向私营商店贷款,以发展私营商业,扩大商品流通,活跃苏区经济。同时,闽西苏区为稳定货币信用体系出台了一系列措施,以防止金融市场动荡造成的金融恐慌,有效地保护了苏区群众的根本利益。

(二)红色金融依靠人民

"依靠群众,利用矛盾"是闽西苏区对敌经济斗争、克服经济困难的实践经

① 《为发展信用合作社彻底消灭高利贷而斗争》(1934年5月1日),载柯华主编:《中央苏区财政金融史料选编》,中国发展出版社2016年版,第197页。
② 中国社会科学院经济研究所中国现代经济史组:《革命根据地经济史料选编》(上册),江西人民出版社1986年版,第359~360页。

验。早在闽西工农银行成立之前,1930 年 9 月,闽西第二次工农兵代表大会制定了《设立闽西工农银行宣传大纲》指出"(闽西工农银行)将使闽西工农群众的一部分痛苦解除。它将成为闽西革命群众与敌人斗争有力的工具"[①]。工农银行募股的办法,只有动员全体群众,并强烈呼吁和号召"闽西工农群众!全体动员起来使工农银行实现吧"[②]。

由于闽西苏区地处农村,经济落后,工商业不发达,所以银行资本金的来源主要是靠广大人民群众的集资。中国共产党开办工农银行和股份制合作社都是依靠人民群众才能完成,如,在信用合作社集股上,有记载"永定地区信用合作社资金预定 5000 元……群众募集了 40％"[③]。闽西工农银行是群众集股经营的银行,该行的资本金 20 万元,分 20 万股,由各级募股委员会向各个合作社、机关干部、工农群众募股。曹菊如在《闽西工农银行一周年》一文中指出:"工人农民们都尽量拿出他们劳苦血汗的代价来买工农银行的股票,尤可钦佩的,就是各地——尤其是杭武的青年妇女,拥护工农银行的热烈,在每一次的群众大会中,都有许多青年妇女,自动拿下身上戴的银饰,变价来买工农银行的股票,龙岩、湖雷……等大城市的商家,也很热烈地向银行入股……"[④],"银行和印钞机构每到一个驻地,广大群众就主动腾出最好的房屋,并积极站岗放哨传送情报,帮助运送钞票和物资等"[⑤]。

在敌方经济封锁步步紧逼的情况下,闽西工农银行的水东街营业部要想进行物资贸易,还得依靠人民群众的集体智慧,将闽西地区无法生产的食盐、药品、煤油,通过各式各样的伪装方式,甚至以改装粪桶的形式,巧妙地运到苏区。

(三)红色货币图案设计体现为民性

闽西苏区时期,红色金融机构的名称往往带有"工农"二字,如,闽西工农银行、蛟洋农民银行等。在设计货币图案过程中,毛主席曾对黄亚光说过,设计苏维埃政府货币,一定要体现工农政权的特征。因此他在设计每张(枚)货币时,都绘有镰刀、锤子、五角星等图案(见表 6-2、图 6-3),并把这些图案分别

---

① 罗华素、廖平之:《中央革命根据地货币史》,中国金融出版社 1998 年版,第 69 页。

② 罗华素、廖平之:《中央革命根据地货币史》,中国金融出版社 1998 年版,第 69 页。

③ 蒋九如:《福建革命根据地货币史》,中国金融出版社 1994 年版,第 29 页。

④ 中国人民银行金融研究所、财政部财政科学研究所:《中国革命根据地货币》(下册),文物出版社 1982 年版,第 5 页。

⑤ 许树信:《中国革命根据地货币史纲》,中国金融出版社 2008 年版,第 245 页。

摆在适当的位置或有机地组合起来，给人以既美观大方，又突出革命政治的感觉。[①] 此外，从股金证、股金收据上方的"五角星""锤子和镰刀"来看，尤其是锤子和镰刀交叉组成的图案，股票的版面设计融入了中国共产党的主题元素，锤子、镰刀代表着工人和农民的劳动工具，象征着中国共产党是中国工人阶级的先锋队，代表着工人阶级和广大人民群众的根本利益。

表 6-2　闽西工农银行纸币一览表

发行日期	面值	主要图案		颜色		票幅/毫米
		正面	背面	正面	背面	
1930 年 11 月	1 元	马克思、列宁头像	五角星、镰刀、锤子	深绿	深绿	145×80
1931 年 5、6 月	1 元	马克思、列宁头像	五角星、镰刀、锤子和持木棍步枪人物	土红	土红	150×90
1931 年 5、6 月	1 角	群众迎着太阳向插有红旗的城门涌入	网纹	土红、草绿	深蓝	88×55
1931 年 5、6 月	1 角	群众迎着太阳向插有红旗的城门涌入	网纹	深蓝、土红	草绿	88×55

说明：纸币正面签字：1930 年发行的，左为行长"阮山"右为财政部部长"兰为仁"；1931 年发行的，左为行长"阮山"，右为财政部部长"廖增德"。[②]

图 6-3　闽西工农银行壹圆纸币

---

① 张建新:《黄亚光同志谈中华苏维埃共和国国家银行货币的设计》,《中国钱币》1986 年第 1 期。

② 福建省钱币学会:《福建货币史略》,中华书局 2001 年版,第 371 页。

新时代,我们依然要秉持坚持"群众路线"的工作方法,坚持以人民为中心,就是要努力做好精准扶贫、金融创新,助力乡村振兴。第一,金融普惠落后地区,助力精准脱贫。贫困地区、边远地区、革命老区、少数民族地区的发展更需要金融的支持。第二,创新普惠金融产品。一般情况下,弱势群体的金融需求额度较小,他们更需要一些小额信贷、理财、养老金等金融服务,因此,现代金融应努力满足这些弱势群体消费者的金融需求。

三、金融要服务实体经济

马克思认为:"把货币放出即贷出一定时期,然后把它连同利息(剩余价值)一起收回,是生息资本本身所具有的运动的全部形式。"①但是,借贷资本其实不创造价值。货币资本只有在产业资本家的手中变为生产资本,通过生产过程,才能使自己的价值增殖。马克思的理论科学地揭示了金融和实体经济之间的辩证关系,表面上金融领域中货币可以自我增殖,而实际上只有和实体经济相结合才能创造价值。

红色金融中的"金融",并无有别于一般经济学意义上的特殊含义,就是指金融机构及其开展的金融服务活动,包括货币的发行、贷款的发放回收、储蓄、取款、汇兑和资本经营等活动。中央苏区时期,作为中国共产党局部执政区域之一的闽西地处山区,农业人口占绝大多数,因此发展经济的首要任务是发展农业生产。红色金融通过减少农村高利贷、给农民低息借款,扶持农业生产;通过统一货币,支持赤白贸易发展,活跃商业;通过贷款给工业,推动闽西工业迅速发展。

闽西苏区时期,不管是信用合作社还是闽西工农银行,其贷款的主要方向是落后的农业和工商业合作社。通过向农业发放贷款,解决种子、生产工具、水利设施等问题,极大地促进农业发展,从而满足苏区群众的生活需要和军队粮食的需要。闽西红色金融机构还贷款给工商业,一方面自力更生,一方面通过贸易打破国民党的经济封锁。红色金融机构的相关条例都强调不能贷款给农民用于"迷信活动等"。

面对近年来中国金融脱实向虚的问题,2017年3月7日,习近平总书记参加辽宁省代表团审议时强调"不论经济发展到什么时候,实体经济都是我国

---

① 《马克思恩格斯选集》(第2卷),人民出版社2012年版,第546页。

经济发展、我们在国际经济竞争中赢得主动的根基"。我国经济是靠实体经济起家的,也要靠实体经济走向未来。他在 2019 年 2 月 22 日中共中央政治局第十三次集体学习时强调"经济是肌体,金融是血脉,两者共生共荣",金融是服务实体经济的。

四、金融政策与其他经济政策必须紧密配合

金融政策(即货币政策)的实施与其他经济政策的紧密配合才能对宏观经济调控起四两拨千斤的作用。闽西苏区时期的金融政策总体上是受财政政策影响的。当闽西苏区经济发展遇到困难,无法提供更多的财政收入,进而影响战争经费时,财政部将目光转向了银行,通过大量发行纸币从农民手中积累现金,也造成了苏区金融市场的混乱。因此,今天实施货币政策时,我们要注意金融政策须与其他经济政策配合,尤其是避免财政赤字货币化问题的发生。

本章小结:苏区的经济建设和军事斗争是战时环境下争论的焦点,闽西建立了第一个红色农村信用合作社,较早建立了闽西工农银行,为今后国家银行的成立及业务的发展提供了借鉴。闽西红色金融在发展过程中,体现了以人民为中心的理念——红色金融为了人民、红色金融依靠人民。同时闽西苏区红色金融发展培养了如曹菊如、阮山、赖祖烈、陈海贤、黄亚光、张廷竹、曹根全等一批金融管理人才,为之后边区乃至新中国金融提供了人才基础。不过,我们依然要用比较的眼光看闽西红色金融,受经济及政治的影响,闽西红色金融在机构的级别、数量、完整性及影响方面不及赣南红色金融。

读史使人明鉴,回顾闽西红色金融的历史,进入新时代的金融更要强化党的领导,认识到金融是服务人民的,明确金融为实体经济服务的职能,金融政策必须结合其他经济政策才能发挥作用。

参考文献

著作类

[1]中共中央马克思恩格斯列宁斯大林著作编译局:《马克思恩格斯选集》(第2卷),人民
　　出版社1995年版。

[2]中共福建省委党校党史教研室:《红四军入闽和古田会议文献资料》,福建人民出版社
　　1979年版。

[3]孔永松、蒋伯英、马先富:《中央苏区财政经济史》,厦门大学出版社1999年版。

[4]许涤新、吴承明:《中国资本主义的萌芽》,人民出版社1985年版。

[5]江西省档案馆、中共江西省委党校党史教研室:《中央革命根据地史料选编》(上),江西
　　人民出版社1982年版。

[6]江西省档案馆、中共江西省委党校党史教研室:《中央革命根据地史料选编》(下),江西
　　人民出版社1982年版。

[7]许毅:《中央革命根据地财政经济史长编》(下),人民出版社1982年版。

[8]邓子恢:《龙岩人民革命斗争回忆录》,福建人民出版社1961年版。

[9]蒋九如:《福建革命根据地货币史》,中国金融出版社1994年版。

[10]福建省地方志编纂委员会:《福建省志·金融志》,新华出版社1996年版。

[11]姜宏业:《中国金融通史》(第5卷),中国金融出版社2008年版。

[12]中央档案馆、福建省档案馆:《福建革命历史文件汇集》(苏维埃政府文件)(一九三〇
　　年),1985年。

[13]中共龙岩地委党史资料征集研究委员会、龙岩地区行政公署文物管理委员会:《闽西
　　革命史文献资料》(第三辑),1982年。

[14]中共龙岩地委党史资料征集研究委员会、龙岩地区行政公署文物管理委员会:《闽西
　　革命史文献资料》(第四辑),1983年。

[15]柯华:《中央苏区财政金融史料选编》,中国发展出版社2016年版。

[16]中共江西省委党史研究室、中共赣州市委党史工作办公室、中共龙岩市委党史研究

室:《中央革命根据地历史资料文库·党的系统5》,中央文献出版社、江西人民出版社2011年版。

[17]中共江西省委党史研究室、中共赣州市委党史工作办公室、中共龙岩市委党史研究室:《中央革命根据地历史资料文库·政权系统6》,中央文献出版社、江西人民出版社2013年版。

[18]中共江西省委党史研究室、中共赣州市委党史工作办公室、中共龙岩市委党史研究室:《中央革命根据地历史资料文库·政权系统7》,中央文献出版社、江西人民出版社2013年版。

[19]中共江西省委党史研究室、中共赣州市委党史工作办公室、中共龙岩市委党史研究室:《中央革命根据地历史资料文库·政权系统8》,中央文献出版社、江西人民出版社2013年版。

[20]中共江西省委党史研究室、中共赣州市委党史工作办公室、中共龙岩市委党史研究室:《中央革命根据地历史资料文库·军事系统9》,中央文献出版社、江西人民出版社2015年版。

[21]福建省钱币学会:《福建货币史略》,中华书局2001年版。

[22]赵效民:《中国革命根据地经济史(1927—1937)》,广东人民出版社1983年版。

[23]江西省粮食志编纂委员会:《江西省粮食志》,中共中央党校出版社1993年版。

[24]吴亮平:《吴亮平文集》(上),中共中央党校出版社2009年版。

[25]蔡立雄:《闽西商史》,厦门大学出版社2014年版。

[26]赣州市财政局、瑞金市财政局:《中华苏维埃共和国财政史料选编》,2001年。

[27]许毅:《中央革命根据地财政经济史长编》,人民出版社1982年版。

[28]闽西革命历史博物馆:《闽西与中国革命》,中共党史出版社2012年版。

[29]福建省长汀县地方志编纂委员会:《长汀县志》,生活·读书·新知三联书店1993年版。

[30]林毅夫:《关于制度变迁的经济学理论:诱致性变迁与强制性变迁》,载罗纳德·H.科斯等著、刘守英译:《财产权利与制度变迁——产权学派与新制度学派译文集》,格致出版社2014年版。

期刊类

[1]林大东、傅柒生:《闽西中央苏区:共和国质检摇篮》,《福建党史月刊》2017年第1期。

[2]孔永松、邱松庆:《第二次国内革命战争时期闽西革命根据地的金融战线》,《党史研究与教学》1980年第9期。

[3]李红梅:《政治理念与中央苏区市场的兴衰——一个政治学的分析视角》,《赣南师范学院学报》2008年第2期。

[4]游海华:《苏区革命后赣闽边区地方公产处置研究》,《近代史研究》2013年第5期。

[5]刘雪明:《中华苏维埃共和国的私营经济政策》,《中共党史研究》2000年第6期。

[6]朱立言、雷强:《论领导者与追随者》,《北京科技大学学报(社会科学版)》2000年第4期。

[7]易棉阳、罗拥华:《农业合作化运动中的农民行为:基于行为经济学的研究视角》,《中国经济史研究》2016年第6期。

[8]王一蛟:《关于农村信用合作社的几个问题》,《福建农业》1940年第1期。

[9]王昉、韩丽娟:《20世纪20—40年代中国农村合作金融中的信用管理思想》,《中国经济史研究》2017年第4期。

[10]杜恂诚:《20世纪20—30年代的中国农村新式金融》,《社会科学》2010年第6期。

[11]廖雅珍、徐连翔、林妹珍:《制度变迁视域下闽西苏区信用合作社研究》,《赣南师范大学学报》2020年第1期。

[12]肖冬华:《"诺思悖论"视域下民国时期农村信用社制度变迁及其困境》,《兰州学刊》2011年第7期。

[13]汤萌:《市场与银元:从货币政策看中央苏区的财政问题》,《学术界》2011年第5期。

[14]俞兆鹏、张美琴:《中央苏区货币流通的经验与教训》,《南昌大学学报(人文社会科学版)》2003年第3期。

[15]廖雅珍、林妹珍:《制度变迁视域下中央苏区时期闽西合作社探析》,《农业考古》2018年第1期。

[16]孔永松:《土地革命时期闽西革命根据地的经济斗争》(续),《中国经济问题》1980年第5期。

[17]王盛泽、毛立红:《红色农信在闽西的诞生及其历史定位》,《广东党史与文献研究》2019年第12期。

[18]戴利朝:《中央苏区财政金融政策的公共传播探析:以布告为例》,《金融教育研究》2016年第5期。

[19]游海华:《债权变革与农村社会经济发展秩序——以中央苏区革命前后的民间借贷为中心》,《中国农史》2010年第6期。

[20]万立明:《土地革命时期中国共产党对股票发行的探索》,《苏区研究》2018年第3期。

[21]廖雅珍、林妹珍、张雪英:《中央苏区时期汀州苏维埃政府与私营商业关系研究——基于领导者与追随者角度》,《信阳师范学院学报》2018年第9期。

[22]郑学秋:《曹菊如对我国金融事业的贡献》,《党史研究与教学》1991年第5期。

其他

[1]俞如先:《清至民国闽西乡村民间借贷研究》,厦门大学2009年博士学位论文。

[2]郭艳艳:《中央苏区金融工作研究》,上海师范大学 2018 年硕士论文。

[3]孙彦钊:《中华苏维埃共和国货币政策研究》,江西师范大学 2014 年硕士论文。

[4]政协长汀县委会文史资料委员会编《长汀文史资料》相关辑。

[5]《斗争》《红色中华》《青年实话》相关报道。

[6]长汀县博物馆馆藏资料。

[7]长汀县档案馆馆藏资料。

[8]古田会议纪念馆馆藏资料。